CDRF
中国发展研究基金会
China Development Research Foundation

面向未来的中国韧性城市建设

BUILDING RESILIENT CITIES IN CHINA FOR THE FUTURE

中国发展研究基金会　著

中国发展出版社
CHINA DEVELOPMENT PRESS

图书在版编目（CIP）数据

面向未来的中国韧性城市建设 / 中国发展研究基金会著. —北京：中国发展出版社，2024. 2

ISBN 978-7-5177-1384-5

Ⅰ. ①面… Ⅱ. ①中… Ⅲ. ①城市建设—研究—中国 Ⅳ. ①F299.21

中国国家版本馆CIP数据核字（2023）第164138号

书　　　名：面向未来的中国韧性城市建设
著作责任者：中国发展研究基金会
责 任 编 辑：吴佳　耿瑞蝶
出 版 发 行：中国发展出版社
联 系 地 址：北京经济技术开发区荣华中路22号亦城财富中心1号楼8层（100176）
标 准 书 号：ISBN 978-7-5177-1384-5
经　销　者：各地新华书店
印　刷　者：北京博海升彩色印刷有限公司
开　　　本：787mm × 1092mm　1/16
印　　　张：23.5
字　　　数：375千字
版　　　次：2024 年 2 月第 1 版
印　　　次：2024 年 2 月第 1 次印刷
定　　　价：128.00元
联 系 电 话：（010）68990625　68360970
购 书 热 线：（010）68990682　68990686
网 络 订 购：http://zgfzcbs.tmall.com
网 购 电 话：（010）68990639　88333349
本 社 网 址：http://www.develpress.com
电 子 邮 件：15210957065@163.com

“面向未来的中国韧性城市建设”
课题组

课题顾问

方　晋　中国发展研究基金会副理事长兼秘书长

课题组组长

俞建拖　中国发展研究基金会副秘书长

课题组成员

《总报告 探索中国特色的韧性城市发展道路》

李　帆　中国发展研究基金会研究一部主任

闫晓旭　中国发展研究基金会研究一部项目主任

俞建拖　中国发展研究基金会副秘书长

《专题一 规划视角的城市安全韧性思考》

李晓江　中国城市规划设计研究院原院长、教授级高级城市规划师、全国工程勘察设计大师

《专题二 构建我国城市韧性协同治理体系》

朱正威　西安交通大学公共政策与管理学院教授、博士生导师

《专题三 社会部门在构建韧性城市中的作用》

徐家良　上海交通大学国际与公共事务学院教授、中国公益发展研究院院长

张其伟　上海交通大学国际与公共事务学院助理研究员

王俊兴　上海交通大学中国公益发展研究院研究助理

《专题四 中国城市韧性社区建设报告》

吴晓林　南开大学周恩来政府管理学院副院长、南开大学中国政府发展联合研究中心研究员

谭晓琴　南开大学周恩来政府管理学院博士生、南开大学中国政府发展联合研究中心研究助理

谢伊云　南开大学周恩来政府管理学院博士生、南开大学中国政府发展联合研究中心研究助理

左翔羽　南开大学周恩来政府管理学院博士生、南开大学中国政府发展联合研究中心研究助理

《专题五 物理韧性：基础设施韧性的提升》

程晓陶　中国水利水电科学研究院教授级高级工程师

俞　茜　中国水利水电科学研究院高级工程师

《专题六 数字技术赋能韧性城市建设》

鲁钰雯　南京大学建筑与城市规划学院博士后

翟国方　南京大学城市安全发展研究中心主任、南京大学建筑与城市规划学院教授

《专题七 城市供应链韧性研究：基于商贸流通发展视角》

张　威　商务部国际贸易经济合作研究院副院长

《专题八 基于保险视角的韧性城市建设研究》

王　和　中国精算师协会会长

《专题九 构建韧性城市评估体系》

俞建拖　中国发展研究基金会副秘书长

闫晓旭　中国发展研究基金会研究一部项目主任

序　言

PREFACE

当前，中国约2/3的人口居住在城镇。人口、财富、经济社会活动向城市集中，城市已成为人们追求美好生活的重要空间载体。但这些集中也会进一步放大风险的影响效应，频繁出现的极端天气，地震、海啸、洪水等自然灾害，生产安全事故等人为灾害，新冠疫情等重大公共卫生事件，都对城市的可持续发展构成威胁。因此，城市发展必须以人为中心，把安全放在更加突出的位置，将应对各类突发事件和提高慢性风险的响应能力纳入城市高质量发展的重要内容。

构建韧性城市是中国城市建设的重要政策内容。《中华人民共和国国民经济和社会发展第十四个五年规划和2035年远景目标纲要》提出，建设宜居、创新、智慧、绿色、人文、韧性城市。党的二十大报告强调，要打造宜居、韧性、智慧城市。除了国家层面已出台的一系列韧性城市相关政策，地方层面也积极作出努力，不仅加入韧性城市国际行动，也开展韧性城市建设自主探索。

当前，中国已经初步形成较为系统完备的韧性城市治理体系。在党的坚强统一领导下，形成诸多有中国特色的重大风险治理机制，与城市韧性相关的制度体系逐步完善，与韧性城市建设相关的政府组织体系不断完善，社会部门应对各类风险挑战的意识、能力和专业技能得到普遍的提升。

面对百年未有之大变局，从满足人民群众对美好生活的向往的要求看，我国的韧性城市治理仍存在短板和挑战。如城市建设仍缺乏长期性、系统性和科学的规划；对城市韧性的综合性和复杂性认识不足；社会部门在城市韧性建设中的作用发挥不充分；缺乏全域性的城市韧性管理和治理架构；风险应对预案中缺乏对一些最敏感脆弱人群的针对性安排；对事前防范和执行演练重视和投入不足，对事后恢复谋划和管理关注不够等。

在此背景下，中国发展研究基金会于2021年成立“面向未来的中国韧性城市建设”课题组。该课题从韧性城市评估、韧性城市规划、城市韧性协同治理、社会部门和社区在韧性城市建设中的作用、基础设施韧性、数字技术赋能、城市供应链韧性、保险在韧性城市建设中的作用等角度对如何增强中国城市发展韧性进行深入探讨。

中国发展研究基金会的多位同事参与了课题研究。俞建拖作为课题组组长，承担了课题研究设计、实施和相关报告的撰写工作；李帆、闫晓旭为课题开展做了协调支持工作，并参与相关研究和写作；张纯为课题前期协调提供了支持；王路在课题调研上提供了大量帮助。瑞士再保险股份有限公司不仅为课题提供了慷慨的资助，而且为课题研讨会提供了支持。课题组在调研方面得到了清华大学合肥公共安全研究院等相关部门的大力支持。

为了使课题的研究具有坚实的基础和广阔的视角，中国发展研究基金会先后多次组织召开专家座谈会，并委托高校和研究机构学者以及全国政策咨询系统相关研究人员撰写了9份专题报告。专题报告的很多观察、发现、观点和思考都反映在了总报告中。这些专题报告及作者分别是:《专题一 规划视角的城市安全韧性思考》(李晓江)、《专题二 构建我国城市韧性协同治理体系》(朱正威)、《专题三 社会部门在构建韧性城市中的作用》(徐家良、张其伟、王俊兴)、《专题四 中国城市韧性社区建设报告》(吴晓林、谭晓琴、谢伊云、左翔羽)、《专题五 物理韧性：基础设施韧性的提升》(程晓陶、俞茜)、《专题六 数字技术赋能韧性城市建设》(鲁钰雯、翟国方)、《专题七 城市供应链韧性研究：基于商贸流通发展视角》(张威)、《专题八 基于保险视角的韧性城市建设研究》(王和)、《专题九 构建韧性城市评估体系》(俞建拖、闫晓旭)。

值此报告付梓之际，谨代表中国发展研究基金会，对以上单位和个人为课题顺利推进提供的支持和帮助，表示诚挚的感谢。

中国发展研究基金会副理事长兼秘书长 方晋

目 录

CONTENTS

总报告

探索中国特色的韧性城市发展道路*

城市是我国经济、政治、文化、社会等方面活动的中心，是贯彻新发展理念的重要载体，是构建新发展格局的重要支点。打造韧性城市，增强城市的风险防御能力，走出一条中国特色新型城镇化和城市发展道路，对以中国式现代化全面推进中华民族伟大复兴，具有重要而深远的意义。党的二十大报告指出，打造宜居、韧性、智慧城市。这是以习近平同志为核心的党中央深刻把握城市发展规律，对新时代新阶段城市工作作出的重大战略部署。

2022 年，我国常住人口城镇化率已达 65.22%，人口和财富快速向城市集聚，现代生活方式使城市间联系更加紧密，要素流动更快，这显著增加了城市在各种灾害面前的脆弱性和暴露度。随着全球气候持续变暖，频率增高、强度增大的极端天气和气候风险，已成为我国城市面临的一大关键挑战。2021 年，洪涝、冰雹、干旱、台风、地震、地质灾害、低温冷冻和雪灾等自然灾害，造

* 本报告作者为中国发展研究基金会研究一部主任李帆，中国发展研究基金会研究一部项目主任闫晓旭，中国发展研究基金会副秘书长俞建拖。

成1.07亿人次受灾，直接经济损失达3340.2亿元①。自2020年新冠疫情暴发以来，如何改善城市治理及如何应对公共危机，成为在理论和实践层面都需要深入探讨的问题。

面对多维度风险带来的严峻挑战，城市发展必须把安全放在更加突出的位置，将风险响应能力纳入城市高质量发展的重要内容。打造韧性城市，有利于统筹城市的经济需要、生活需要、生态需要、安全需要，建立高质量的城市安全系统，提高城市全生命周期的风险控制能力。本文通过梳理国内外韧性城市的理论发展与实践演进，总结韧性城市建设与发展的有关规律，在此基础上提出建设韧性城市的策略选择与行动路径。

一、韧性城市建设的国际经验

国际社会对韧性城市研究的起步较早，目前已形成较为完善的韧性城市评估模型、评价框架和行动计划。

韧性城市评估模型集中在湿地生态系统、海洋与自然保护区生态系统、城市生态系统、社区系统等。2010年韧性联盟考虑生态、社会与经济系统等要素，跨空间尺度对社会生态系统进行定性评价，分析系统的动态性与多维性②。2015年联合国环境署等组织发布社会生态系统关于韧性、适应性和转变的评价程序，根据城市发展的不确定性，结合多主体制定系统发展目标③。韧性城市评价模型还包括防灾阶段矩阵的社区灾害韧性模型、卡特社区韧性模型、AHP和模糊评

① 中华人民共和国应急管理部：《应急管理部发布2021年全国自然灾害基本情况》。

② Jabareeny. The Risk City-cities Countering Climate Change: Emerging Panning Theories and Practices around the World. Berlin: Springer, 2015.

③ O'connelld, Walker B, Beln N, et al. The Resilience, Adaptation and Transformation Assessment Framework: From Theory to Application. Australia: CSIRO, 2015.

价灾害韧性模型、调研打分的诺里斯社区韧性模型、韧性防灾矩阵模型等[①]。

国际上已形成较为完善的韧性城市评价框架。《2005—2015 年兵库行动纲领：加强国家和社区的抗灾能力》（以下简称《兵库行动纲领》）是韧性城市领域重要指导框架，2005 年由减少灾害问题世界会议通过，作为对减灾工作的指导框架。《兵库行动纲领》强调，减少灾害风险的起点包括认识了解各社区所面临的灾害，各社会在物理上、社会上、经济上和环境上的脆弱性，以及这种灾害和脆弱性在短期和长期如何发生变化，然后采取行动。此外，《兵库行动纲领》还承认协调的国际合作和有利国际环境的重要性，这对在各级减少灾害风险、获得发展所需的知识和能力、促进积极性是至关重要的。

2015 年第三届世界减灾大会通过《2015—2030 年仙台减轻灾害风险框架》。《2015—2030 年仙台减轻灾害风险框架》完成对《兵库行动纲领》执行情况的评估，明确了在《兵库行动纲领》基础上，力求在未来 15 年实现“大幅减少在生命、生计和卫生方面，以及在人员、企业、社区和国家的经济、实物、社会、文化和环境资产方面的灾害风险与损失”。

美国洛克菲勒基金会韧性城市指标框架是全球最有影响力的韧性城市评估体系之一[②]。该体系从健康和福祉、经济和社会、基础设施和环境、领导和战略 4 个维度评估城市韧性。基于以上 4 个维度，城市提升韧性需要努力达到 12 个目标，这些目标具有普遍性，但每个目标的重要性和实现方式对每个城市来说都是独特的。以上目标可以通过 52 个更加细分、可观测的具体指标评估。该指标已在“全球 100 韧性城市”项目中进行实际应用。

2020 年，韧性城市组织 C40 联合宜可城—地方可持续发展协会（ICLEI）、

① 杨秀平、王里克、李亚兵等：《韧性城市研究综述与展望》，《地理与地理信息科学》2021 年第 6 期。

② Silva Da J. City Resilience Framework: City Resilience Index. The Rockefeller Foundation, 2014.

红十字会与红新月会国际联合会（IFRC）等8个国际组织与联合国减灾办公室（UNDRR）共同发布《Making Cities Resilient 2030》规划，该规划提出2030年前建设韧性城市的战略目标及具体方式，包括提高城市的风险认知、制定增强韧性的本地战略 / 计划及实施增强韧性的本地战略 / 计划3个阶段。针对3个不同阶段，《创建弹性城市2030》分别列举了相关工具和方案作为指南，包括指导手册、培训工具、风险评估工具、融资工具以及一些城市与组织的典型协议。

2010年后，国际上发布了多项韧性城市行动计划。2010年，首届韧性城市全球大会上，联合国减灾办公室启动“让城市更具韧性”行动；2013年，洛克菲勒基金会启动的“全球100韧性城市”行动计划；2015年，联合国可持续发展目标指出建设包容、安全、韧性与可持续的城市；2016年，第三次联合国住房和城市可持续发展大会公布《新城市议程》，其行动纲要包括韧性城市发展，强调了城市设计的前沿认识。

发达国家也单独编制类似于城市战略规划的适应性规划（见表1）。美国在飓风“桑迪”袭击后发布了《一个更强大、更具韧性的纽约》实施计划。该项目重视战略的落实，提出了以基础设施恢复和社区重建为重点、以资金和制度为保障，包括组织安排、策略、措施、行动倡议的完备的行动指南；英国针对气候变化，着力于日常预防措施，编制了强调评估城市的敏感性、抗扰能力与对风险的适应性的韧性提升战略，以期降低灾害事前、事中、事后的破坏影响；日本作为代表性的发展型国家，在韧性战略上延续了强调政府主导和计划控制的制度特征，以立法先行，自上而下推动韧性战略，从国家和地方层面建立了完整的国土强韧性化规划体系等[①]。

① 鲍淑君:《韧性城市建设：国际经验和借鉴》,《中国产经》2022年第16期。

表1 国外城市韧性实践计划

实施城市	实行时间	韧性城市计划名称	计划目标及内容
美国芝加哥	2008年	芝加哥气候行动计划	目标：建立人居环境和谐的大城市典范；措施：建立滞纳雨水的绿色建筑、洪水管理、植树和绿色屋顶项目
荷兰鹿特丹	2008年	鹿特丹气候防护计划	环境韧性：绿色增量、屋顶植绿及安装太阳能；基础设施韧性："依水而生"进行城市规划；社会韧性：住宅更新计划和配备保障房
厄瓜多尔基多	2009年	基多气候变化战略	重点措施：生态系统和生物多样性、饮用水供给、公共健康、基础设施和电力生产、气候风险管理
南非德班	2010年	适应气候变化规划：面向韧性城市	重点领域：水资源、健康和灾害管理
英国伦敦	2011年	增强城市韧性战略计划	对抗洪水、干旱与高温，构建"伦敦气候变化公司协力机制"，出台"英国气候影响计划"，成立气候变化和能源部，增加公园和绿化
美国纽约	2013年	一个更强大、更具韧性的纽约	应对飓风"桑迪"的影响，强调扶贫以加强社会韧性，绿色生态和硬化工程相结合的气候韧性，颁布《气候防护标准》《韧性评估指南》和《气候风险信息》等增强组织韧性，改造道路、住宅、给水排水等，加强基础设施韧性
日本东京	2013年	国土强韧性化行动计划	保障居民生命财产安全，使国家的重要机构能承受更大灾难的打击，确保公共设施在灾后的正常运行，尽快实现灾后的恢复重建
法国巴黎	2015年	巴黎协定	控制全球气温上升，并将全球气温上升控制在前工业化时期水平之上1.5℃以内
美国洛杉矶	2018年	韧性洛杉矶	利用15个目标和96项行动，建立个人和企业的财务安全体系，建立社区网络和组织以增加社区韧性，制定可衡量的目标，坚持气候适应性作为城市的原则，并在全球开拓韧性合作伙伴

资料来源：作者整理所得。

二、中国韧性城市建设进展

随着城镇化的加速推进，我国在国家层面出台一系列韧性城市相关政策，地方层面不仅加入韧性城市国际行动，也开展了韧性城市建设自主探索。我国在韧性城市建设中有自身独特的制度和体制优势，但仍存在一定的短板和不足。

（一）我国韧性城市发展与实践

在国家层面上，为指导和保障汶川地震后的恢复重建工作，国务院颁布《汶川地震灾后恢复重建条例》《汶川地震灾后恢复重建对口支援方案》等一系列政策法规，初步探索韧性城市建设规划。2017年，中国地震局将“韧性城乡”作为4项科学计划之一纳入《国家地震科技创新工程》，“韧性”理念正式得到国家政策吸纳。2018年，国务院安全生产委员会牵头开展“安全发展示范城市”创建与评价工作，被视为城市韧性建设在我国的首次大规模实践。2020年6月，住建部选取天津、上海、黄石等36个城市为样本城市，组织开展以“防疫情、补短板、扩内需”为主题的城市体检项目，将“安全韧性”作为实施城市体检的8项核心指标之一。2020年10月，党的十九届五中全会审议通过《中共中央关于制定国民经济和社会发展第十四个五年规划和二〇三五年远景目标的建议》，提出要增强城市防洪排涝能力，建设海绵城市、韧性城市，“韧性城市”理念首次被纳入国家战略规划①。

在地方层面上，各地开展形式多样的韧性城市建设行动。按照行动主体及其实施方式，可以分为国际合作与自主探索两大类。其中，参与国际合作类韧性城市建设的城市以人口规模在300万人以下的Ⅱ型大城市和中小城市为行动主体，并参照所属国际项目发布的通行性城市韧性框架、行动准则与运作模式

① 朱正威、刘莹莹、杨洋：《韧性治理：中国韧性城市建设的实践与探索》，《公共管理与政策评论》2021年第3期。

组织开展具体的建设行动。参与自主探索类韧性城市建设的城市多以人口规模在500万人以上的特大城市和超大城市为行动主体，在实际运作中多表现为先制定出台相关政策规划予以宏观引导，然后结合城市的实际状况逐步在各个领域细化落实[①]。

参与国际合作项目方面，中国城市根据城市特征，构建差异化的城市韧性战略，形成韧性城市建设的初步探索。我国黄石、德阳、海盐、义乌4个城市先后入选“全球100韧性城市”计划，按照洛克菲勒基金会韧性框架在领导力和战略、基础设施和环境、健康和福祉、经济和社会4个维度展开行动。同时，按照洛克菲勒基金会建议，展开了建设韧性城市管理体系的探索；此外，我国成都、洛阳、大理、绵阳、宝丰、三亚、咸阳、西宁等城市先后加入联合国减灾办公室“让城市更具韧性”行动。依据“让城市更具韧性十大指标体系”以及具有自主性的韧性城市管理体系，展开韧性城市建设探索[②]。

与此同时，我国部分城市也开始以自主探索的方式，积极开展应对复合型灾害、提升城市安全水平的韧性城市建设实践。北京市提出从环境治理、公共安全、基础设施和管理体制4个方面构建韧性城市；雄安新区提出构建现代化城市安全体系，提高防灾体系、水安全、抗震能力和能源供应安全；上海市提出建设更可持续的韧性生态之城，共建安全韧性城市；西安市提出建设韧性城市，促进精明增长等行动重点；深圳市提出先行示范打造防灾减灾救灾韧性城市，建设更具韧性的安全城市[③]；合肥市启动城市生命线安全工程建设，探索城市安全韧性发展新模式等。

---

① 朱正威、刘莹莹、杨洋：《韧性治理：中国韧性城市建设的实践与探索》，《公共管理与政策评论》2021年第3期。

② 资料来源：本书专题二。

③ 资料来源：本书专题二。

专栏 1：城市基础设施生命线

长期以来，我国高度重视城市安全。党的二十大报告指出，实施城市更新行动，加强城市基础设施建设，打造宜居、韧性、智慧城市。城市基础设施生命线安全工程，是城市更新和新型城市基础设施建设的重要内容，是打造宜居、韧性、智慧城市的必然要求。城市在遭遇极端天气、自然灾害时，基础设施生命线的保供、保畅、保安全能力，是城市韧性的集中体现。

城市基础设施生命线是指城市的燃气、桥梁、供水、排水、供热、综合管廊等与城市功能和民众生活密不可分的城市基础设施。城市基础设施生命线安全工程的重点任务，包括开展城市基础设施普查，建立覆盖地上地下的城市基础设施数据库，找准城市基础设施风险源和风险点，编制城市安全风险清单；推进配套建设物联智能感知设备，逐步实现对城市基础设施生命线运行数据的全面感知、自动采集、监测分析、预警上报。

2021 年 9 月，合肥、沈阳、南京、青岛、深圳、上海松江等 18 个市（区）被确定为国家城市安全风险综合监测预警工作体系建设试点城市。2022 年 7 月，浙江省、安徽省及北京市海淀区、辽宁省沈阳市等 22 个省（市、区）开展城市基础设施安全运行监测试点工作，推动各地提高城市基础设施安全运行监测水平。2023 年 5 月 11 日，住房和城乡建设部在合肥召开现场会，提出在深入推进试点和总结推广可复制经验的基础上，全面启动城市基础设施生命线安全工程。

合肥是城市生命线安全工程的试点城市。2013 年，合肥市与清华大学合作共建清华大学合肥公共安全研究院，打造全国首个公共安全领域产学研用基地。2015 年启动城市生命线安全工程建设，探索出以场景应用为依托、以智慧防控为导向、以创新驱动为内核、以市场运作为抓手的城市安全发展新模式。

合肥的主要做法包括：

建立立体监测网络。一是拓展应用场景，现已在137座桥梁和超过7000公里的城市管网上布置了8万多套传感设备，能够对2.5万个城市高风险点进行全天候实时监测。二是强化系统集成，把城市安全作为城市建设管理中的一个大系统通盘考虑、系统设计，按照风险等级从高到低，绘制“红橙黄蓝”四色安全风险空间分布图。城市生命线工程安全运行监测系统自2017年投入运行以来，合肥市地下管网事故发生率下降约60%，风险排查效率提高约70%①。

打造安全运行中枢。针对城市生命线安全工程权属复杂、多部门交叉、缺乏统一技术支撑等难题，2016年，合肥市成立国内首个城市生命线工程安全运行监测中心，作为市级机构纳入市安全生产委员会。通过监测中心，第一时间将预警信息加推到行业主管部门和运管企业，第一时间由牵头行业部门协同抓好风险处置，形成多部门联动的新型应急处置机制。

构建科技治安“路径”。一是人才队伍方面，以清华大学一流高校、公共安全一流学科等为基础，集聚一支国家顶级公共安全研究团队。二是平台建设方面，建成清华大学合肥公共安全研究院巨灾科学中心。三是关键技术方面，系统性突破“精细前端感知、精准风险定位、预警协同联动”等关键技术，申请专利和软件著作权300多项，研发自主可控的燃气激光探测器，打破国外垄断。

打造安全产业集群。合肥市将城市安全产业作为重点产业，成立由市长领衔的推进城市安全产业发展工作领导小组，推进产业发展和示范推广。合肥市还制订了城市安全产业发展的三年行动方案，设立总规模10亿元的

① 黄扬、徐欣涛、吴燕霞等：《“一屏一网见一城”：中国打造更具韧性城市生命线》，新华网，2023年6月21日。

专项产业基金，构建“基金 + 产业”城市生命线推进模式。组建城市生命线产业集团公司，围绕城市生命线安全工程的数据云平台、监测服务、生态培育等核心业务，构建面向政府、企业及家庭的产业互联网平台，输出城市生命线技术、产品、方案和服务，加快推进城市生命线产业化之路。

城市生命线工程安全运行监测系统运行以来，成功预警燃气管网泄漏险情超300起，沼气浓度超标超5000起，供水管网泄漏超100起，热力管网疏水阀运行异常近100处。围绕城市生命线建立地下综合管线地理信息系统，为轨道交通、5G基站、旧城区改造、水环境治理等城市建设提供20余万公里管线信息和分布态势，有效避免重复开挖和施工风险，提升城市建设质量。

资料来源：作者根据清华大学合肥公共安全研究院调研及公开资料整理。

（二）韧性城市建设的中国特色经验

坚持和加强党对城市工作的全面领导，加强顶层设计、总体布局、统筹协调。在党的坚强领导下，中国仅用了半个多世纪就完成了西方国家上百年才能完成的城市化进程，城市空间结构、产业结构和社会结构发生了巨变，城市人民生活水平显著提升。这些都建立在党中央集中统一领导的基础上，也是我们建设韧性城市的最大优势。党的二十大报告指出，打造宜居、韧性、智慧城市。这是以习近平同志为核心的党中央深刻把握城市发展规律，对新时代新阶段城市工作作出的重大战略部署。在领导城市工作的实践中，我们党逐步形成了对城市工作集中统一领导的一整套较为成熟的体制机制，这与西方国家韧性城市建设一般在城市或城市圈层面推动不同。韧性城市建设不仅成为中央有关会议的专门议题，还被纳入《中华人民共和国国民经济和社会发展第十四个五年规划和2035年远景目标纲要》。党中央统一领导有效保证了领导力稳定，高效协调行政资源。在推进城市韧性提升计划的实际工作中，中国各城市在党委领导下，建立领导小组、综合推进小组或联席会议来实现政府内部各建设部门之间的协同。如2021年10月，中共北京市委办公厅、北京市人民政府办公厅印发的《关于加快推进韧性城市建设的指导意见》明确要求，各级党委和政府要加强对韧性城市建设的领导。市、区两级建立韧性城市建设组织领导协调工作机制，明确牵头单位，研究制订工作计划，统筹协调有关部门开展韧性城市建设，推动各项任务落地落实。市级协调工作机制负责组织制定韧性城市评价相关标准规范[①]。

坚持以人民为中心的发展思想，坚持人民城市为人民。城市是人民的城市，我们党始终坚持人民城市人民建、人民城市为人民，坚持从社会全面进步和人的全面发展出发，不断满足人民群众对美好生活的向往和需求。以人民为中心的根本立场是我们党领导城市建设和城市治理的基本出发点和落脚点，也是中国城市建设与治理的独特优势。打造韧性城市，坚持以人民为中心的发展思想，不断增强城市的整体性、系统性、宜居性和生长性，让人民群众在城市生活得更方便、更舒心、更美好。

强调党委领导、政府主导和部门协同，形成高效灾害防控联动机制。在灾害应对体系建设方面，与西方国家政府部门和市场合作不同，中国更强调党委统一领导，应急部门综合协调，涉灾部门分工负责，形成协调联动的防灾减灾救灾机制；强调上下衔接、协调有序、联动高效的工作机制。在韧性城市建设推进方面，中国形成了由党委领导、政府主导，发展改革委、应急管理部门、住建部门、水务部门等主管职能部门按职能牵头、专业处置，既分工负责又条块结合的协同联动治理体系[②]。

新型举国体制和强大的社会动员能力。习近平总书记多次指出，我们最大

---

① 资料来源：本书专题二。

② 资料来源：本书专题二。

的优势是我国社会主义制度能够集中力量办大事[①]。举国体制赋予了国家强大的社会动员能力、汲取能力和控制能力，能够根据国家意志实现特殊需要，以政治动员的方式，将国家意志迅速贯彻到社会的每一个角落，进而动员全社会的资源投入国家意志的实现过程中来，形成国家治理的整体合力。2008 年汶川地震，共动用解放军、武警部队兵力超过 13 万人，公安民警、消防官兵和特警 2 万余人；累计出动各种飞机 4560 架次；各地（包括军队、武警）向灾区派出 14950 名医疗卫生人员，共投入医疗卫生人员约 9.13 万人。截至 2008 年 5 月 27 日 12 时，中央财政拨付救灾资金 151.26 亿元，地方财政投入 40.9 亿元。全国共接受社会各界捐赠款物合计 327.22 亿元[②]。2020 年初，新冠疫情席卷武汉，中国以高超的指挥调度能力、有效的物资调配能力、强大的综合建设能力，仅 10 余天的时间，完成火神山、雷神山两座医院建设。

（三）韧性城市建设的短板与不足

中国在韧性城市实践方面已取得一定成绩，但仍存在一定的提升空间。

1. 城市空间规划存在不合理现象

城市扩建中规划选址的防灾论证不充分。改革开放以来，许多大中城市的用地范围都扩大了 3 ～ 5 倍，但城市扩展过程中规划选址的安全防灾的论证并不充分。一些城市为了摆脱耕地保护约束采用大规模削山填谷形成建设用地，但高填方的地基稳定性差，造成地质灾害风险；一些城市占用了河湖水体或在低洼地区搞大规模开发，形成大面积内涝风险。在近年发生的多次地震灾害中，常常见到新城区灾害损失大于传统城区；在内涝灾害中，往往新区的受淹多于老城区。

---

① 《全国科技创新大会两院院士大会中国科协第九次全国代表大会在京召开 习近平发表重要讲话》，《人民日报》2016 年 5 月 31 日。

② 国务院抗震救灾总指挥部：《关于当前抗震救灾进展情况和下一阶段的工作任务》，《红旗文稿》2008 年第 11 期。

对用地开发安全避让不重视。建设用地安排忽视对管线的避让和防护距离控制，导致中高压输气、燃气管线爆炸，造成居民伤亡。天津港"8·12"爆炸事故的原因之一为大量居住区开发对中高压油气管线没有避让，防护距离严重不足，造成住宅建筑受损。

城市地下空间利用存在安全隐患。地下空间具有明显的易灾性、安全防灾的脆弱性以及灾害救援、疏散和处置难度。地下空间被淹是洪水内涝灾害中最常见的现象。郑州"7·20"特大暴雨灾害中，灌入各类地下空间的水量达到3000万立方米，相当于一个中型水库的库容。地下空间的密闭性使得发生灾害或事故时人群、车辆疏散困难，容易造成人群心理恐慌和混乱，也大大增加了救援难度。分区分单元、物理隔离是防灾防疫最重要的空间安全隔离手段，一些城市大规模连通式开发地下空间，盲目求大和连通的倾向只会导致更加惨重的灾害风险和关联性灾害损失。研究表明，超大型地下停车库即使有提前灾害预警，靠有限的出入口也根本无法实现车辆的安全疏散和撤离。目前只有极少数城市制定了限制地下车库停车数量的地方性政策或标准[①]。

2. 城市防灾准备仍存在不足

（1）风险识别和预警能力不足

对风险评估的重视不足。当前我国城市更多关注灾后救援和重建，对城市灾难类型、发生频率和损失影响的前期技术研判和科学预测关注不足，仅有少数城市建设包含城市应急管理信息共享平台、处理中心、交互终端在内的智能防灾系统[②]。城市的快速发展、气候变化等因素，使得城市风险监测的难度增加，人员、资金预算、专业设备等要素限制了对风险的动态跟踪和新兴风险的监测。此外，各部门数据和信息不共享也削弱了风险防范和预警的能力。

① 资料来源：本书专题一。

② 肖文涛、王鹭：《韧性城市：现代城市安全发展的战略选择》，《东南学术》2019年第2期。

风险评估能力有待进一步提升。城市风险评估是一项专业性较强的工作，一方面，我国缺少统一的风险评估指标体系、评估模型和技术路线等；另一方面，政府在风险评估中“既当运动员又当裁判员”，缺少第三方中立评估机构的专业意见。

（2）高人口密度使保持城市冗余性面临挑战

韧性城市建设需要的冗余性面临空间不足、资源有限等挑战。我国大中城市的人口密度达 10000 人 / 平方公里左右，有的高达 20000 ~ 30000 人 / 平方公里[①]。以北京、上海为例，2020 年两个市的 32 个区中有 10 个超过新加坡人口密度（见图 1）。其中，上海市的虹口区、黄浦区人口密度超过 30000 人 / 平方公里。过高的人口密度使得公共空间增加的余地减少，建设冗余设施空间有限，建筑密度高，突发灾害事件产生的影响更加严重。

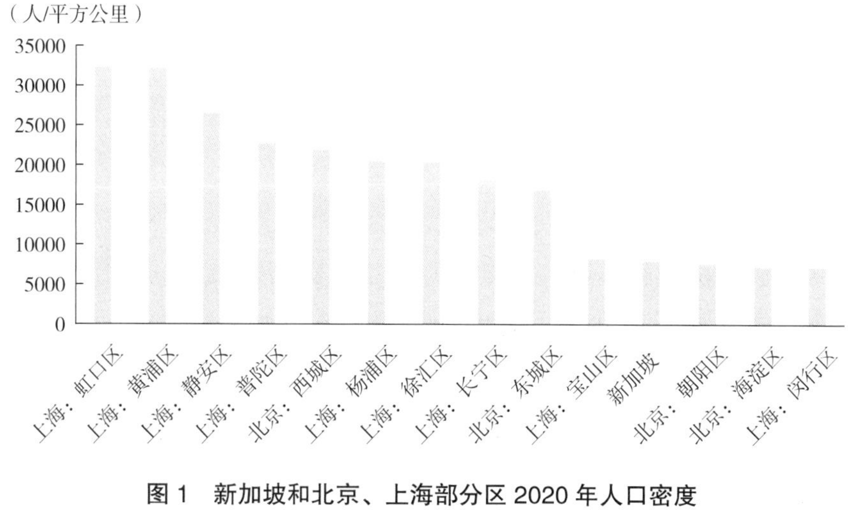

图 1　新加坡和北京、上海部分区 2020 年人口密度

资料来源：世界银行、Wind数据库。

① 资料来源：本书专题一。

人均资源有限使得资源能源冗余性增加受限。以人均水资源为例，新加坡是长期缺水的城市。与新加坡 2018 年水平相比，上海市同年人均水资源略高于新加坡，且 2020 年有所上升。北京市、天津市 2018 年人均水资源略高于新加坡，但 2020 年均有所下降，天津市 2020 年已低于新加坡 2018 年水平（见图 2）。

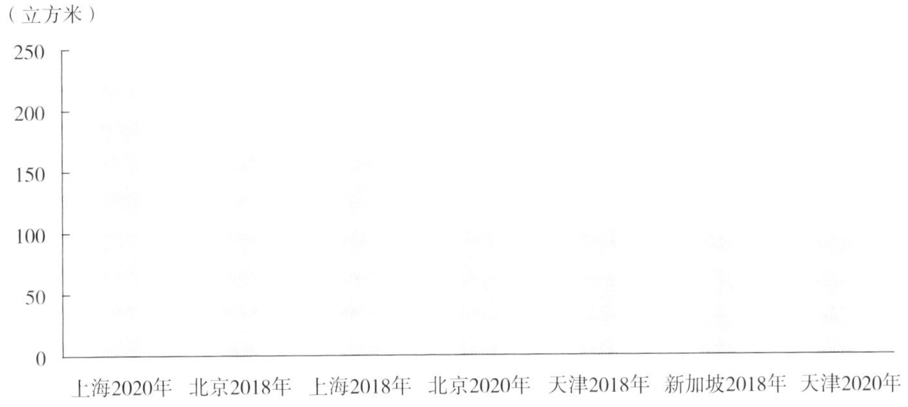

图 2　新加坡和北京、上海、天津人均水资源

资料来源：CEIC数据库。

（3）城市间和城市内韧性建设水平存在差距

县城发展需求与安全性不匹配。中国根据城市等级配置财政、土地、项目等行政资源，等级越高的城市获得的资源越多。国家对不同人口规模的城市的灾害设防标准也有差异。由于大城市人口、经济活动和资产高度集聚，灾害发生时经济和财产损失的威胁相对较大。因此等级高、规模大的城市具有更高标准、更完善的灾害防御工程体系；拥有更好的应急救援能力、物质保障能力的城市，同样的灾害发生时，生命和财产安全保障性相对较高。但中国大量的地级城市、中等城市的防灾减灾体系建设尚不完善，城市及各类设施设防标准不高，或未达标准；小城镇的防灾减灾能力更低，且不少位于灾害风险较高的地区。中小城市、小城镇防灾减灾历史欠账较多，建设能力低下，是城市安全韧性的短板。此外，中小城市和小城镇经济不发达，政府财政很不充分，加之发生灾害后的社会影响小，关注度低，灾后所能得到上级政府的财政和物质资助、社会援助少，生产生活恢复周期也较长。2022 年 5 月，中共中央办公厅、国务院办公厅印发《关于推进以县城为重要载体的城镇化建设的意见》，县城将成为未来城镇化建设的重要载体，因此亟须加快县城防灾减灾体系建设，满足县城居民居住安全性和生活品质明显改善的需求。

城市非正规居住区安全与灾害风险较高。我国城市在发展中形成了数量众多的城中村或城乡接合部。北京、上海等城市约有 1/5 ~ 1/3 的常住人口居住在城中村；深圳高达 2/3 的常住人口生活在城中村等非正规空间。这些非正规空间人口密度高，多为正规城市居住区的 3 ~ 5 倍；人口流动性大，多为进城务工人员和收入较低的白领阶层；居住形态多样，包括农民私有住宅、标准较低的集体宿舍、商业和工业生产场所中混杂的临时住所；功能高度混杂，工厂、作坊、经营性餐饮、仓储、电商配送等多种活动场所和居住建筑混杂；社会基层组织相对薄弱，安全防灾管理体系很多不完善；基础设施、消防等安全设施通常不健全；室外安全避灾场所缺乏，道路不畅通导致消防和应急救援困难；加建、加层情况普遍存在，建筑结构安全、抗震设防标准缺少有效监管。以上主要特征使得非正规空间安全事故隐患多，伤亡人数较多的火灾、房屋坍塌等事故多发①。

（4）城市供应链安全保障仍需加强

流通布局有待优化。一是城市内商业布局过剩与短缺并存，城市中心城区商圈大型商业设施过度饱和，据赢商大数据监测显示，2020 年下半年全国 19

① 资料来源：本书专题一。

个一、二线城市近千家已开业购物中心平均空置率达到了11.77%。与此同时，城市“一刻钟便民生活圈”供给不足。二是物流配送设施布局不合理，忙闲不均、资源无法有效整合与共享的问题较为突出。此外，由于物流仓储用地面积大、税收少，很多城市缺乏规划物流仓储用地的动力，导致物流仓储用地也存在供给不足的问题。

储备体系不健全带来的风险。从新冠疫情暴发以来的情况看，我国应急物资储备体系仍存在较多问题：一是对应急物资储备和生产能力储备不足。相关部门对于物资储备的重要性认识不够，平时缺少政策关注，不掌握完整的应急物资生产企业名录和生产能力清单，导致紧急状态下，企业用工、原辅材料调集、资金支持等方面遭遇困难，复产扩产能力受到限制。二是储备主体比较单一。当前我国国家储备仍然以政府储备为主，对社会储备重视程度不够。企业参与国家物资储备的法律地位未能明确，导致政府和相关国有储备企业负担过大。三是承储主体技术手段落后、设备设施陈旧、储备资金紧张的问题较为突出，缺乏灵活机动能力，很难增加应对新型风险的储备品类①。

3. 灾中救援的协调联动机制不畅

多头管理影响命令的统一性。城市面临的灾难具有多样性和复杂性，通常需要多部门配合完成救援，这就容易造成多头管理，破坏信息链的完整性和命令的统一性，甚至是政令冲突，对应急决策的执行力造成损害。政府部门为防止被追责，可能在“多做多错，少做少错，不做没错”的逻辑下，在完成本职工作的情况下不愿承担额外责任②。

缺少救灾信息共享平台。由于缺少全国层面统一的信息系统平台，政府与社会各部门存在“信息壁垒”，影响应急救灾工作效率。政府和社会间信息共享

---

① 资料来源：本书专题七。

② 肖文涛、王鹭：《韧性城市：现代城市安全发展的战略选择》，《东南学术》2019年第2期。

程度不高，政府和社会各方难以迅速形成有效、统一的应对措施。危机事件发生之后，有关部门不能及时公布灾情、救灾需求等指引信息，传递实施救灾指挥、调配、协作等工作部署。社会各方难以知晓危机事件的基础信息、预案信息等，无法准确做出应对方案和措施，可能出现在响应中重复提供相同或类似服务的现象，严重影响资源配置效率。政府与社会部门间还缺乏衔接合理、运转顺畅的沟通渠道和协调机制，导致各治理主体之间的协调衔接过程产生“错位”和“断裂”[①]。

区域间供应链联动协同仍存障碍。各种形式的地方保护主义和区域贸易壁垒仍然存在，区域市场、城乡市场间的分割现象依然严重，外地企业与本地企业差别化市场准入，各地查验结果不能互认等问题，严重制约供应链企业的跨区域经营发展[②]。区域间供应链难以联动协同会给灾害救援带来一定障碍。此外，区域各自为政、区域间难以协同也严重影响供应链稳定。新冠疫情防控期间，也出现由于各地疫情防控政策不一致，部分地区“层层加码”导致车辆滞留、物流不畅等情况，影响市场主体经营以及居民生活物资供应。

4. 灾后提升韧性的长效机制不足

社区对灾后和常态化韧性建设关注不足。当前社区韧性建设通常是阶段性工作，普遍存在“灾停即止”现象，缺乏灾后的学习、反思、吸纳程序。既有的韧性社区建设工作通常由社区遵循政策文本完成指标，接受上级减灾部门的核查、检验，该工作逐渐呈现行政化特征。常态化应急演练方面，也存在演练内容千篇一律、演练过程形式化、演练专业性不足等问题，使灾害发生时应急演练的效果有限[③]。

① 资料来源：本书专题三。
② 资料来源：本书专题七。
③ 资料来源：本书专题四。

政府与社会部门未形成常态化协同机制。目前政府与社会部门的协同大多都是在一个危机事件结束后就停止，当危机再次发生时只能重新建立联系，进行另一次的协同。从宏观层面来看，应对危机事件的政社协同机制在时间维度上呈现碎片化，难以整合形成常态化、持续性的协同应急管理过程[①]。

社会部门缺乏持续参与。大部分参与应急管理的社会部门都将自身业务定位在紧急救援和过渡安置阶段，涉足常态减灾、恢复重建阶段的社会部门十分有限[②]。汶川地震发生后的一两个月，即2008年的5—6月参与应急救援的社会部门数量迅速增长，但8月后数量呈断崖式减少，到2009年4月，绝大多数社会部门已经撤离灾区[③]。社会部门在2008—2020年自然灾害的所有响应行动中，有1261次处在紧急救援和过渡安置阶段，占比达到69%，而恢复重建阶段占27%（488次），常态减灾阶段则仅占4%（68次）[④⑤]。

5. 韧性城市建设各主体能力存在不足

（1）政府部门应对风险能力仍有提升空间

对低发生频率风险认识不足。基层政府对常见的、可预测的灾害应对比较自如，对预防性的硬件建设比较重视、维护较好，但对非常见、低发生频率的灾害不够重视，包括对防灾体系的建设不重视，对应急系统的准备不充分，灾害发生时对灾害的严重性估计不足，应对不及时。

城市安全韧性建设投入不足。在经济增长和提升城市竞争力的压力下，一些地方政府在处理发展和安全、防灾与城市形象的关系上存在认识误区，导致

① 资料来源：本书专题三。

② 王娜娜、吴金华：《国家应急管理体系中政府与民间志愿组织的协作机制研究》，《湖南省社会主义学院学报》2016年第5期。

③ 胡建华、钟刚华：《跨区域公共危机协同治理的实践考察与创新模式研究》，《地方治理研究》2022年第1期。

④ 资料来源：《2008—2020中国基金会灾害应急响应大数据观察报告》。

⑤ 资料来源：本书专题三。

对城市安全韧性建设的财政投入不够重视。针对郑州“7·20”特大暴雨灾害的调查发现，已投入海绵城市建设的近200亿元的投资中，实际用于与海绵城市相关的仅占32%，大部分投资用到了景观绿化上。

以罚代管倾向削弱基层干部主动作为意愿。近年来国家安全事故问责制度越来越完善，追责越来越严厉。但在城市安全领域也要防止重事后组织处理以罚代管的倾向，防止层层请示免责的倾向。有的城市因灾害、事故撤换了领导，但后任领导仍然不重视安全的投入与管理；基层干部遇到灾害事故层层请示，不主动作为，丧失了灾害处置的时间窗口①。

（2）社会部门存在能力困境

社会部门吸纳人才和资金等资源的能力较为薄弱。社会部门专职成员的薪酬待遇、社会地位不高，导致专业技能人才较为缺乏，流失较为严重。2020年，我国14亿人口中社会工作持证人数仅有66.9万人，而美国3亿人口的数据是60.33万人。专业人才缺乏导致参与应急管理社会部门的综合素质和技能发展良莠不齐。资金方面，部分社会部门主要靠政府拨款或购买服务资金来维持组织的基本运营，社会化资源募集渠道未能打通，难以满足组织能力建设需要。在参与南方洪涝灾害应急响应中，23.4%的民间救援队没有获得任何资金或物资捐赠，37.5%的民间救援队获得的资金和物资捐赠价值不到10万元。

缺乏协同参与韧性治理主观积极性。长期以政府主导的治理模式导致对社会部门的认同不足。在应急管理中，大部分的事务仍然依照政府部门的要求来执行。由于社会部门长期与政府处在“依附—主导”的关系，以及社会部门内部自律机制的匮乏和志愿理念的缺失，导致社会部门缺乏协同参与韧性治理主观积极性②。

---

① 资料来源：本书专题一。

② 资料来源：本书专题三。

（3）社区可主动发挥的作用有限

社区可调动的资源有限，且协调难度大。人力资源、财力保障、基本生活保障、医疗卫生保障、交通运输保障、通信保障、公共设施等应急资源分属不同职能部门管理。社区虽直接承担灾害损失与应急资源分配，但社区层面保有的应急资源储备有限，通常仅包括监控录像、消防安全设施等。在突发公共事件发生后，应急资源需要跨部门统筹调动，但审批流程烦琐、需求沟通机制缺乏，社区的应急物资使用需求无法得到迅速满足，往往导致应急失灵。

韧性社区建设过于依赖行政力量。一是项目建设由行政部门推动，如民政部门、政法综治部门的防灾减灾示范社区、平安社区建设等项目。不同部门的任务、要求、标准不同，数量繁多增加基层社区工作负担，导致社区的执行最终流于形式，无法真正发挥预期作用。二是行政力量主导容易形成政社关系权责不对等，削弱社会力量参与的积极性①，给政府带来一定的管理和财政负担，弱化社区管理的自治和组织能力培育②。

（4）居民风险防范意识不足

居民风险防范和自救意识有待提高。当前我国居民防灾减灾意识较为薄弱，不少居民认识不到灾害风险，或者存在侥幸心理，觉得遭遇重大灾害是小概率事件，轻视或低估气象等灾害的严重性。中国乡村发展基金会发布的调查报告显示，只有不到4%的城市居民在日常生活中做好了基本的防灾准备。我国居民自救、互救能力仍有待提升。一项针对北京市城市社区居民防灾意识的调查显示，大部分被访者对常见灾害的基本应对措施选择得当，但也有较高比例的被访者存在错误认识。例如，当高层建筑发生火灾时，仅有21%的被访者选择躲在放满水的浴缸里来正确避险。灾害发生后，第一时间自救和互救对于生命安全至

① 资料来源：本书专题四。

② 边防、吕斌：《转型期中国城市多元参与式社区治理模式研究》，《城市规划》2019年第11期。

关重要[①]。我国政府的“无限责任”特征使得部分居民过度依靠政府，但政府的作用不能替代居民自救和社群互助，灾害来临时不能只寄希望于外部救援[②]。

三、中国韧性城市建设的政策建议

提高中国城市韧性需要各部门共同努力。应完善城市空间规划，防灾准备方面不断提升风险识别评估能力、城市人口承载力，并关注公平正义的安全韧性策略、不断提高城市供应链韧性，完善救援协调联动机制，建立灾后韧性提升长效机制，政府、社会部门、社区等各主体应不断提高自身应对风险能力，提高公众参与意识，让“全周期管理”意识融入各个利益相关部门。

（一）优化城市空间规划

基于安全韧性的布局优化与选址。城市新城新区选址要进行严格的灾害安全性评估，尽量选用安全的场地，利用自然条件降低灾害风险。滨水、沿海地区开发要以科学安全的防御体系规划、场地竖向规划为依据，严格限制填河湖、削山填谷的选址与建设方式。危险品、易燃易爆品场所应远离人口较密集地区并设置充分的安全距离，具有安全风险的油气管线走廊应设置安全距离与防灾措施。

加强地下空间开发的安全控制。在控制性详细规划中，应对地下空间开发建设作出更加明晰的安全防灾强制性规定，如地下空间的面积和人流规模限制；地下与地上建筑面积的比例；分层次的使用功能限定；不同建筑物之间、建筑与设施之间地下空间连通的限定等。大城市地下停车库应设置停车数量上限，

---

① 刘晓静、王慧彦、刘晓莉：《城市社区居民防灾意识调查与宣教建议——以北京市为例》，《防灾博览》2022 年第 3 期。

② 资料来源：本书专题一。

大于上限的车库应设立永久性物理安全隔离的分区和独立的出入口。应当要求大型地下停车库和人流量大的地下公共建筑、交通建筑尽可能设下沉广场，开敞式边坡和便于救援人员疏散的开放性竖向通道[①]。

（二）技术赋能城市风险识别评估

构建智能化风险监测、预警和评估平台。运用大数据技术助力城市规划，提升城市的韧性规划和管理能力。应用完善科学预测和情景模拟，应对灾害风险不确定性。构建包含用户层、接入层、应用层和数据资源层的全过程智能化平台，构建基于AI技术的数据挖掘、数据处理与数据管理的工作流程，应用层可包括基于机器学习等AI技术的风险评估与预警模块，并根据评估结果设置优先级，从而提前制定灾害预案[②]。

强化不同利益相关者间的风险识别评估协作。城市是一个复杂的系统，风险识别、评估和预警需要数据、信息、模型、指标等共享和相互支持，应有效打破各种数据和信息壁垒，促进风险管理的高效合作。打破政府风险评估中的双重身份，需要允许符合资质的第三方评估机构参与城市风险评估，利用其专业人员、技术和设备，对城市风险隐患进行排查。

（三）提高城市人口承载能力

科学规划，提高资源使用效率。城市的冗余性是受到灾害冲击时，城市基本功能维持运作的重要条件之一。在我国部分城市人口密度大、资源紧缺的情况下，可以借鉴国际经验，通过更加科学的规划，运用先进技术等方式，提高资源使用效率，高效利用可再生资源，提高城市人口承载力，为冗余性建设提供空间。

关注绿色低碳的安全韧性策略。利用自然资源、自然地理、自然系统的防

① 资料来源：本书专题一。
② 资料来源：本书专题六。

灾减灾建设能够在不一味提高工程性防御灾害标准、不增加工程性防御投资的情况下提高城市韧性。城市应急供应保障系统中利用绿色能源能够有效提高灾害中的供应韧性，如玉树地震中供电系统受损，采用光伏照明的道路则未受影响①。

（四）关注公平正义的安全韧性策略

关注经济不发达城镇的灾害防御能力的提升。随着社会经济发展，防灾标准的差距应逐渐缩小，不同行政层级的城市，特大超大城市、大中城市和小城镇之间，具有相似的灾害抵御能力，尤其在同一地区，面对相似的灾害风险的情况下的安全韧性应达到相近的水平。当前，应当特别重视大量农村转移人口就地城镇化重要载体的县城与县级市城区安全韧性水平的提高，结合国家县城公共服务补短板的政策，强化灾害防御体系和应急供应保障体系的建设。

针对不同地区设置差异化防灾对策。对于远离中心城区的新城新区，应加强保障设施配置与建设，加快建设完善本地的救灾应急、供应保障体系。对规模较小，难以完整配套的碎片化的远郊产业园区和住宅区，要重点加强灾害防御工程、水电信工程的防灾能力建设，保障外部交通联系，避免在灾害中成为无法接受救援与供应的孤岛。对于大城市在老城以外建设的大量新区、新中心，应当特别重视基础设施系统性完善，防灾和应急能力的系统性建设。对于老城区或一般建成区，应特别重视房屋建筑质量和抗震抗灾能力提高，水电信等基础设施修复与维护，公共避灾场所增加。对于城中村与城乡接合部，应引起地方政府的高度重视，尽快加强基础性工程建设；同时加强管理和整治，以弥补硬件设施不足和解决短期难以全面改善的问题。要特别重视建筑密度、人口集聚量的控制与逐步降低；增加避灾场所，保持道路通畅，降低灾害损失，改善

---

① 资料来源：本书专题一。

应急救援条件[1]。

（五）提升城市供应链韧性

完善流通布局。厘清城市流通布局现状，加强关键流通基础设施的合理配置。结合城市产业发展、人口数量等实际情况，合理确定流通布局规模。在城市周边建立储备基地和物流基地，用于调剂日常供应和应急保障。优化城市内商业网点布局，合理设置不同类型的购物中心、超市、农产品批发市场、菜市场、社区便利店等的数量和分布，提升市场供给能力和稳价能力。加强物流基础设施与工业园区、商品交易市场等统筹布局、联动发展，完善市中心前置仓、前置生鲜仓等的配置，支持建设公共性快递分拣处理中心、智能投递等设施，开展城市共同配送，优化分拨和配送网络。优化社区便民服务设施，在街道和社区合理配置自动售货机、智能购物机等，适度发展“无人零售”等新业态、新模式。支持利用废弃厂房等闲置资源建设便民性、公益性流通基础设施，探索国有不动产在特殊场景下向供应链功能转换。

加强物资储备和协调应对。建立多层级的物质储备体系。实现政府储备与社会储备、常规储备与临时储备、实物储备与能力储备有机结合，建立大宗基础产品的集中与分散储备机制，合理确定重要民生商品储备品种和规模，完善应急商品数据库。发动民间组织和企业等广泛参与，培育保供骨干力量，增强保供企业货源组织能力。与此同时，建立应急管理制度，完善应急保供体系，设立分级响应机制，加强组织协调。发挥各级政府作用，广泛动员社会力量，提升响应速度和效果。完善跨区域联保联供机制，加大力量组织货源和调度物资支援，优化运输中转站货物管理，疏通跨区域生活必需品运输堵点，保障物资供应稳定[2]。

① 资料来源：本书专题一。

② 资料来源：本书专题七。

（六）完善救援协调联动机制

继续发挥党中央统一领导的优势，形成高效的协调联动机制。坚持中国共产党的统一领导，协调各部门各社会主体协同联动。完善应急预案，明确各部门各主体应急职责体系，使各方能够在党中央统一领导下迅速响应救援。发挥党组织在基层社区中的作用。在社区形成党组织领导、其他各类组织相互配合的良性组织结构。基层党组织和工作应有效覆盖到各类社区组织，要积极协调居委会与居民自治组织之间的沟通交流、责任划分等，形成各类组织之间的合力。此外，基层党建要支持社区整合各类组织资源，打破相互封闭的运行状态，推动区域内组织结构向科学化、规范化发展①。

建设信息共享数字平台。面对复杂多元的风险情境，畅通的信息共享平台有助于构建更具韧性的应急管理体系。有必要以信息技术为依托，搭建信息共享数字平台，打破政府部门、社会部门和社会公众之间信息壁垒②。应急管理部门已有社会部门参与应急救援进行事前登记备案的信息管理系统，后续又拓展物资捐赠统计功能以及生产企业协同管理功能。应以现有政府和社会应急协同平台为基础，建设信息共享数字平台，内容包括灾情信息共享平台与社会部门参与应急管理风险系统、志愿者管理系统、救灾物资捐赠管理系统、灾情信息快速和高质量提取分析系统、社会部门网上申报系统等。通过信息共享数字平台，城市政府可以在第一时间公布灾情、救灾需求等指引信息，传递实施救灾指挥、调配、协作等工作部署，社会部门可以公示组织信息、资源信息、救援活动进展等情况③。

加强供应链区域协调。城市应根据自身的资源禀赋和要素条件，因地制宜，

---

① 资料来源：本书专题四。
② 张桂蓉、雷雨、冯伟等：《大数据驱动下应急信息协同机制研究》，《情报杂志》2022 年第 4 期。
③ 资料来源：本书专题三。

推动与周边城市间产业协同联动发展，打造区域上下游关联度高、带动性强、优势互补的区域产业供应链布局。尊重市场规律，推动构建区域供应链一体化协同工作机制，加强流通基础设施和市场信息互联互通，推动市场规则和监管互认，形成促进人员、技术、资本、数据等各类要素资源自由流动的制度安排。依托城市群建设，打造链条完整、配套齐全的区域供应链中心，形成“产业备份”，提高供应链抗风险能力①。

（七）建立灾后韧性提升的长效机制

发挥社区在耐灾性全周期治理中的作用。鼓励社区加快出台全周期灾害治理方案。韧性理论强调从风险防范、应急处置再到事后恢复的全过程进行管理，这一理念有助于社区应急管理理念从被动单一的救灾理念关口前移，重视主动的风险监测与预警。构建全周期管理机制，构建社区风险评估、监测和预警体系，通过社区自身和第三方评估形成风险地图，摸清社区内资源禀赋、人口结构、空间布局等情况，通过大数据和“吹哨人”等方式持续收集、监测社区风险；分类制定并实施社区风险防控策略和预案，遇到风险迅速形成“风险响应工作网络”、启动应急预案，根据风险严重程度转入不同的应急状态②。

建立政府与社会部门的常态化合作机制。城市政府与社会部门拟定韧性治理中长期合作计划，形成法制化的战略伙伴关系。合作计划应包括但不限于：规范双方共享物资的程序、费用负担、保险责任与工作职责，明确政府给予社会部门物资、资金、培训等方面的支持；突出社会部门在常态减灾阶段与恢复重建阶段的主体作用，充分调动社会力量；社会部门应参与政府大规模的应急管理演习，使社会部门在常态减灾阶段快速融入国家应急管理体系当中，与政府实现互利共赢。

---

① 资料来源：本书专题七。

② 资料来源：本书专题四。

（八）提高政府应对风险能力

提高风险意识。既要重视常见的、可预测的灾害应对，也要识别非常见的、低发生频率的灾害，并针对不同的风险威胁制订长期应对计划，包括优化规避灾害冲击和减少灾害损失的空间布局，防御灾害的基础设施体系建设，应对灾情的供给保障系统建设和灾后恢复能力的建设。我国大多数城市都面临强降水引发的特大暴雨、洪水和内涝风险，应当持续完善城市防洪抗涝体系。超大特大城市要特别注意城市防洪和流域防洪能力的统筹协调，降低流域防洪标准不一造成的城市灾害风险。要持续关注并加强中小城市、小城镇的防洪标准提高和防洪体系建设。受到地震灾害威胁的城市应当坚持开展老旧建筑的抗震加固工程，要特别重视重要公共服务设施、供应保障设施、生命线工程和大量人流聚集场所的建筑抗震加固。

改变重发展轻安全的惯性思维。建立更加有效的引导和约束性制度对防灾工程、供应保障工程的投资和建设质量实施全过程监控，防止把防灾工程、灾后重建工程资金用于政府的形象工程、景观工程。倡导系统性安全思维，防止没有行政和科学依据，盲目提高防灾工程设防标准的倾向。非生命线工程单个项目、局部地区提高标准并不能提高城市安全韧性和应灾能力①。

完善干部激励和约束机制。政府部门干部主动作为处置灾害，不仅要靠为人民服务的理想信念，也要靠科学的制度设计引导和约束干部行为。完善干部工作绩效评价，根据统筹考虑发展安全的要求选用科学合理的考核指标和评价方法。完善容错纠错机制，为主动防灾救灾者解决后顾之忧。杜绝事后组织处理的以罚代管的倾向，防止基层干部不主动作为造成丧失灾害处置的时间窗口。

① 资料来源：本书专题一。

（九）发挥社会部门在韧性城市治理体系中的作用

加强社会部门能力建设。人员方面，精准招募高素质人才，提高成员素质技能。在社会化应急管理体系中，增加对救援经验丰富、专业技能对口的部队退役官兵，尤其是消防退役官兵的招募。增加应急响应演练，尤其是定期借用地方政府和武警、消防等应急部门的场地和专业设施设备的专业训练。资金方面，通过税收优惠、奖励项目等支持政策鼓励优质社会部门参与应急管理，通过鼓励救灾捐赠促使社会部门投身救灾领域。适当增加向有资质的社会部门购买应急救灾服务，扩大项目购买范围并指导项目实施。

明确政府和社会部门角色定位。政府要为城市韧性建设提供宏观上的政策、资金、制度支持，为社会部门协同治理营造良好的环境；适度放权、循序渐进地将部分不属于自身的应急管理职能移交给社会部门，精简政府职能①；充分运用政府部门自身的条件优势，联合其他主体确立城市韧性治理的目标，结合基层反馈、民主协商等形式鼓励与社会部门的协同合作。社会部门要改变依政府指令行动的惯性，树立主体意识，积极主动地参与应急管理，通过提高自身的资金筹措能力、专业能力和社会公信力，充分发挥自身的优势与特点，助力政府提高应急决策、资源调配和社会动员等方面的能力。

增加我国政府与社会部门之间协调沟通的官方渠道。如应急管理部应下设专门科室，协调社会部门代表参与，重视社会部门在应急预案、风险评估、协调人财物力、应急决策等环节的媒介与智库作用，将其意见和建议纳入风险治理规划和议程，实现政府意愿的正确传递与信息的双向流通、反馈②。

（十）加快社区融入韧性建设体系

加速韧性社区的法律和制度建设。制定韧性社区建设的法律法规，出台包

① 马晓东：《政府、市场与社会合作视角下的灾害协同治理研究》，《经济问题》2021 年第 1 期。

② 资料来源：本书专题三。

含公共卫生事件、公共安全事件等社区重大突发公共事件的韧性社区应急预案法律法规，使社区可根据法规要求采取灾害预测和评估制度等减灾措施，并且能依法启动灾后救援机制、使用灾后重建资金，迅速进行灾后救援及社区重建，减少紧迫时间下重建的压力，加强社区应对巨灾的适灾韧性。出台完善支持性和保障性的政策，建构韧性社区的权责体系，拟定综合应急管理体系工作职责，细化各主体在基层应急中的职责清单与合作机制，完善社区应急在信息获取、资源投入、队伍建设方面的制度。

将社会工作纳入国家重大突发公共事件治理体系之中。充分认可与支持社区居民、志愿者、社区党员、社会组织等主体在社区韧性建设中的内源性力量，为其建立可持续的激励机制。同时，引入专业社会工作者、社区规划师等进驻社区，将社区工作与专业力量联结，加强社区成员对社区需求和资源的自我认知，通过拓宽信任范围、整合资源网络、重构社会关系等行动提升社区社会资本。

吸纳多元利益相关者参与，将行政资本与社会资本相结合。地方政府可以吸引更多的外部投资，降低企业与社会组织等参与社区建设的准入门槛，基于党建引领机制下有效开展与社区企业、社会组织等合作，如采取社区与社会资本共建、购买服务等，借助社区外主体资源促进社区多元发展。培养具备领导力和影响力的社区领导者，增强社区在突发事件中的组织能力和动员能力，允许社区在非常态时期先行、先动，而非过度依赖上级指令与决策[①]。

（十一）提高公众参与的意识和行动

促进个体和家庭层面的韧性理念转变。培育城市居民全周期的安全意识和风险意识，通过社区宣传、手机软件趣味性宣传、学校教育及亲子活动等多种

① 资料来源：本书专题四。

方式普及灾害危机知识；增加应急演练、防火和急救等技能培训，提高居民自救能力和互助能力；利用网站、手机 App 等数字手段，提高居民了解并参与城市规划和应急救助的便利度，使居民可以最大程度参与应急响应。变社区居民被动的应急响应为主动的社区参与，变静态的资源配置为动态的能力提升，推动社区整体在平时生活与战时状态间实现良性转换。

营造良好的韧性文化环境。营造团结的邻里氛围，构建社区组织协调，居民积极参与、彼此联结、共同工作、风险共担的社区共识。设计促进和鼓励非正式学习的社会活动，吸纳非正规教育工作者对社会活动的适当干预。重点关注如何激发社区居民参与应急的内在动能，使居民有效参与社区韧性的建设与重大公共卫生事件的处置决策，实现自我服务[①]。关注灾后城市文化凝聚力，通过文化艺术等活动留住当地民众并吸引外来人口，促进社会情感重建。

① 资料来源：本书专题四。

专题一

规划视角的城市安全韧性思考*

一、城市安全韧性所面临的灾害风险及其影响

（一）城市灾害风险的类型

1. 常见自然灾害

城市所面临的自然灾害主要是气象灾害和地质灾害。气象灾害包括强降水、台风和强对流天气造成的灾害；地质灾害包括地震、塌方、滑坡、泥石流等。

强降水。最常见的气象灾害是强降水，可造成大到数十万平方公里、小到几十平方公里范围的洪水灾害或城市内涝。北方及高原高寒地区冬季强降水会造成冰雪灾害。从 2000 年以来的灾害统计分析看，强降水造成的洪水灾害是影响我国城乡频率最高、造成损失最多的自然灾害。

台风。台风是沿海地区夏季常见的自然灾害。由于气象观测手段的进步，

---

* 本专题作者为中国城市规划设计研究院原院长、教授级高级城市规划师、全国工程勘察设计大师李晓江。

对台风的预报不断完善，对灾害的应对相对成熟，灾害损失相对可控。

强对流天气。大气环流变化造成强对流气象，由此形成冰雹、雷电、龙卷风、冻雨等城市灾害。这些灾害突发性强，成灾规律不易掌握，但影响范围和所造成生命财产损失也相对较小。

气象灾害对城市的影响与城市的地理条件、灾害防御体系、应急响应能力有关。应对流域性洪水主要是城市选址的场地高程和防洪体系的标准；应对内涝主要是城市的河湖水系和排水系统，与局部地区的高程也有密切关系；应对城市冰雪灾害主要是城市的应急除冰除雪能力；应对台风主要是城市的防海潮、防风灾能力和人员的应急疏散与安置。我国南方、东南诸省应对台风的经验比较丰富，台风损失趋于可控。但近年来台风灾害较多影响到北方沿海地区、内陆省区，其防御能力尚待提高。

地震。高震级破坏性强的地震主要发生在重要的活动断裂带地区。经过几十年地震灾害经验和地震学研究，我国地震基本烈度区划制度和抗震设防体系不断完善，地震造成的生命财产损失趋于缓和。20 世纪 60 年代以来经历过高震级高烈度地震的城市，大多经历了符合抗震设防标准的灾后重建或抗震加固，城市抗震能力显著提高。我国城市抗震设防标准执行较好，但大量的农房、城市临时建筑仍存在很大的隐患。在不具备抗震能力、建筑与设施未达到设防标准或质量低下的城镇，高震级地震会造成极为惨重的死亡和毁灭性损失，如汶川地震、玉树地震。

专栏 2：2018 年长江流域自然灾害损失情况及未来灾害分析

1. 自然灾害损失情况

经粗略统计，2018 年长江流域干旱、风雹、低温冻害、森林火灾、洪涝和地质灾害等的受灾人口约 5673 万人次，农业受灾面积约 4833.8 千公顷[①]，房屋倒塌 75.5 万间，直接经济损失 1018.7 亿元。

2. 未来灾害分析

（1）气温上升导致灾害

雪线上升。主要集中在长江源头地区。1984 年以来，三江源地区冻土厚度平均每 10 年减少 5.6 厘米。主要带来植被覆盖率下降、初级生产力下降、物种多样性降低、群落结构和功能改变等现象。

高温热浪。1961—2015 年四川盆地年高温日数（温度≥ 35℃ ）增加速率为 1 ～ 2 天 /10 年。主要影响沿江大城市、人口密集地带。2018 年全流域夏季高温日数（温度≥ 35℃）大于 30 天的区域共涵盖 40 个市，约 2.2 亿人。

海平面上升。根据联合国政府间气候变化专门委员会报告，到 2100 年，全球海平面上升高度在 0.28 ～ 1.01 米。上海、南通、舟山风险较高。洪泽湖、巢湖、鄱阳湖周边将受江水倒灌影响。

（2）强降水导致灾害

河流洪水。主要影响长江中下游地区，带来的经济损失也较大。其中，鄱阳湖周边区域（南昌、九江、鹰潭、上饶、景德镇等）风险等级最高。

内涝。2017 年国务院确定的长江流域共 36 个内涝灾害严重城市，包括武汉、南京、长沙、南昌等城市，36 个市辖区人口共计 9337 万人、GDP 约 8.5 万亿元。

地质灾害。泥石流、滑坡等主要影响川渝云贵山区，人口密度整体不高，但川西、黔西、黔南等高风险地区人口普遍增加，风险性较高。

① 1 公顷 = 0.01 平方千米。

（3）干旱导致灾害

缺水。湖南、湖北、江西、云南、贵州干旱发生频次较高。2018 年干旱影响人口 1360.7 万人次，饮水困难人口 58 万人次，作物受灾面积 1421 千公顷，直接经济损失 70.9 亿元。

森林火灾。主要分布于四川攀西地区、云南南部、贵州西部、湖南南部、江西南部、湖北北部。2018 年全流域森林火点数共计 862 处。

（4）极端天气导致灾害

台风。主要影响浙江、江苏、上海。台风年平均强度呈增加趋势。2018 年受灾人口 811.9 万人次，农作物受灾面积 792.4 千公顷，损坏房屋 6.6 万间，直接经济损失 112.6 亿元。

低温冻害、雪灾。主要影响湖南、湖北、安徽、江西以及贵州、云南。2018 年全流域受灾人口 1073.9 万人，农作物受灾面积 1085.4 千公顷，损坏房屋 0.7 万间，直接经济损失 166.2 亿元。

冰雹。主要分布在贵州西北部、重庆东北部和重庆东南部、湖北西部、云南等地。2018 年受灾人口 587 万人次，房屋损坏 24.5 万间，直接经济损失 52.7 亿元。

资料来源：中国环境与发展国际合作委员会《低碳韧性城市发展与适应气候变化》课题。

塌方、滑坡、泥石流灾害。一般多发于地理地质环境复杂的地区，大多为单一灾害，规模较小。但极易受气象灾害尤其是强降水的影响，形成多发性、区域性灾害。当前这类灾害多发生于山区小城镇和一些未经科学论证选址的城市新区。

干旱、沙尘。这是常见的自然灾害也是我国各个区域频发的自然灾害，但对城市的影响相对较小。

2. 非传统自然灾害

主要指全球气候变暖引发的自然灾害，包括长周期渐进发生的海平面上升、冰川融化和越来越频繁出现的极端天气造成的超常规降水、热浪、寒流等，也包括人为或自然造成的环境与生态灾害。

海平面上升。海平面上升已成为一些海岛国家的现实危机，也是沿海与河口城市渐成的现实危机，但具体可能形成的灾害现象和程度尚待研究。我国许多沿海城市，尤其是近年开发的新区、园区的场地高程低于高潮位，主要靠海堤防御海潮侵袭，海平面上升将成为这些城市的现实安全威胁。

冰川融化。冰川融化主要发生在高原高寒地区，造成地表水系径流量增加。冰川融化在较短周期内可能使河流下游的绿洲面积扩大，有利于缓解沿河缺水城镇水资源保障压力，促进绿洲农业发展，但也会对城镇和交通基础设施造成洪水灾害。当前此类影响主要发生在西藏和新疆。

超常规降水。超常规降水已经成为全球性的气候灾害，其中常年降水量较少、暴雨或大雨较少的地区和城市，超常规降水会造成巨大的灾害后果，如2021年郑州“7・20”特大暴雨洪水灾害。前些年，大城市的超常规降水造成的灾害主要是内涝“看海”，郑州、山西暴雨洪水分别在北方地区大城市和中小城市造成的灾害远远超出了人们的预料，这对北方城市是一个代价惨重的预警！

热浪、寒流、冻雨。热浪、寒流对城市的生活、生产造成的影响历时较短，但可能导致老人、基础疾病人群的死亡，此外可能使城市用电、用能负荷急剧上升，造成电力系统崩溃。2021年美国得克萨斯州大停电事故缘于大面积寒流，同时，发展中的可再生能源供电系统的安全性问题加剧了灾害影响。2008年，寒流导致我国南方地区大范围冻雨，造成大面积供电系统故障和公路、铁路交通中断，虽然没有对城市运行产生太多的影响，但造成珠三角地区大量农民工无法返乡，滞留在火车站，产生巨大的社会影响。

环境与生态灾害。主要指人类活动或气候变化对环境与生态造成影响不断积累而暴发的灾害性后果，如长江口、珠江口的赤潮，青岛的浒苔，太湖流域的蓝藻事件。这些灾害往往发生在人口与经济高度密集的城市群和都市圈，既影响城市的环境景观，也对城市的供水保障和水质产生直接影响，而且持续的时间较长，治理难度很大。

3. 重大安全事故

包括由于城市规划建设管理、运行、使用不当引发的灾害性事故，如火灾、爆炸、有毒气 / 液体泄漏。如吉林市化工毒物泄漏导致松花江污染，长春、哈尔滨等沿江城市供水危机。大型市政工程建设质量引发的倒塌、地陷事故，如北京、上海、深圳等城市的地铁工地垮塌、地陷事故。

城市基础设施、供应系统老旧或质量、监管问题引发的灾害性事故，有的是地下管线质量和维护、管理问题，有的是楼宇内管道维护、使用问题。此外，城市电力系统故障引发的火灾，城市供水管网渗漏、有毒液体管道泄漏入楼宇的二次供水管造成的饮用水污染。

4. 传染病疫情

新冠疫情给全球人类活动造成了巨大冲击，产生了极为严重的生命、健康、生活和经济影响，甚至造成大量超额死亡和经济衰退。

从城市视角观察，传染病疫情的传播与影响和人口密度、人口流动性、人与人接触的强度有直接关系。从新冠疫情看，人口规模大、密度高的城市疫情扩散得更快更广，如香港、广州、深圳、上海，大多数省会以上城市都经历了不同程度的疫情冲击。在一个城市内也可以观察到，人员流动性较高的地区，疫情的发生要比其他地区更多更快，如上海的浦东新区、闵行区，北京的朝阳区等。传染病疫情对城市的医疗保障、应急管理、供应保障、交通方式、社区与园区管理等方面造成了许多全新的问题和系统性挑战。

5. 次生灾害与关联灾害

重大自然灾害和安全事故经常会引发一类或多类次生灾害，或形成关联性灾害。城市是一个极为复杂的社会经济系统，人工与自然要素复合，现代城市的正常生活、生产活动依赖着极为复杂多样的支持系统。次生、关联灾害对城市造成的二次或多次伤害，加剧主灾害造成的生命财产损失的现象十分普遍。

郑州“7・20”特大暴雨灾害造成城市诸多变电站、通信基站被淹，导致城市大面积停电和无线通信、电视信号中断，严重影响了居民生活秩序、政府抗灾避险信息发布与传递。灾害后，郑州有的住宅楼宇因灾停电长达 48 天。汶川地震以后的强降水在龙门山地区多个城镇造成严重的泥石流、滑坡，加剧了大地震造成的灾损，摧毁了部分灾后重建工程。

（二）城市灾害的损失与影响

灾害、疫情、事故造成的伤害损失与影响包括居民死亡、受伤，公共和私人财产损失与损坏，城市的生活生产秩序被打乱和停止，以及对居民健康与生活质量的长期影响。同样的灾害发生在不同的地区、城市、场所以及不同的时间，形成的伤亡会有很大的不同，这取决于灾害发生的频率、当地政府以及社会对灾害的熟悉程度和应对经验；城市的防灾减灾能力，如基础设施与房屋建筑的设防标准、标准执行情况和达标率；城市政府应急反应能力、组织动员能力和管控能力；城市的交通与应急保障以及供应能力；市民的防灾意识和自救能力等。

1. 生命安全：居民死亡、受伤与健康影响

从我国几十年来的重大灾害的伤亡统计数据看，在未实行抗震设防或设防能力不足的城市，高震级高破坏性地震造成的伤亡最为严重。地震造成的居民

受伤的后果比较严重，由于伤者中致残比例较高，灾后形成较大的残障人群，给城市社会经济发展和社会保障造成较长远、广泛的影响。

洪水灾害造成伤亡事件在我国诸多灾害造成伤亡事件中是最频繁的。从洪水灾害发生最多的长江流域近 20 年的灾害情况看，几乎每年都发生造成大量人员伤亡的洪水灾害，每次灾害造成死亡人数多则300 ~ 500人，少则10 ~ 20人。洪水灾害造成的死亡大多发生在乡村和小城镇，在大中城市较为少见。水灾造成的受伤人群数量不大，且伤情大多可以治愈，灾后遗留的健康问题较少。

城市洪水内涝一般不会造成大规模人员伤亡，因灾死亡人数一般不多。如郑州“7・20”特大暴雨灾害。

专栏 3：郑州“7・20”特大暴雨灾害情况

降雨情况：7 月 17 日起持续 6 天。累计降雨 400 毫米以上面积达 5590 平方公里，降雨 600 毫米以上面积近 2068 平方公里，降雨折合水量近 40 亿立方米。日降雨量突破历史极值，7 月 20 日最大日降雨相当于郑州多年平均降雨量的 97%。

淹没情况：全市域（7567 平方公里）淹没 34%，主城区淹没 32%，积水面积 328 平方公里。最大积水深度 2.6 米（不含立交、隧道）。

经济损失：郑州市直接经济损失 409 亿元，未计算关联影响损失。

基础设施受灾情况：10 条河道数百处塌方塌陷；主城区 494 条道路中断，27 处桥隧长时间断行，2836 处道路塌陷；全市 40% 以上手机通信中断，6300 余处通信基站受严重影响，信号中断数小时到数天。

地下空间灾情：全市超过一半（2067 个）小区地下室和重要公共设施受淹，积水量达 2991 万立方米。

造成重大影响的灾害事件：地铁 5 号线五龙口停车场洪水灌入 45 万

立方米，造成隧道被淹；京广快速路隧道积水，造成247辆汽车被淹；郭家咀水库溢洪道被占无法泄洪；常庄水库因误判泄洪；郑大一附院院区受淹。

资料来源：根据郑州“7·20”特大暴雨灾害调查材料整理。

台风灾害的时间、空间规律性比较显著，且可预警预报。随着我国南方与东南沿海应对台风的抵御能力不断提高，政府与社会应对经验不断丰富，人员避灾、疏散的工作机制逐渐完善，台风造成的伤亡数量逐渐减少。但近年来，太平洋台风影响范围有北移趋势，北方地区的应对台风灾害的生命安全能力尚需提高。

泥石流、滑坡、塌方灾害造成的生命安全威胁大多在乡村和小城镇，总体上看人员伤亡数量不大，且较分散。但舟曲泥石流灾害在不到0.5平方公里的受灾区域内造成1800多人死亡、失踪，2300多人因伤收治。

冰雪、冻雨、冰雹等气象灾害造成的直接伤亡事件并不多见，其对生命安全的威胁主要是灾害引发的安全事故，如车祸；供应系统事故，如停电等次生灾害造成的，一般不会出现群体性伤亡。

寒流与热浪灾害对生命安全的威胁对象主要是老人和基础疾病人群。我国尚未建立相应的监控与统计制度，无法对其造成的生命与健康影响作出准确判断。但发达国家的经验表明，温度突然变化，持续高温或低温会导致呼吸、心血管疾病，尤其是有基础性疾病高龄老人的死亡率、重症数量快速上升。

环境与生态灾害对生命安全的威胁尚缺乏直接的统计数据支持。发达国家和专业机构也大多通过观察数据的理论分析，推断出环境与生态灾害对居民健康和人群寿命的影响。

传染病疫情是直接威胁生命、健康的灾害，不同的政治制度、社会文化和不同治理体系与理念，不同的管控能力、医疗资源应对策略差异很大，效果也不相同。在新冠疫情、非典疫情中，基于我国城市规模大、人口密度高、医疗资源有限和社会管理体系强大等客观条件，多采取管控型措施应对，这一方法适合中国的体制与国情，也取得了低传染、低病亡的成绩。

重大安全事故造成的生命安全威胁及伤亡是最不可控也最不被社会民众接受的。由于安全事故发生的原因多种多样，事故发生场所的数量、人口密度各异，事故造成的人员伤亡并没有显著的规律，也难以做统计分析。总体上看，在居住人口密集的住宅楼，特别是人口密度更高、救援与自救更困难的高层、超高层住宅楼、办公楼和酒店；在人流密集度很高的学校教学楼、宿舍，医院门诊部和病房；在城市人口密集居住区、中心城区；在就业岗位较密集的工业区或厂区；在人流量大的公共交通工具和道路等密集场所，安全事故所造成群体性伤亡的概率更高，伤亡人数更多。

2. 财产安全：公共与私人财产损失

在诸多灾害中，地震造成的财产损失可能是最沉重的，尤其是抗震设防不达标的城镇遭遇高震级、高破坏性大地震的情况下。唐山大地震造成全城建筑、基础设施几乎全部震毁，所有公共资产、民房和私人财富几乎全部灭失。乌恰地震、汶川地震导致乌恰县城、北川县城全部震毁。2010 年玉树地震造成 90% 以上建筑震毁，乌恰、北川县城易地重建。令人欣慰的是，在提高设防标准重建之后，乌恰经历了 3 次 6 级以上地震，基本没有固定资产损失。经历了汶川地震灾后重建的芦山县城，高设防标准的医院、政府机关保持了正常运行，体育、文化设施和新建城区的公共空间用作安全的避灾场所。由此可见，城市的设防标准及实施水平是减少公共和私人资产损失最重要的条件。

我国很多城市的大量既有建筑和基础设施尚未达到国家的抗震设防标准，而既有建筑与设施的抗震加固需要很长的周期和大量的资金。1976 年唐山大地震后，北京、天津等划定为8度设防标准的城市先后开始实施既有建筑抗震加固，但至今北京尚有不少公共建筑未完成抗震加固工程。此外，北京、天津等城市仍有大量农房和农村集体的工厂、仓储等经营性用房的抗震设防状况并未得到有效的监督和管理，一旦发生大地震，财产损失仍难以避免。

泥石流、滑坡灾害造成的财产损失与地震相似，但造成地上地下的设施、房屋和财产损失的状况更加彻底。

洪水灾害造成的财产损失，主要是淹没和水毁导致的，主要包括遭洪水淹没的地面层（有的洪水在中小城镇可淹没到二层及以上）公共和私人房屋及资产；在地面或地下的电力、通信设施；地下建筑内的财产，包括停放在地库内的汽车；地面停放的汽车与安装的设备；洪水冲毁的防洪、排水设施等。与地震灾损相比，洪水造成城市财产损失相对较少，而对农村农业的损害较大，如农房倒塌、农田绝收等。洪水灾害造成的物质财产损失大多可以修复。

台风灾害造成的财产损失与洪水相似，但在台风登陆地区一定范围内，风灾造成建筑物倒塌、树木倒伏损失较大。

重大事故造成的财产损失主要发生在事故现场，并波及周边。其中场地爆炸往往造成财产全部灭失，场地和管线爆炸多殃及周边和沿线的建筑与设施；楼宇火灾中，如灾情不大，建筑可以修复使用，如火情严重，可能导致室内财产全部灭失，建筑结构受损严重，需拆除重建。重大事故往往会造成使用者（业主、员工）及周围居民的心理阴影，导致场所或建筑的物业贬值的资产性损失。

冰雹、冰雪、冻雨等灾害造成的财产损失主要在供电等公共设施和建设标准较低的建筑。龙卷风对经过地区造成的财产损害较大，但影响范围较小。气候变化引起的海平面上升要求未来对防海潮、防洪设施需投入更多的建设资金。

二、城市安全韧性与灾害特征

（一）社会发展与安全诉求提高

经历了 40 多年的经济社会快速发展，中国已经从人均 GDP 200 美元发展成人均 GDP 12500 美元。随着工业化、城镇化的进程，65% 以上的人口居住生活、工作在城市；随着社会财富的不断积累，生活质量的不断提高，人们对生命健康和财产安全的诉求也不断提升。城市的安全运行，城市应对各种灾害的安全韧性越来越成为经济社会发展的前提。发达国家的经验表明，经济社会越发展，城市应对灾害的韧性水平越高，城市越安全。

随着经济发展和收入水平、生活水平的提高，国家的发展不再以经济增长为单一目标，在保持经济发展的同时更加注重可持续、社会公平和安全发展，发展的理念也从追求增速转向高质量和安全韧性。城乡居民的生活追求也从温饱转向质量、品质和安全，对生活安全、生命健康安全、财产安全的诉求越来越强烈。“总体国家安全观”“生命至上，人民至上”等新理念，都是中国社会发展进步和发展理念更新的重要标志。

在社会发展的进程中，城市积累了越来越多的社会公共资产，包括大量的公共建筑，地上地下的基础设施系统和公共交通系统；越来越多样的企业生产性资产，包括厂房、办公楼、库房和各种设备；越来越丰富的居民私人财产，包括住房等不动产和汽车、各种家用电器和移动资产。城市中社会与个人资产、财产的积累程度越来越高，价值越来越高，灾害可能造成的经济与财富损失也越来越大。

贫穷时代的城市支撑与服务系统相对简单，各种生产、生活活动的关系相对不密切，互相联系、依赖的程度较低；城市的交通系统、通信系统和服务系统相对简单；市政基础设施单一，地下设施很少，一旦遭遇灾害，城市系统的损失相对较小，且较容易恢复。现代城市的经济与生活的系统越来越复杂，所有的活动需要高度依赖城市不间断的供电、通信和信息服务系统，更多的人员交往、流动和高度可靠的交通系统，更加复杂的物资、服务和信息供应系统。因此，现代城市的内部系统越来越复杂，城市内部各个系统之间相互依赖程度越来越高，城市对外部的系统性依赖程度越来越高。某种程度上讲，越是繁荣的城市，面对灾害侵袭的脆弱性越高。

贫穷时代的城市居民生活内容相对简单，家庭少有值钱的财产；住房大多依赖政府、单位供给，生活环境简陋，即使遭遇灾害，财产损失也不大，恢复正常生活相对容易。现代城市的居民生活复杂程度大大提高，需要高度依赖各种交通服务完成通勤通学，需要依赖各种生活性服务和供应保障，需要电力供应保障各种家电的使用。70% 以上的城市居民拥有了私人产权住房，而住房资产占城市家庭财富的比重高达 70% 左右，房产成为家庭财富的主体。城市家庭小汽车拥有率越来越高，而小汽车大多停放在地面和地下车库，一旦发生灾害，造成的财产损失很大。随着社会富裕，居民追求生活品质、追求生命安全与健康、追求家庭资产保值增值的诉求越来越强烈。因此，现代城市、富裕社会面对灾害侵袭的财富敏感性越高，灾害损失的承受力越弱。

（二）灾害防御与应急能力

1. 应对灾害的硬件系统有所改善

改革开放以来，在应对诸多洪水、地震灾害、火灾、爆炸事故和非典、新冠疫情中，城市的防灾减灾体系、应急救援体系和灾后恢复重建体系也不断得到加强和改善。

从几个主要的城市常见灾害和防疫等领域看，抵御灾害的硬件设施正在不断改善。在应对洪水、强降雨内涝方面，近年来城市的防洪标准普遍有所提高，大城市大多达到百年一遇，一些特大超大城市达到五百至千年一遇，洪水灾害中大城市受淹情况有所减少；城市排水系统建设标准提高，设施更加完善，城市内涝“看海”的现象显著减少；海绵城市建设一定程度上提高了城市应对常规降水的能力。

在应对地震灾害方面，城市建筑与基础设施抗震设防标准贯彻实施较好。近年来经历过地震灾害地区在灾后重建过程中，较全面实现了设防标准在城乡建设中全面实施。实践证明，经历了系统性灾后重建的地区和城镇，不仅抗震能力明显提高，抵御其他灾害的能力也有所提高。

在卫生防疫方面，传染性疾病控制体系基本建成；在城市、街道、社区、园区各个层级的疫情防控体系在新冠疫情中已经建立起来，并不断优化、完善。医院建设得到空前重视，应对传染病的医院、病区、病房逐渐形成体系，但与发达国家城市相比，我国城乡医疗卫生资源的水平还有待提高。应对新冠疫情中，方舱医院、临时集中观察场所、治疗场所的经验和教训也很丰富，尚待总结。

然而，从建设高度安全韧性城市的目标看，硬件建设是非常复杂的系统工程，需要持续不断的努力和很长的周期来完成。在抗震方面，大多数存在高震级地震风险但未经历过地震检验的城市，抵御地震的能力尚无法检验；大量农村住房，大城市城中村的住宅和工业用房的设防情况在建设工程中缺乏有效的监督和控制。每次大地震都可以发现过去快速发展中房屋和基础设施的严重工程质量问题，甚至存在“豆腐渣”工程。

从系统上看，城市的防洪工程存在诸多系统不完善，工程标准不协调和短板、瓶颈问题。许多城市的河道水系破坏严重，排洪能力不匹配；有的城市城区段的防洪标准提高了，但下游上游的标准太低，造成实际防御效果达不到标准；有的城市建成高标准防洪堤围，但忽视河流过水断面的保持，使设防的实际作用下降。医院建设中存在盲目求大求快的倾向，过于注重建筑形象和规模，不注重选址的安全性，不注重合理的分院分区。

2. 政府与社会灾害应对能力尚待提高

我国的政府体制非常完备，各层级的行政关系清晰，城乡社会的基层组织健全，企业与政府、社区组织关系密切，完整且高度协同的政府—社会组织体系在应对灾害和疫情中发挥了非常重要的作用，这是我国城市应对灾害和疫情的最大优势。但灾害的发生往往具有时间与空间的随机性和不可预见性，地方政府对灾害和事故的重视程度、应对灾害的经验和反应的敏感性，以及政府—社会系统运行的有效性会直接影响到防灾、减灾、灾情处置、应急救援、灾民安置、供应保障和灾后恢复与重建的实际效果。地方政府对常见的、可预测的灾害往往应对比较自如，对预防性的硬件建设比较重视，维护较好，灾害发生时的系统性动员和组织比较有效，因此灾害造成的生命和财产损失也比较小；对于非常见、低发生频率的灾害可能会重视不够，掉以轻心，包括对防灾体系的建设不重视、对应急系统的准备不充分，灾害发生时对灾害的严重性估计不足，应对不及时。

此外，地方政府近年来正承受着保持经济增长和提升城市竞争力的压力。一些地方政府在处理发展和安全、防灾与城市形象的关系上存在认识误区，导致对城市安全韧性建设的财政投入不够重视。对郑州“7・20”特大暴雨灾害的调查发现，已投入海绵城市建设的近 200 亿元投资中，实际用于海绵城市相关的仅占 32%，大部分投资用到了景观绿化上。因此，政府部门防灾的工程体系建设还有待加强，应灾响应与救灾组织效率还有待提高。

近年来国家安全事故的问责制度越来越完善，对责任担当的追责越来越严厉，对各级政府的令行禁止的执行力和规矩要求也越来越高。但在城市安全领域也要防止重事后组织处理的以罚代管的倾向，防止层层请示免责自保的倾向。

有的城市因灾害、事故撤换了领导，但后任领导心存侥幸，仍然不重视安全的投入与管理；基层干部遇到灾害事故层层请示，不主动作为，丧失了灾害处置的时间窗口。

城市安全性的提高也有赖于社会的响应与配合，包括居民个体、家庭、社区的参与，也包括企业、商家和服务性行业经营者的参与。

在灾害发生时，居民的风险意识和自救意识非常重要。灾害中的伤亡经常是由于缺乏正确认知的盲目、鲁莽行为造成的；灾害过程中居民以家庭、社区为单位的自我保护、自我服务、守望相助的态度非常重要。我国政府是“无限责任”政府，但也因此养成了部分居民的“巨婴”心态。政府的作用不能替代居民、社群的作用，居民也不能因为政府作用强大而产生过度依赖的“等、靠、要”观念。

城市有效应对灾害需要完备的工程防御体系、充分的保障救助体系、有效的政府组织动员体系以及社会的广泛响应和参与。与发达国家城市相比，我国存在物质性和公众意识上的短板，但具有制度上的优势，这些体系的建设和建立还有很长的路要走。

（三）灾害损失与影响的差异性

1. 自然地理差异

我国幅员辽阔，地理与气候环境多样，不同地区的自然灾害类型不同、灾害造成的威胁与损失也有差异。从区位分，有沿海、内陆地区；从地理分，有高原、山区、丘陵和平原地区；从气温分，有热带、亚热带、温带地区；从气候分，有季风区、大陆和高原气候区。季风气候区的四季气候变化大，自然灾害多样，气象灾害的突发性、随机性强，我国95%左右的人口和经济活动处于季风气候区，这也是我国自然灾害较多，自然灾害损失较大的原因之一。

在长期的经济社会发展中，不同地理环境、不同气候地区，与常见、频发的自然灾害逐渐相互适应，形成了比较有效的防灾避灾经验，相对完备的防灾体系、应急救援体系和灾后恢复能力。但对非常见、新的灾害往往缺乏相应的准备。例如，北方地区应对强降雨、台风灾害的能力较弱；南方地区应对冰雪、冻雨灾害的能力较弱。而从近年的自然灾害现象看，反季节、反常规的灾害越来越频繁，特别需要引起警惕，也给城市安全韧性带来了新的要求。

一般而言，自然灾害在平原地区造成的经济与财产损失大，影响范围广；在山区、丘陵地区更容易造成次生灾害，如滑坡、泥石流造成的生命安全威胁较大。如北京“7·21”特大暴雨在中心城区主要形成内涝和局部地区交通瘫痪，但在西部山区形成山洪，并造成几十人死亡。

2. 人口、经济密度、暴露度差异

由于自然地理、资源禀赋和发展差异，我国的人口和经济分布很不均衡，以县（市）为单位的统计分析表明，中心城市所在的都市圈地区的县（市）人口密度为655人/平方千米；生态环境严苛地区的县（市）人口密度仅为3人/平方千米（见表1–1）；经济发达的珠三角、长三角地区人口密度多在1000人/平方千米左右，而大中城市的人口密度为10000人/平方千米左右，有的高达20000 ~ 30000人/平方千米。显然人口、经济密集地区的灾害暴露度更高，灾害可能造成的生命和财产损失更大，对城乡聚落和城市安全韧性的要求也相对更高。针对不同人口、经济密度，防灾与安全韧性的应对策略不同。人口低密度地区可以采用优化布局；人口高密度地区更需要建设保障性更高的防灾、减灾工程防御体系。

表1-1　全国县（市）单元空间分布类型统计表

县（市）	主要分布地区	数量与占比	面积与占比	常住人口与占比（2010年）	人口密度（2010年）
都市圈的县（市）	中心城市周围地区	471个	89.44万平方千米	29775万人	655人/平方千米
		24%	9%	37%	
高密度平原地区的县（市）	中部、北方平原地区	188个	27.3万平方千米	12450万人	456人/平方千米
		10%	3%	15%	
低密度平原地区的县（市）	东北和新疆、内蒙古部分地区	136个	126.84万平方千米	4001万人	32人/平方千米
		7%	13%	5%	
高密度山地丘陵地区的县（市）	中西部、东南部丘陵地区	405个	77.17万平方千米	20035万人	260人/平方千米
		21%	8%	25%	
低密度山地丘陵地区的县（市）	地形一、二级阶地过渡地区	566个	261.31万平方千米	13687万人	52人/平方千米
		30%	28%	17%	
生态严苛地区的县（市）	青藏高原与西北荒漠化地区	152个	367.17万平方千米	1110万人	3人/平方千米
		8%	39%	1%	

资料来源：根据中国工程院咨询研究项目“中国县域城镇化研究”综合报告整理。

在人口、经济高密度地区，同样的强降水、地震或环境生态灾害，造成的损失更大，用于缓解灾情的对策与措施更少。如1999年太湖流域洪水灾害，涉及的苏南、上海均为经济发达地区，泄洪方案的制定十分困难。从应急救援和灾后重建看，人口密度较低的地区城镇之间距离较远，交通设施相对落后，灾害造成的生命健康损失更大。玉树地震重灾区距离西宁市800公里，虽然2009年玉树巴塘机场投入运行，保障了伤员转运救治，但由于没有高速公路、铁路，灾后重建物资供应十分困难，在使用举国体制援助重建、就地重建的情况下，重建周期长达3年。

专栏 4：暴露度和脆弱性

气候变化的风险来自致灾因子（触发气候事件或趋势）、暴露度（处于危害状态的人或资产）和脆弱性（缺乏准备）的叠加作用。暴露度和脆弱性是形成风险的重要部分，联合国政府间气候变化专门委员会（IPCC）第五次报告提出了致灾因子、暴露度、脆弱性三者与灾害风险之间相互关系的框架（见图 1–1）。

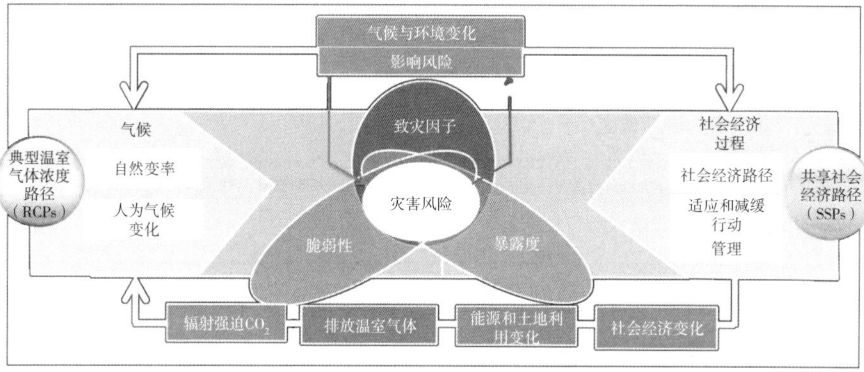

图 1–1　联合国环境规划署风险评估框架[①]

2004 年，联合国开发计划署（UNDP）认为暴露度是灾害风险的重要组成要素，是暴露于致灾因子中的人或财产，并定义了人口暴露的概念，即危险事件发生区域中人的数量结合危险事件发生的频率。2009 年，联合国减灾办公室对暴露度定义为人员、财务、系统或其他东西处于危险地区，并因此可能受到损害的程度，并指出用来衡量暴露程度的是某个地区有多少人或多少资产。《管理极端事件和灾害风险推进气候变化适应》特别报告定义的暴露度是人员、生计、环境服务和各种资源、基础设施，以及

① 资料来源：IPCC。

经济、社会和文化资产处在有可能受到不利影响的位置。

脆弱性是指承灾体对致灾因子的破坏和伤害的敏感性，一直被认为是衡量损失和受损程度的标准。Blaikie 等提出脆弱性是个人、家庭或人群对自然灾害的预见、抗御能力，并从自然灾害影响中恢复的能力，并由所处的社会、自然环境的多种因素共同决定。IPCC 认为脆弱性是指系统容易遭受或没有能力应付气候变化（包括气候变率和极端气候事件）不利影响的程度。

资料来源：中国城市规划设计研究院课题组张欣然、李昊整理所得。

3. 城市层级和规模差异

我国的城市、城镇有不同的行政等级，从省部级到乡镇级；政府的财政、土地、项目等行政资源的配置也是层级化的。因此造成等级越高的城市获得的资源越多，相应的经济和人口规模也越大。国家对不同人口规模的城市的灾害设防标准也有差异。由于大城市人口、经济活动和资产高度集聚，灾害发生时经济和财产损失的威胁相对较大，因此等级高、规模大的城市具有更高标准、更完善的灾害防御工程体系。同样的灾害发生时，更好的应急救援能力、物质保障能力，生命和财产安全保障性相对较高。

但是，我国大量的地级城市、中等城市的防灾减灾体系的建设尚不完善，城市及各类设施设防标准不高，或未达标准；小城镇的防灾减灾能力更低，且不少位于灾害风险较高的地区。中小城市、小城镇防灾减灾历史欠账较多，建设能力低下，是城市安全韧性的短板。2021 年山西暴雨灾害虽然降雨量并不很大，但受灾地区多为抗灾能力较弱的中小城市，造成的人员伤亡和灾害损失却很大。此外，中小城市和小城镇经济不发达，政府财政不充分，加之发生灾害后的社会影响小，关注度低，灾后所能得到的上级政府财政和物质资助、社会援助少，生产生活恢复周期也较长。

（四）灾害发生与影响的不确定性

1. 预报与预警的困难

相对而言，气象灾害的可预报性较高，尽管气象监测与预报的手段和能力不断提高，但预报的准确性，尤其是强降雨的历时和降雨量仍难以准确预报。塌方、泥石流、滑坡等地质灾害的监测与预警体系尚不完备。对降水引发的泥石流灾害发布预警已比较常见，但突发性的塌方、滑坡灾害的预警较为少见。

地震科学尚不发达，地震预报仍是世界性难题。地震预报预警产生的社会影响极大，向社会发预报预警应十分慎重。

灾害发生和影响程度的不确定性和预报预警所产生社会影响的复杂性，造成了城市防灾减灾、应急响应决策与实施的两难处境。近年来，预报部门出于工作责任心或免责心态，在灾害预报中报早报重的倾向增加了灾害应急决策局面的复杂性。而在新冠疫情防控中，过于乐观的失误和过于严厉的“一刀切”现象仍旧存在。

笔者认为，灾害预警和应急响应既是政府的责任，也是社会和市民主动防灾避险的责任。一方面应该让灾害或疫情信息尽早全面公开，引起社会和市民的关切和警惕，做好自身的安全防范和理性的行为选择；另一方面要让政府的灾害应急预案更加全面、系统，更加快速适应灾害或疫情进程的变化，随时调整应急与预防的策略；同时，要提高各层次不同的责任主体对灾害影响的识别能力和处置、决断的主观能动性。

2. 灾害历时和恢复周期

灾害历时的长短和灾后恢复、重建周期有明显的差异。一般而言，城市安全事故的历时较短，正常生活生产的恢复周期也较短。气象灾害发生后历时不长，但形成的洪涝灾害损失消除、生活生产全面恢复周期较长。20 世纪 90 年代长江洪水、华东洪水和辽河流域洪水等大型洪灾的历时都超过一个月。郑州“7·20”特大暴雨灾害的全面恢复也达1个月。

地质灾害的发生多在一瞬间，但生命救援的周期一般为3天，最长不超过7天；废墟清理、基础设施恢复需要数月或1年；灾后重建和社会生活、经济活动的全面恢复需2～4年。汶川地震后，极重灾区10个县的灾后重建多在2年左右；异地重建的北川新县城从选址到建设完成长达3年多。玉树由于远离大城市，高原高寒的地理环境，重建周期达3年多。

传染病疫情的历时最不确定，1988年上海甲型肝炎流行期3个月；2003年非典在北京、广州采取社会防控措施下流行达3个月；此次新冠疫情历时约3年。

灾害的历时越长，对城市生命和财产的威胁越大；灾后恢复周期越长，对城市经济社会运行和市民正常生活的影响越大。灾后重建的周期越长，说明需要大量的重建资金资源的投入，房屋和基础设施重建，经济社会发展会受到深远、持续的影响。

3. 灾害发生与影响的范围

各种自然灾害、安全事故发生及影响的空间范围有很大的差异。流域性洪水灾害发生的地域范围最广，20世纪90年代长江洪水、华东洪水灾害在多省发生，影响范围达数百个县（市），由此造成的国家和区域交通干线中断产生了更大范围的影响。区域性大范围的灾害造成的生命财产损失广泛，给抢险救灾、供应保障、灾民过渡安置都造成了巨大的压力。

高震级地震的灾害损失和影响范围较大。汶川地震后，经灾损评估划定的灾区范围包括川、陕、甘三省的52个县（市），其中划定极重灾区达10个县（市）。

超常规暴雨的受灾范围相对较小，北方地区气候异常形成的暴雨洪涝灾害的发生与影响范围近年来有扩大趋势。郑州“7·20”特大暴雨灾害中，累计降水超过400毫米的范围为5600平方公里，划定灾区范围有10多个县区。2021年山西暴雨灾害，涉及78个县（市），形成区域性灾害。

塌方、泥石流、滑坡等地质灾害和公共安全事故形成的灾害范围相对较小。但如果涉及公路、铁路和供电、油气管线等受损、破坏时，会对更大范围的供应保障和正常运行产生影响。

三、规划视角的城市安全韧性问题

（一）城市发展方式的安全问题

1. 超大特大城市数量多、规模大、人口密度高

我国人口众多，城市人口总量巨大，人口500万人、1000万人以上的特大超大城市数量多。虽然国家多年坚持大中小城市与小城镇协调发展的方针，但大城市具有规模效应、聚集效应的先天优势，在行政层级化的体制下，大城市获得更多的资源配置和发展机会，有更好的公共服务、生活质量和营商环境，对人口、经济的吸引力大，城市人口规模难以控制。

多年来我国形成了人均城市建设用地100平方米左右的土地资源配置政策，但城市生活性用地占比较低，城市实际的居住人口密度较高。一些省会城市以上中心城市的中心城区居住人口密度多在2万/平方公里以上，远高于发达国家大城市。

城市发展中对用地与空间布局优化不重视，特大超大城市大多采取或沿袭了单中心“摊大饼”的模式蔓延扩张。各主要大城市连绵发展的中心城区用地规模大多在500平方公里以上，人口规模多在500万人以上。为了追求城市中心地区的土地利用效益，人口密集地区的公园绿地很少，建筑密度很高。城市发展中长期形成的这些城市形态和土地利用特征使我国城市安全防灾的风险不

断积累。

大城市人口高度集聚，需要极为复杂的供应和保障系统维持运行。新冠疫情以来，我国多个特大超大城市先后暴发疫情。实践表明千万级人口规模的城市采用封控措施后，市场供应体系无法运作，靠行政管理单一渠道的生活供应难以保障市民的生活需求。

1984 年南黄海地震后，由于严重缺乏公共开放空间，大量市民只能在马路中间或道路交叉口聚集避灾。事实上，超大特大城市中心城区、老城区在过去几十年的发展中，公共空间增加很少，建筑密度没有降低，但开发强度、人口密度不断提高，如果发生突发的灾害事件，其后果会更加严重。过于密集的城市发展方式也使高温热浪等气象灾害的灾情加剧。

2. 缺乏科学论证的新区选址存在安全风险

改革开放以来，许多大中城市的用地范围都扩大了 3 ～ 5 倍，但城市扩展过程中规划选址的安全防灾的论证并不充分。一些城市为了摆脱耕地保护约束采用大规模削山填谷形成建设用地，但高填方的地基稳定性差，造成地质灾害风险；一些城市占用了河湖水体或在低洼地区搞大规模开发，形成大面积内涝风险。

在近年发生的多次地震灾害中，常见到新城区灾害损失大于传统城区；在内涝灾害中，往往新城区的受淹多于老城区。2010 年舟曲泥石流灾害就是因为城区的盲目扩展，在行洪风险地区大量开发建设，把 300 米宽的行洪通道压缩到 10 米以内，造成了泥石流灾害。2016 年武汉汤逊湖内涝灾害造成 60 多平方公里城区水淹半个月的灾害，其主要受灾范围就是当年围湖造地的范围，在缺乏防洪涝安全论证的前提下，大规模进行城市新区开发。

目前可以观察到的城市盲目扩张所产生的灾害风险还只是开始，很多潜在隐患的暴露还需要时间和灾害的检验。因此，需要特别关注城市新区、新城的灾害隐患排查和风险评估，防患于未然。

3. 居住用地容积率与高层住宅风险问题

多年来形成的税收与财政制度，以及由此形成的土地财政、房地产依赖发展路径导致城市居住用地开发容积率过高，高层、超高层住宅建筑成为城市住房的主体形态，造成了巨大而普遍的城市安全隐患，严重降低了居住生活的安全韧性和生活品质。

高层住宅的消防安全隐患极大。我国许多大城市的消防登高救援的高度多在 45 米以下，这意味着 15 层以上的居民在火情严重时只能靠自救，而几乎所有的高层住宅都没有常规楼梯以外的逃生通道。过高的开发容积率导致非常高的居住人口密度和极少的户外公共空间，居住区内基本上没有安全的避灾场所。

高层住宅过于复杂的平面设计、通风设计与管线系统对卫生防疫不利，高层住宅的疫情传播风险较高。高层住宅大多采用的生活用水二次供水系统也是饮用水污染和防疫的隐患。

当遇到洪水内涝或电力供应事故时，高层住宅停电停水会对正常生活造成极大的麻烦。据郑州“7·20”特大暴雨灾害现场观察和事故调查，受灾害影响最大、历时最长的市民就是高层住宅的高楼层住户，影响包括用水、电视、通信、如厕、炊事、物品搬运等，已经形成非常广泛的关联灾害影响。

4. 地下空间开发的安全问题

城市的地下空间有利用价值，尤其在城市中心地区、地价昂贵地区和复杂建筑基础结构条件下，地下空间有较高的利用价值，建设成本也较低。但夸大地下空间的使用和开发价值，盲目大规模开发地下空间是非常不理性的，因为地下空间具有明显的易灾性、安全防灾的脆弱性和很大的灾害救援、疏散和处置难度。

地下空间的密闭性使得发生灾害或事故时人群、车辆疏散困难，容易造成人群心理恐慌和混乱，也大大增加了救援难度。北京、深圳等大城市都发生过地下空间居住人群的群死群伤事故。因此，地下空间尤其不适合用作大量人群长时间集聚或流动的场所。实践也证明，地下空间完全不适合举办高端、高价值的商业活动。

目前，地下空间开发还存在越多越好、越深越好的不良倾向，许多城市都建有多层、数万平方米超大型地下停车库；一些城市在推广不同楼宇的地下车库连片开发等做法；有的城市沉迷于大规模地下空间统一、成片、连通式开发，建地下道路等。分区分单元、物理隔离是防灾防疫最重要的空间安全隔离手段，盲目求大、求连通的倾向只会导致更加惨重的灾害风险和关联性灾害损失。研究表明，超大型地下车库即使有提前灾害预警，仅靠有限的出入口根本无法实现车辆的安全疏散、撤离。目前只有极少数城市制定了限制地下车库停车数量的地方性政策或标准。

（二）城市建设、使用、管理的安全问题

1. 基础设施抗灾性能与安全隐患

20 世纪 90 年代中期到 21 世纪初是我国城市发展、扩张最快的时期，许多城市 10 年左右建成区范围扩了 1 ～ 2 倍。多年来，我国城市建设长期存在重地上轻地下的不良倾向；市政基础设施建设存在重主体轻安全轻配套的不良倾向。市政、交通等基础设施的建设速度很快，对规划、设计等各个环节的研究与分析、评估都不充分，采用的排放、防洪和安全防灾的标准比较低；施工周期很短，施工管理、工程监理、验收等程序不严格。因此，城市内大量正在运行中的基础设施存在着大量标准偏低、质量不高的问题，这可能使未来城市基础设施应灾运行时的可靠性差，甚至本身成为安全事故隐患。

日本、韩国等国家的经验教训表明，快速发展阶段遗留下来的工程质量问题将在后续 20 ～ 30 年持续显露，甚至爆发性出现。

市政基础设施存在的问题是多方面的。为了节约投资和土地征用成本，设

计采用的服务年限、安全设防标准低；采用的材料、工艺耐久性差。例如，一些河湖防洪工程设防标准低；填河筑路，大量城市自然河道被填，或改为排洪能力很低的管渠，严重降低了排涝能力；城市燃气管道设计标准低，材质差；大量供电、通信设施设置在地面或地下空间，又没有实施可靠的防洪涝保护工程措施，降低了城市防灾与供电通信保障的可靠性。

大量基础设施的设计施工赶工期，"三边"工程普遍；设计审查、施工监理、工程验收"走过场"，工程质量问题隐患非常严重。一些重要的市政工程设施已运行多年，但配套的安全防护工程长期没有完工。郑州"7・20"特大暴雨灾害中的地铁5号线五龙口停车场事故充分暴露了建设、勘察、设计、施工、工程管理及地方政府等多个环节的严重问题。

道路交通系统是城市生命线工程，城市快速发展中建设的大量城市立交桥、高架路、地下隧道在灾害发生时，本身就是道路交通系统韧性、可靠性的短板和风险点，同时也存在大量工程质量和安全防灾隐患。城市高架路、匝道垮塌已多次发生，地下隧道水淹已经成为大城市发生内涝时的常见事故。城市轨道交通是大城市交通系统的骨干，具有运量大、人流集中和大多采用地下敷设的特点，其本身的防灾安全和运行安全要求很高。郑州"7・20"特大暴雨灾害中地铁5号线事件在地铁工程建设、运营调度、灾害救援等方面都是一个惨痛的教训。类似的重大安全事故风险在大城市依然存在。

未来20～30年大量市政基础设施将进入老旧期，保持设施系统正常、可靠运行的监测、维护和更新问题已经越来越紧迫，是城市安全韧性的系统性隐患。

2. 城中村、城乡接合部的安全与灾害风险

我国特大超大城市快速发展中形成了大量的城中村或城乡接合部的工业与居住生活混杂的非正规生活生产区域。这些城市非正规供给是城市经济社会的有机组成部分，是低成本的生活生产供给，城市发展不可或缺。北京、上海等

城市有 1/5 ~ 1/3 的常住人口居住在城中村；深圳高达 2/3 的常住人口生活在城中村等非正规居住区。但非正规空间与城市正规空间不同的发展体制、机制、模式以及人口和经济社会活动的聚集方式，使其成为城市安全防灾的薄弱地区和灾害与事故的潜在风险地区。

城中村、城乡接合部等非正规空间的居住和就业人口密度高，城中村的居住人口密度大多为正规城市居住区的 3 ~ 5 倍；人口流动性大，大多为进城务工人群和刚进入大城市收入较低的白领阶层；居住形态多样，有农民私有住宅、低标准的集体宿舍、混杂在商业和工业生产场所的临时住所等。

这些地区的功能也高度混杂。大量生产性工厂、作坊，经营性餐饮、服务、仓储、电商配送等各种活动场所与居住建筑混杂。这些地区的生产服务等经营活动市场化程度很高，经营的营利性目的很强，安全卫生容易被忽视；经营的内容变化快，业态极为多样。

这些地区大多由农村集体组织管理，社会基层组织相对薄弱，加上人员流动性大，管理效能较低，安全防灾管理体系大多不健全。农村集体经营性物业大多由私人承包经营，住宅由村民出租经营，其中的居住、生产、服务等用途管理和安全卫生防疫管理难度大。

城中村、城乡接合部等非正规空间的市政基础设施、消防等安全设施往往很不完善；建筑密度和开发容积率较高，室外安全避灾场所缺乏；道路狭窄且多不畅通，消防和应急救援困难。这些地区大多没有燃气管道，罐装燃气的防火安全性差；电力系统保障性也较低。

以上主要特征决定了非正规空间安全事故隐患多，防灾减灾能力弱，应急救援难度大。珠三角、长三角多起造成大量人员伤亡的工业厂房的火灾、爆炸事故多发生在农村集体经营物业中。

城中村与城乡接合部涉及城市建筑质量安全，是加建、加层导致安全事故的高风险地区。大城市的城中村自建建筑多为 3 ~ 5 层的多层建筑，在发达地区有的城中村建筑超过 10 层，其建筑结构安全、抗震设防标准都长期缺乏有效监管。近年连续发生的福建泉州市酒店垮塌，山西襄汾酒家倒塌，长沙望城自建经营性用房倒塌都是在城中村、城乡接合部的农村自建房，都是因为建筑质量问题，缺乏建筑工程监督和使用功能安全监管造成的数十人死亡的恶性事故。

3. 用地布局忽视避让防护

城市建设过程中大量存在对用地开发的安全避让不重视的现象，对场所使用安全规定不遵守的行为，导致许多不该发生的安全事故一再发生。

近年来多次发生的中高压输气、燃气管线爆炸造成居民伤亡的事故就是因为建设用地安排完全忽视了对管线的避让和防护距离控制。天津港“8・12”爆炸事故后，规划部门对滨海新区的危险品、易燃易爆品场所，管线分布与建筑用地关系做过分析，发现大量居住区开发对中高压油气管线完全没有避让，防护距离严重不足，成为严重隐患。

天津港“8・12”爆炸事故反映了城市规划与危险品管理的 3 个突出问题。一是非危险品库区存放危险品的消防与场所用途管制漏洞，造成大规模非危险品烧毁；二是居住用地与港区和仓储用地未保持必要的防护隔离距离，造成住宅建筑受损；三是港区管理和消防队伍缺乏特殊危险品的安全管理与消防知识和训练。因此造成严重的灾害和巨大的生命财产损失以及广泛的关联性损失。

2015 年深圳滑坡事故反映出受纳场选址及与产业园区防护距离控制的规划建设管控问题，受纳场的安全防灾设计与运行管理问题等多方面漏洞。深圳滑坡事故还造成一条油气管线被冲毁引发火灾事故，所幸深圳市规划部门一直反对该管线的选址和压力标准，未予以规划选址审批，并要求管线降压运行，因此避免了一起可能引发的严重次生灾害。

油气管线、城市燃气管线、高压输电走廊既是城市运行的供给保障，又是风险性易灾性设施。但我国许多大城市在开发建设中普遍不重视其安全问题，这是大城市普遍存在的安全隐患。

（三）灾害应急与重建的规划建设问题

1. 灾害应急与次生灾害控制

灾害的类型、历时长短和破坏程度可能会产生不同次生灾害或关联性灾害、破坏和影响。城市的经济社会系统和安全保障、物资与基础设施供给系统极其复杂，灾害过程、恢复过程中的各种问题非常多样。

我国具有举国体制的优势，应对灾害的行政组织动员能力很强，往往会快速形成自上而下的应对政策措施和指挥系统，这对救援、过渡安置、灾后重建与恢复起到了关键性的作用。但有时也会因此造成政策“一刀切”，基层情况掌握不充分，不适应基层不同的实际等问题。自上而下的体制也可能造成基层政府和社会过度依赖上级的心理，夸大灾损和需求的倾向。

灾害或疫情过程中供水、供电、通信和食品、生活品的供应保障极其重要。灾害历时越长，供给保障的难度越大；当灾害造成基础设施系统破坏时，必须配备临时性水电供给系统。大型、长历时灾害很容易引发疫情，或因饮用水和食物引发次生公共卫生事件。因此，灾区的安全饮用水安全供给和水质、食品安全监测十分重要。

灾害或疫情中的医疗卫生保障极其重要。经历过重大地震灾害灾后重建的医院若采取高标准抗震设计，后续灾害中不仅建筑不易受损，电力、供水和医疗设施也可以保持不间断运行，从而实现生命救援的高度韧性。芦山地震中的县医院始终保持正常运行，就是优秀案例。郑州“7·20”特大暴雨灾害中郑州大学第一附属医院院区及门诊楼等建筑被淹，大面积断电，本应是灾害救援保障的医院成了重灾区。由此可见，尚未经历重大灾害城市的医疗卫生系统存在相当程度的安全风险。新冠疫情中，医院感染、检测感染现象不断，应当认真总结经验教训，对城市医疗卫生设施的布局选址、院区分区规划建设与运行、医疗与检测建筑设计进行全面的评估与反思。

医疗系统的安全韧性是减少灾害中生命健康损失的直接保障，在应对主要灾害或疫情的同时，兼顾并保障非灾害、疫情的医疗服务供给，防止次生灾害和其他人群的生命健康损失。

2. 过渡安置与重建选址安全

在重大灾害和疫情中，紧急过渡安置的任务重，安置方式和场所十分重要。汶川地震中的绵阳九洲体育馆、芦山地震中的县体育馆用作灾民临时安置场所，新冠疫情中方舱医院，都得益于结构安全度高、面积较大、供应有保障的大型城市公共建筑。

地震等地质灾害往往需要面对较长重建周期中的灾民过渡安置。汶川地震时国家安排了超过 70 万套的过渡安置板房，板房安置区的规模太大会成为防火和卫生防疫的隐患，安置区选址不当会造成内涝受淹的次生灾害。玉树地震的过渡安置采用了保暖帐篷方式，控制了过渡安置区的规模和密度，成功应对了高原高寒地区越冬的特殊需求，也大大节约了过渡安置成本。

严重的地质灾害如大地震、泥石流还会涉及异地重建，异地重建的决策与选址不慎，常常会引发新的社会问题和灾害。汶川地震、乌恰地震后，北川、乌恰县城采取县城机关和居民整体搬迁、异地重建的方式，社会矛盾不突出，局面相对平稳。但整体搬迁对新城选址安全的要求更高，行政审批复杂而且周期漫长，新县城重建投资很大，也会产生新县城不同群体居民的社会融合问题、老县城财产灭失的法律问题。

如汶川地震后甘肃省陇南市拟将政府机关从文县武都镇迁建到成县，引起了社会强烈反应。在青川县城异地重建的论证中开展了大规模的民意调查和访谈，发现县城不同利益、不同群体居民的态度尖锐对立，最后只能采取县城部分文教功能异地重建的方案。在青川县沈家坝新区、舟曲县峰迭新区的选址、规划和建设中，在灾害防治方面都进行了深入的论证，采取了较高标准的防灾设计。这些经验教训非常值得总结。

四、规划视角的城市安全韧性策略

（一）城市安全韧性策略的多维度思考

1. 提高城市长期安全与短期冲击的应对能力

城市在人类经济社会发展中长期存在，只要不发生灭绝性的灾害、战争或剧烈的自然地理环境变化，城市的城址很少发生迁移。人类文明的历史就是一个不断寻找更加安全、更优生存条件家园的过程，不断提高人类聚落安全韧性的过程。可以发现，大的自然灾害发生时，历史悠久的城市和老城区受到的灾害冲击和损失相对较少。但是，随着近现代贸易和工业文明的兴起，人口大量增长，经济活动不断加强，农耕文明时代的人与自然的关系被不断改变。工业文明兴起的过程中，经济利益与效率至上的价值观导致对城市安全韧性的忽视和应对灾害能力的盲目乐观；城市快速发展中灾害防御体系建设的滞后和低标准，使得城市在面对自然灾害、疫情和安全事故发生时暴露出严重的脆弱性、易灾性，造成巨大的生命健康和财产损失。

当前我国城市的安全韧性问题，本质上是一个长期以来人口与经济活动快速、巨量增长，城市发展理念落后，灾害防御体系建设不平衡不充分，安全管理与社会治理体系不完善，社会防灾避险意识不强等长期积累的系统性、综合性问题。因此，城市安全韧性的提高绝不是建立一套学院式灾害韧性评估体系，制定一系列复杂评估指标，也不只是编制防灾规划，建立看似完备的应急预案就可以解决的。

我国城市将长期面对安全韧性的巨大压力，气候变化带来的持续性灾害威胁，各种不确定、突发性的地质灾害、疫情和安全事故。因此，城市的安全韧性既要考虑长期性的持续影响和城市长远的灾害防御能力、适应能力的不断提高，又要为极端气象灾害、安全事故频发的短期冲击做好更充分的应对与准备。

城市安全韧性的提高，一方面要全面研究分析城市未来可能面临的各种灾害与风险的背景，识别城市长期安全韧性的短板和弱势，针对不同的风险威胁制订长期应对的计划。包括规避灾害冲击和减少灾害损失的空间布局优化，防御灾害的基础设施体系建设，应对灾情的供给保障系统建设和灾后恢复的能力建设，坚持持续提升城市长期安全韧性。另一方面要充分认识短期极端气象灾害、安全事故、疫情等随时可能发生的灾害风险。在较短的时间内，建立起以减少生命财产损失为主要目标，提高城市应急响应、救援能力和最低限度的供给保障能力，应对城市安全韧性面临的短期冲击。

专栏 5：联合国《2015—2030 年仙台减轻灾害风险框架》

2015 年 3 月，联合国减灾办公室在日本仙台召开第三届联合国世界减灾大会。会议通过《2015—2030 年仙台减轻灾害风险框架》，框架提出了全球减灾和韧性建设的蓝图。重点关注预防产生新风险，减少现有风险，减少对灾害的暴露性和受灾脆弱性，加强应急和恢复准备，从而提高居民、企业、社区和国家在未来的抗灾能力。

《2015—2030 年仙台减轻灾害风险框架》提出了具体的全球防灾减灾 7 项目标，包括大幅降低灾害死亡率、大幅减少受影响的民众人数、减少经济损失、大幅减少灾害给卫生和教育等关键基础设施带来的损失、到 2020 年制定国家和地方减少灾害风险战略的国家数目大幅度增加、促进国际合作、增加获得多灾种早期预警系统和减灾信息及评估的机会。

《2015—2030 年仙台减轻灾害风险框架》列出 4 项行动优先事项，包括了解灾害危险、强化减灾管理工作、加大减灾投资力度、做好防灾及灾后恢复重建工作。

《2015—2030 年仙台减轻灾害风险框架》强调需要在灾害风险的各个维度（暴露度、脆弱性和致灾因子）上更好地了解灾害风险，提出了增强抵御灾害韧性的 6 个关键维度和 10 项要素。

资料来源：中国城市规划设计研究院课题组张欣然、李昊整理所得。

2. 统筹工程防御与主动适应的韧性策略

通过灾害防御工程和基础设施建设提高城市抵御灾害的能力仍然是现代城市安全韧性的基本前提。随着可持续发展思想的推广和接受，气候适应、基于自然的解决方案（Nature-based Solution，NbS）等减少人工干预，空间避让，与灾害共存等主动适应的安全韧性理念被广泛接受。实际上，我国农耕文明时代的安全韧性优秀传统就是在季风气候和多地震条件下，倾向于对自然主动适应的思想。包括趋利避害的选址，以疏为主的流域治理，开河填土的水网地区聚落营建方式，木结构和砖木、石木混合结构建筑体系等。

专栏 6：基于自然的解决方案（NbS）

基于自然的解决方案，是积极利用生态系统服务来实现联合国可持续发展目标（SDGs）的伞形方法概念，包含诸多基于生态系统解决各类可持续发展问题的方法，如基于生态系统的适应，基于生态系统的灾害风险减缓、自然基础设施、绿色基础设施，基于自然的气候变化解决方案等。

世界银行认为，NbS 是能够在减缓和适应气候变化影响的同时，保护生物多样性、促进可持续发展的创新解决方案。世界自然保护联盟将 NbS

定义为通过保护、可持续管理和修复自然或人工生态系统，从而有效地、适应性地应对社会挑战并为人类福祉和生物多样性带来益处的行动。

Eggermont 等采用两个梯度来划分 NbS 类型，即 NbS 对生态系统和生物多样性的干预程度、实施 NbS 带来的生态系统服务提升幅度，并把以 NbS 为主要理念的自然工作实践划分为 3 种类型：①充分利用自然或受保护的生态系统；②修复和管理生态系统；③重构或构建新的生态系统（见图 1-2）。NbS 对于实现脱碳、降低气候变化风险以及提升气候变化韧性具有重要意义。

2019 年，联合国气候行动峰会将 NbS 列为全球九项重要行动之一，作为全球实现《巴黎协定》气候变化目标的重要策略。

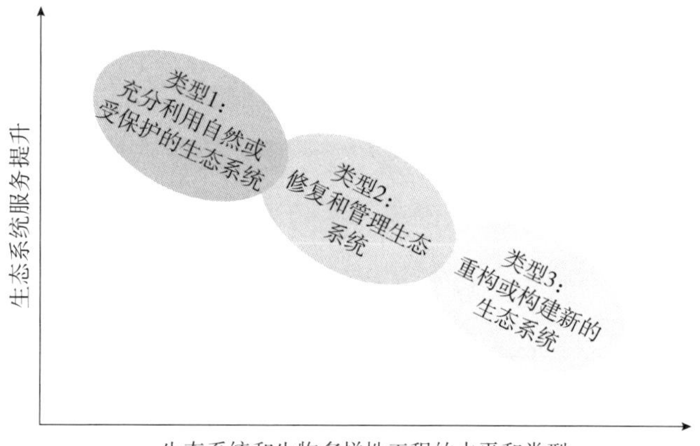

图 1-2 NbS 在两种指标梯度下的分类 ①

资料来源：中国城市规划设计研究院课题组李昊、张欣然整理所得。

① 资料来源：New Influence for Environmental Management and Research in Europe.

基于自然的解决方案强调工程、经济、环境等领域的知识融合，重视社会、经济和自然的多元效益。主动适应的避灾和安全韧性理念在可持续方面的先进性不容置疑，这也是中华民族人居文化的优秀传统。但随着社会对生命与财产安全的重视，人口与经济活动的大量增加，高度聚集及风险暴露度的提高，城市的安全韧性需要更好地统筹工程有效防御与自然主动适应两种策略，防止认识上的偏颇。

专栏 7：荷兰“还河流以空间”项目

2000 年，荷兰政府制定了气候变化适应项目——“还河流以空间”，把被农田、聚落占领的洪泛平原空间还给河流，发挥滞洪、蓄洪的功能。主要手段包括堤防后移、恢复河漫滩、降低河床等。2007—2018 年，荷兰共开展了 30 多个该类项目，形成了“保留、储存、排水”三步策略的解决方案。其中，蓄水是最关键的环节，即通过改造河道，形成河道对降水的韧性缓冲。

荷兰奈梅亨市“还河流以空间”实践是其中最综合、最复杂的案例之一。在瓦尔河旁修建了一条旁通河道和一座城市河道公园，不仅可以缓解洪灾，还具有休闲娱乐、生态保护、景观等多重功能。北侧堤坝后退 350 米，新建支流河道，确保瓦尔河在峰值期水位降低 34 厘米。同时保留部分原住民，新建公园、自行车道，创造自然与农耕、水与人共存的空间成果。

资料来源：中国城市规划设计研究院课题组李昊、张欣然整理所得。

以水为例。水的生态价值、资源价值和灾害威胁是一个整体，又是完全不同量级的概念。生态的方法可以增加水的资源价值，减轻水的灾害威胁，但又不能完全从根源上解决这些问题。海绵城市是保护水资源水生态的有效方法，但如果用于提高城市的洪水灾害韧性，其不是主要的措施。

应对大流域洪水灾害和高震级地震等区域范围大、破坏性强的灾害，首先要加强系统性、工程性灾害防御体系的建设，同时在中微观层面尽量利用主动适应性的防灾减灾措施。应当提倡集成应用两种理念下最成熟有效、生态环境良好又低投入的措施，形成综合性的防灾减灾策略。

3. 制定针对性、协同化的韧性策略

不同的灾害与事故具有不同的破坏性，不同地区面对不同或相似的灾害威胁，不同规模与层级的城市人口与经济密度不同，风险暴露度和损失规模不同。因此，城市安全韧性的要求不同，防灾减灾、提高韧性的策略应该有针对性、差异性。而同一区域的灾害威胁具有相似性、关联性，这就要求城市间的安全韧性策略具有协同性和相似性。

不同城市应该根据本地自然灾害发生的频率和安全事故隐患的特征，根据国家、区域的防灾减灾要求制定针对性的安全韧性策略和规划。针对不同类型的灾害，采取不同的灾害防御工程和减少灾害损失的措施，同时根据自然资源禀赋、地理环境和经济发展水平制定次生灾害、关联灾害的应对策略。

同一地区城市往往面对着相似的灾害风险，区域协同的安全韧性策略非常重要。应当发挥上一级政府的作用，把地区内不同城市的防灾减灾能力提高到相似水平；协调做好流域地区上下游水系畅通，不同河段、不同城市的防洪标准；提倡并建立相邻城市守望相助的防灾减灾联动响应机制。

专栏 8：纽约规划与设计：构建韧性城市

2012 年飓风“桑迪”袭击纽约市，洪水淹没全市 17% 的土地，导致经济损失 190 亿美元。2015 年，纽约城市应对气候变化委员会（NPCC）发布《构建气候弹性知识库》，提出过去100年，纽约市沿海平面平均每10年上升2.54厘米；以2000年为基期，预测到2050年纽约市附近海平面将上升27.94～53.34厘米，曼哈顿下城区37%的地区面临风暴潮危险；横跨北大西洋的飓风数量也将会增长1倍。美国联邦应急管理局将曼哈顿岛沿海10英里[①]的海岸线划入洪涝风险区。

2013年纽约制定了应对气候变化的《一个更强大、更具韧性的纽约》计划，提出了10年韧性城市建设项目清单。2015年版纽约总体规划《一个纽约：一个强大而公正的城市》，将适应气候变化的策略和建设韧性城市作为规划的重要内容。针对气候变化带来的风险提出4项具体目标：①实现碳中和及100%清洁电力；②提升强化社区、建筑、基础设施和滨水区，使之更具韧性；③通过气候行动，为纽约所有人创造经济机会；④为气候问责和正义而斗争。并针对4项目标列出了15项关键措施。

2013年，美国住房和城市发展部举办了“Rebuild by Design”设计竞赛，征集抵御飓风侵袭和海平面上升风险的方案。BIG建筑事务所的“BIG U”方案获胜。该方案在洪灾风险最高的曼哈顿下城建设U型保护系统，将10英里长的防洪堤与景观、休闲娱乐、生态功能相结合，在保护城市的同时，为城市带来经济、文化和社会效益。项目一期工程已于2022年开工。

资料来源：中国城市规划设计研究院课题组李昊、张欣然整理所得。

4. 关注公平正义的安全韧性策略

关注安全韧性策略的公平性，使不同地区、不同城市居民，不同市民阶层

① 1英里≈1.61千米。

享受同样或相似的安全保障，是社会文明进步的必然要求。

我国乡村、中小城市与小城镇的防灾减灾基础设施、建筑抗震能力显著低于大城市，而这些地区人口老龄化问题严重，妇女儿童留守群体比重高，聚集了大量的社会弱势群体。笔者观察到，在同样面临洪水、强降雨灾害风险的地区中，经济越不发达的城镇，抵御灾害的基础设施防灾标准越低。如前文所述，城市非正规空间的基础设施不完善，防灾能力弱，且安全事故发生率高，而这些地区的生活生产人群也多为中低收入、弱势人群。因此，提高城市安全韧性要特别关注弱势群体，落后地区、经济不发达城镇的灾害防御能力、供给保障能力的提升。

对不同规模、不同行政层级的城市设置不同的灾害防御标准，在生命与财产损失规模上具有经济理性，在经济尚不发达的阶段具有合理性。但随着社会经济发展，防灾标准的差距应逐渐缩小，不同行政层级的城市，特大超大城市、大中城市和小城镇之间的安全韧性应达到相近的水平，具有相似的灾害抵御能力。

当前，应当特别重视作为大量农村转移人口就地城镇化重要载体的县城与县级市城区安全韧性水平的提高，结合国家县城公共服务补短板的政策，强化灾害防御体系和应急供应保障体系的建设。

5. 关注绿色低碳的安全韧性策略

城市的安全韧性建设应该与新阶段的“双碳”战略新理念相适应，从单一的灾害安全观走向更加多元的安全观。灾害抵御体系的规划建设要体现生态文明思想。城市的安全韧性策略要尽可能利用自然资源、自然地理、自然系统降低灾害威胁与损失，而不是一味提高工程性防御灾害的标准；尽可能应用主动适应、自然解决方案的技术措施，减少工程性防御投资；工程设计要尽量有利于生态功能的恢复、修复和利用；工程材料与工艺要尽量采用绿色可再生材料与低碳排放技术。

城市应急供应保障系统采用可再生、分布式能源不仅绿色低碳，还可以提高灾害中的供应韧性。玉树地震救灾时，部分道路因为已采用光伏照明而未受供电系统震损的影响，可再生能源的优势得到显现。

区域化、本地化的生产、流通和消费体系建设可以大大减少日常食物和产品消费的成本和碳排放，是发达国家减碳、零碳的重要措施。区域化、本地化的供应体系也是城市安全韧性的重要保障，在长历时自然灾害、疫情管控等情况下，本地化的生产消费体系的优势十分明显。

（二）城市总体规划层面的韧性策略

1. 灾害风险研究与安全韧性评估

应当建立和完善城市总体层面、系统性灾害风险研究分析与安全韧性评估工作机制，并成为城市总体层面规划的工作基础与前提。

系统评估。评估的内容应该包括本地常见自然灾害，也应评估从气候变化趋势分析可能出现的新的灾害，如极端天气引发的超常规降水、热浪与寒流、海平面上升等潜在威胁；城市各种危害品、存在易燃易爆风险的场所、管线走廊；主要灾害可能引发的次生灾害、关联影响。在灾害风险评估的基础上，还应进行各种防御措施后的城市总体层面，城市内高风险地区、脆弱地区应对灾害的安全韧性评估。

历史研究。评估的方法既要重视科学，掌握较全面的自然地理、气象、水文等数据，应用数字技术进行科学分析，也要重视城市灾害的历史研究。我国城市大多有非常丰富的地方史志文献，积累了很丰富的历史灾害资料。与灾害相关的科学技术仅有数百年历史，但中华文明延续了数千年，研究历史可以对地方灾害与安全有更深刻、更前瞻的认识。

情景分析。对主要单一灾害和可能引发的次生灾害、关联影响进行不同条件下的灾害损失与影响的多种情景分析是提高总体规划应灾能力的重要方法。情景分析方法可以帮助提高规划用地空间。

2. 基于安全韧性的布局优化与选址

城市的用地与空间布局不能只是以发展效率为依据，还应该充分考虑安全、宜居、生态等多元目标。

城市总体规划对空间布局优化和新区选址有着直接控制作用。良好的空间布局不仅可以提高城市的安全韧性，也可以提高城市空间品质，减缓大城市病。

第一，应该严格控制超大特大城市中心城区的人口与经济规模，优化市域和中心城市空间布局。

第二，要优化和改善快速发展中忽视安全与生态的城市用地布局，把“摊大饼”布局转向组团式布局，引入大型绿带、绿楔与风廊，既可以减缓热浪、强降水的灾害影响，又为城市提供更多的避灾空间。

第三，优化居住、就业人口布局和土地开发强度，防止人口密度过高导致灾害损失扩大。我国省会以上大城市仍有大量居住地区的人口密度在20000人/平方公里以上，应该继续降低。

第四，城市的新城新区选址要进行严格的灾害安全性评估；要尽量选用安全的场地，利用自然条件降低灾害风险；滨水、沿海地区开发要以科学安全的防御体系规划为依据；要严格限制削山填谷的选址与建设方式。

第五，危险品、易燃易爆场所必须远离人口较密集地区并设置充分的安全距离；具有安全风险的油气管线走廊必须设置安全距离与防灾措施。

3. 加强灾害防御体系建设

总体上看，我国城市应对自然灾害和安全事故的防御体系还不完善，标准不高、标准不一，设施缺项、系统不完整，安全韧性的短板弱项很多，防灾盲区很多。

我国大多数城市都面临强降水引发的特大暴雨、洪水和内涝风险，应当持续完善城市防洪抗涝体系。超大特大城市要特别注意城市防洪和流域防洪能力的统筹协调，降低流域防洪标准不一造成的城市灾害风险。要持续关注并加强中小城市、小城镇的防洪标准提高和防洪体系建设。

受到地震灾害威胁的城市应当坚持开展老旧建筑的抗震加固工程，要特别重视重要公共服务设施、供应保障设施、生命线工程和大量人流聚集场所的建筑抗震加固。

灾害防御体系、基础设施建设是城市安全韧性的基本保障，长期以来地方政府重发展轻安全，重地上轻地下的惯性思维必须从根本上改变。城市防灾、重建资金滥用、低效利用情况并不少见，许多排涝工程成了景观工程，许多灾后重建的公共建筑利用率很低。应当建立更加有效的引导和约束性制度对防灾工程、供应保障工程的投资和建设质量实施全过程监控，防止把防灾工程、灾后重建工程资金用于政府的形象工程、景观工程。

同时，要倡导系统性安全思维，防止没有行政和科学依据、盲目提高防灾工程设防标准的倾向。非生命线工程单个项目、局部地区提高标准并不能提高城市安全韧性和应灾能力。

大中城市高层住宅数量大、楼层高，火灾隐患严重。目前来看，高层建筑消防安全尚无完整的对策，是城市防灾的“盲区”。一方面要加强城市高层、超高层建筑消防救援能力建设；另一方面要研究并探索高层住宅灾害垂直逃生、救援通道的“补短板”，可以借鉴日本、新加坡等先进城市高层住宅垂直应急通道的经验。

4.不同地区的针对性防灾对策与措施

我国城市在快速发展过程中，老城与新区之间，不同地区之间，各种公共服务、市政基础设施、应急保障设施和避灾场所布局与建设存在诸多系统性不平衡和部分地区不充分问题。从公共服务均等化、不同地区均衡发展和防灾能力、应急保障等多维度分析评估，进而优化城市用地功能、空间资源和各类设施布局，对社会公平正义和城市安全韧性都非常重要。城市不同地区存在的问题和短板不同，应采取不同的对策。

远离中心城区的新城新区。许多城市的新城新区远离中心城区，这些地区大多缺乏充分的医疗卫生、消防等保障设施和可用作避灾的大型公共建筑，但一般而言，居住和就业、人口、建筑密度较低，道路绿地等开敞空间较多。新城新区应灾保障系统建设重点在于加强保障设施配置与建设。远离中心城区的新城应加快建设完善本地的救灾应急、供应保障体系。一些规模较小、难以完整配套的碎片化的远郊产业园区和住宅区，要重点加强灾害防御工程、水电信工程的防灾能力建设，保障外部交通联系，避免在灾害中成为无法接受救援与供应的“孤岛”。

城市新区、新中心。主要指2000年以来，城镇化与城市快速扩张时期，许多大城市在老城以外建设的大量新区、新中心。这些地区大多高楼林立，但往往在选址与建设中缺乏周密的论证，基础设施与防灾体系规划建设不完整，医疗卫生等公共服务配套不齐全，城市安全风险隐患多。但这些地区又是城市人口和经济活动快速增长地区，风险暴露度高，应当特别重视基础设施系统性完善，防灾和应急能力的系统性建设。

老城区、一般建成区。主要指2000年以前建成的地区。这些地区人口密度、建筑密度相对较高。随着大量新区建设，老城区经济社会发展衰退；社会人群老龄化、低收入化较高；基础设施老旧化现象严重；大量住房建筑老旧，质量较差；抗震抗灾的标准低。但老城区公共服务比较齐全，场地安全性较高。老城区的安全韧性应特别重视房屋建筑质量和抗震抗灾能力提高，水电信等基础设施修复与维护，公共避灾场所增加。

城中村与城乡接合部。这些地区防灾设施、基础设施和公共服务大多标准低而且不齐全，运行维护状况差。生活服务多属非正规供给，同时又存在诸多安全事故隐患，是城市安全韧性短板弱项最多、应急供应容易忽略的地区。这些状况一方面需要引起城市政府的高度重视，尽快加强基础性工程建设；另一方面要加强管理和整治，以弥补硬件设施不足和短期难以全面改善的问题。此外，要特别重视控制建筑密度、人口集聚量；增加避灾场所，保持道路通畅，降低灾害损失，改善应急救援条件。

（三）城市详细规划层面的韧性策略

1. 详细规划功能与编制方法变革

城市详细规划，尤其是控制性详细规划（简称“控详规”）是直接控制城市中微观空间开发建设的重要工具，按照控制性详细规划开发的地区一旦建成将长久难以改变。通过审批的控制性详细规划具有长期稳定的法律效力，由此决定了城市中微观空间的品质和安全。

要学习发达国家城市的经验，发挥控详规对长期发展的基础性、稳定性保障作用；提高控详规对于满足居民长期生活需求的前瞻性；突出控详规对人居环境品质、住房品质、居民健康、安全等长期、稳定需求的管控作用。发达国家城市类似我国控详规的主要指标几十年甚至上百年不变的经验表明，控详规是比总体规划更重要的法制化管控工具，对城市安全韧性也至关重要。

我国城市发展理念正在经历着从追求效益、效率转向追求高质量、高品质，因此，控制性详细规划的编制和修订的理念和方法都必须相应转变，从对物质利益的关注转向对人的生存、发展的重视，真正实现以人为本的规划价值观。控详规编制的价值观应当从追求土地开发效益转向提供高质量、可持续的人居环境品质，转向居民和使用者的高便利、高保障，转向建筑和场所的绿色低碳、安全韧性。控详规编制的方法应当由从宏观到微观落实总体规划、分区规划的功能与开发要求，转向从微观中观层面关注人的需求、人的活动和人的安全便利。

建立自下而上，从人的视角出发的详细规划编制方法，有利于从微观层面认识人的需求与空间活动规律，发现城市发展建设和安全方面的问题、弱项和短板，从而使规划更好地服务于品质和安全。

2. 完善控详规主要指标与管控内容

近年来，在国家的强力干预下，各地居民生活地区的详细规划开发强度过高的控制指标得以改变，开发容积率、建筑高度控制等指标有所改善，但控详规的各项管控指标的科学性、合理性、相互协调性，以及指标体系尚待全面优化；控详规对城市居住区、园区开发的更加安全韧性、绿色低碳、宜居便利的系统性改善的全面管控作用尚待提高。总体的取向应该是降低容积率和建筑高度；控制合理的建筑密度和楼宇间距；控制建筑单体平面 / 竖向设计的公共卫生和防止疫病传染的标准；保障避灾场所安全和救援通道顺畅可达。居民生活地区的净开发容积率上限应控制在 2.0 ~ 2.5，住宅建筑高度上限应控制在 36 ~ 45 米（即 12 ~ 15 层）。笔者认为，在控制好容积率和建筑高度的前提下，可以适当提高住宅建筑密度；在合理布置公园绿地和避灾场所的前提下，可以适当降低住宅用地的绿地率。

城市中心区、商务型产业园区的控详规要重点控制过于密集的工作岗位聚集和商务、商业、休闲人群的集聚；救援与疏散通道的多向联系与畅通；可用作临时避灾的较大面积的广场绿地。

对超高层办公、酒店建筑，大型公共建筑应当采用更加严格的抗震防灾、救援、疏散的设计标准和规划管控要求；对医院、急救中心和水电信等生命线工程规划选址、布局与场地竖向设计，应当采取更严格的建设管控，强制要求采用更高标准更安全的抗震防灾技术，分布式布局与运行服务，更安全的防护措施。

3. 加强地下空间、混合功能开发的安全控制

当前我国城市地下空间开发很热，很多城市提出了地下空间大规模、多层次、连片开发、整体开发的规划，却忽视了地下空间开发的高成本、利用的局限性和地下空间易灾性及救援困难等突出问题。地下空间确实有一定的开发利用价值，特别是在建设地下轨道、高铁站等重大交通设施时，适当扩大地下空间开发利用。但地下大规模、多层次空间不适合高价值功能，安全防灾风险大、救援困难等问题很难解决；而连片、整体开发地下空间容易产生次生、关联灾害。

在控详规中，应对地下空间开发建设作出更加明晰的安全防灾的强制性规定，如地下空间的面积和人流规模限制；地下与地上建筑面积的比例；分层次的使用功能限定；不同建筑物之间、建筑与设施之间地下空间连通的限定等。大城市地下停车库应设置停车数量上限，大于上限的车库应设立永久性物理安全隔离的分区和独立的出入口。应当要求大型地下停车库和大量人流的地下公共建筑、交通建筑尽可能设下沉广场，开敞式边坡及便于救援和人员疏散的开放性竖向通道，降低灾害风险和生命安全损失。

多种功能在同一场地、建筑内混合开发是后工业社会，服务型、创新型经济活动的必然要求。特大超大城市的新经济集聚区已经大量出现了管理、经营、研发、生产等经济活动与居住、生活服务、娱乐休闲等活动高度融合，人流与活动高度集聚的混合开发或使用的场所和建筑，这些场所和建筑的多用途特征既带来了便利也产生了新的安全防灾隐患和风险挑战。目前规划行业及控详规对混合开发的安全性问题的关注和研究还很不充分。应当认真分析研究混合开发的各种活动与行为特征，相互融合时产生的复杂关系，可能发生灾害或事故的黑点，以及安全防灾的措施与对策。尽快形成既鼓励混合开发，又可控制和降低灾害风险的控详规管控办法以及具体的管控要求与指标。

（四）城市更新中的韧性策略

1. 针对不同更新类型的差异化策略

我国的城镇化进程的高峰期已过，随着几十年的城市快速增量型建设，城市发展已从增量扩张转向存量利用，从大拆大建的旧城改造转向既有建筑与老城区的有机更新。随着城市发展阶段与模式的转变，基于更新利用理念的规划设计方法与工作机制迫切需要研究与完善。我国城乡建设、规划领域的管理政策和标准规范，包括安全方面的防灾、抗震、消防的技术标准，大多是针对城市新区或新建项目的，基于老城有机更新、存量利用的标准规范还很不充分。

老城有机更新的类型、更新的功能与更新方式很多，对安全韧性方面的要求各不相同。老城更新的主要类型包括但不限于以下几类：

历史比较久远的老城区。功能多而混杂；大多建筑密度很高，房龄很长，没有抗震标准；居住形态多为大杂院，多户共用厨卫设施；道路狭窄，水电管线标准低，老旧严重，市政基础设施不配套。

改革开放初期或之前建设的低标准居住区。建筑密度不高，但居住水平较低，人口密度较高；建筑质量不高，抗震性能较差；住宅内厨卫设施共用较多，住宅出租房比例高；建筑水电和市政基础设施标准低。这类地区往往建设匆忙，缺乏必要的选址论证和竖向设计，内涝灾害较多。

产业型更新地区。传统的工业、仓储地区更新为文创、科创、商业、娱乐、生活服务、租赁住房等功能区。

这些不同类型城市更新地区的安全韧性基础条件不同，灾害风险抵御能力和暴露度不同；对既有建筑拆除新建的要求和政策限制不同。有的属于城市传统风貌，近现代优秀建筑保护对象，对建筑的外观、尺度，城市肌理等还有较严格的保护要求。因此，应当特别重视城市存量利用，有机更新的安全风险评估。要建立针对不同类型，适应不同改建、利用和保护要求更新方式下，提高地区安全韧性的策略、规划控制要求和设计方法；同时要尽快研究并建立适应城市有机更新的安全韧性方面的技术标准规范体系。

要尽快建立和完善适应城市有机更新的分灾种、分领域、分专业以及综合性的技术标准规划体系，并发展出支持有机更新的建筑、技术与管线材料与设备。例如适应建筑密度高、道路狭窄的市政基础设施的建设与敷设的技术标准；适应有机更新工程特点，抗震与防火性能更高的建筑结构与材料；适应有机更新的消防安全规范和消防与应急作业方案；开发适应狭窄道路尺度的消防、环卫、供水车辆等。

2. 更新地区与建筑的防灾性能及安全保障

在城市更新中，除了提升环境品质、公共服务水平、经济活力和生活质量，还要特别重视地区防灾和减灾能力的提升，尤其要补上地区的安全韧性短板，消除灾害隐患。在建筑密度较高的老城区，城市更新应当根据人口密度和服务距离，通过必要的拆建来布置室外避灾场所。在范围较大、道路条件较差的更新地区，要开辟最低限度的消防、救援与疏散道路。对于建筑密度很高，存在大量砖木结构建筑地区，应当划分防火分区，结合地区消防通道、公共空间、绿地建设，设立必要的防火隔离带。对于地势低洼、排水设施不完善的地区，在更新中要重视提高场地和建筑的防内涝能力。

应该全面评估、排查城市供气管道、水电信设施的安全隐患，并在更新工程中给予排除与改善。对人口密度较高的地区，还应开展传染病疫情的安全性分析，降低疫情传播风险。对于重型、污染型工业地区的功能性更新，必须对环境和土壤进行污染评估和污染物处理，防止有害重金属污染遗存的场所或建筑未经处理而用于大量人流集聚或流动的公共性用途。

国家的有机更新政策强调既有建筑的充分利用，提出“留、改、拆，以留、改为主”和控制建筑拆除比例的具体要求。这对于充分利用存量资源，减少城市发展的资源能源消耗和碳排放十分重要。但既有建筑建成年代不同，材料与结构设计差异很大，建设标准、抗震设防标准不一，在存续并利用的同时，必须对建筑进行抗震、防灾和灾害、事故、安全性的隐患评估，并在更新中采用应对措施，提高建筑单体的抗震和防灾性能。

对于尚未达到抗震设防标准的建筑应加快实施抗震加固；对难以实施工程加固的建筑应以减轻建筑负荷，减少使用人数或不准用于人流集聚的用途等措施降低灾害损失。对水电管线存在安全隐患的建筑应进行全面的管线改造，尤其要重视对木结构建筑的电气火灾安全控制。要十分重视住房的燃气系统安全，提高燃气管线、罐具的安全性，有条件的情况下，应当推广炊具电气化，既可降低灾害风险，又可减少碳排放。在住房建筑更新中要尽可能进行住房成套化改造，避免共用厨房厕所，这对提高居民生活质量，防止火灾、疫情传播都十分重要。

专题二

构建我国城市韧性协同治理体系*

一、引言

作为社会、经济、自然要素复合的复杂系统，城市自形成以来就不断受到各类自然灾害和安全事故的冲击，给城市发展造成巨大损失。近 20 年以来，风险管理理论被广泛应用于城市安全研究领域，拓展了以灾害应对为中心的应急管理活动，各城市开始关注灾前预防和风险消减问题，探索多灾种风险的预防方式[①]，以此减少自然灾害和安全事故造成的损失，提升城市安全水平。

---

* 本专题作者为西安交通大学公共政策与管理学院教授、博士生导师朱正威。本专题是集体劳动的成果。学术团队成员胡向南、刘莹莹、赵雅、马慧、高双、吴向楠、郑清杰、郭瑞莲等都为报告的数据整理、案例分析、调研撰写作出了贡献。胡向南在研究报告的整体设计和文本撰写中承担了重要工作，刘莹莹在韧性理论及城市韧性的理论阐述方面作出了贡献。中国人民大学马亮教授、深圳市前海创新研究院朱子昂等也为这个研究报告提供了智力支持。

① 薛澜、周玲、朱琴：《风险治理：完善与提升国家公共安全管理的基石》，《江苏社会科学》2008 年第 6 期。

复合型灾害风险是现代城市安全面临的难题，其表现为多类灾害并发，灾害影响跨越时间、空间和组织边界，并引发城市系统性危机。因复合型灾害的不确定风险，需要更加具有系统性和统筹特征的理论，用于指导城市应对综合的灾害风险，提升城市安全水平，由此推动韧性理论向灾害风险研究领域的深入。

韧性（Resilience）一词最早来源于拉丁语“Resilio”，其本义是“回复到初始的状态”。韧性的概念从最初强调状态恢复的工程韧性，发展为强调产生新平衡状态的生态韧性，再到强调持续调整和适应过程的演进韧性，其内涵不断被扩充①。韧性理论的兴起为城市安全建设创造了新的机遇，韧性可以理解为城市在高度不确定的风险环境中，能够主动抵御灾害，快速恢复和学习提升的能力。韧性理论是对风险管理的继承和发展，韧性城市建设逐步引领了城市安全和发展方式的革新。韧性城市作为城市规划建设的理念被广泛接受。

韧性城市是韧性理论在城市建设实践中的重要探索②，国际组织和国外城市已经将建设韧性城市作为防灾减灾实践的核心议题。2005 年联合国在日本兵库举办了第二届联合国减灾会议，把“韧性”纳入灾害应对领域的讨论。此后联合国开展了“让城市更具韧性”行动；2013 年洛克菲勒基金会启动“全球 100 韧性城市”计划，以指导城市应对复合型灾害问题；2013 年 6 月纽约出台《一个更强大、更具韧性的纽约》，把“韧性城市”上升为城市核心理念；2016 年第三届联合国住房和城市可持续发展大会发布《新城市议程》，倡导将“城市的生态与韧性”作为新城市议程的核心内容之一，为韧性城市的可持续发展设定了标准。

---

① 邵亦文、徐江:《城市韧性：基于国际文献综述的概念解析》,《国际城市规划》2015 年第 2 期。

② Kapucu N, Hawkins C V, Rivera F I, “Disaster Preparedness and Resilience for Rural Communities,” Risk, Hazards & Crisis in Public Policy, 4（2013）: 215-233.

在我国，韧性城市建设已成为城市灾害风险应对的重要途径[①]。《中华人民共和国国民经济和社会发展第十四个五年规划和2035年远景目标纲要》指出，要推进以人为核心的新型城镇化，强化历史文化保护、塑造城市风貌，加强城镇老旧小区改造和社区建设，增强城市防洪排涝能力，建设海绵城市、韧性城市，提高城市治理水平，加强特大城市治理中的风险防控。北京、上海、成都、深圳等城市围绕城市发展和安全，推出和更新韧性城市规划。在其他城市中，韧性理念也与各自的城市规划和政策相融合，成为新型城镇化建设的重要理念。由此可见，建设韧性城市、提升城市韧性已经成为我国城市应对灾害风险的重要路径。

城市韧性是城市在发展过程中展现出的动员能力、社会活力、学习适应能力等一系列特质[②]。韧性或城市韧性是一种客观存在，它可以成为我们认识和理解城市以及某些城市现象的一种尺度和视角，而韧性城市则是为提升城市韧性或城市韧性建设而开展的一种城市实验或建设计划。如韧性联盟（Resilience Alliance）就认为韧性城市是城市通过一定的优化，使其达到能够吸收和消化外界影响，并保持原有主要特征、结构和功能的状态[③]。当前，城市韧性建设已经成为在面对复合型灾害与不确定风险的背景下，城市灾害风险治理和防灾减灾的重要实践。

综合上述理论与实践，其基本逻辑是，韧性城市建设是为了回应城市系统面临的复合型灾害风险压力，城市韧性建设是建设韧性城市的重要目标。城市

① 滕五晓、罗翔、万蓓蕾等:《韧性城市视角的城市安全与综合防灾系统——以上海市浦东新区为例》,《城市发展研究》2018年第3期。

② 朱正威、胡向南:《以韧性治理回应现代城市的复合型灾害与风险》,《中国安全生产》2021年第9期。

③ Marzluff J, Shulenberger E, Endlicher W, "Integrating Humans into Ecology: Opportunities and Challenges for Studying Urban Ecosystems," Urban Ecology, 2008: 143–158.

韧性建设需要发挥政府和市场、中央和地方、国有资本和社会资本多方面作用，需要政府相关部门统筹规划、协调联动。因此，构建城市韧性的协同治理体系至为重要。其逻辑关系如图 2-1 所示。

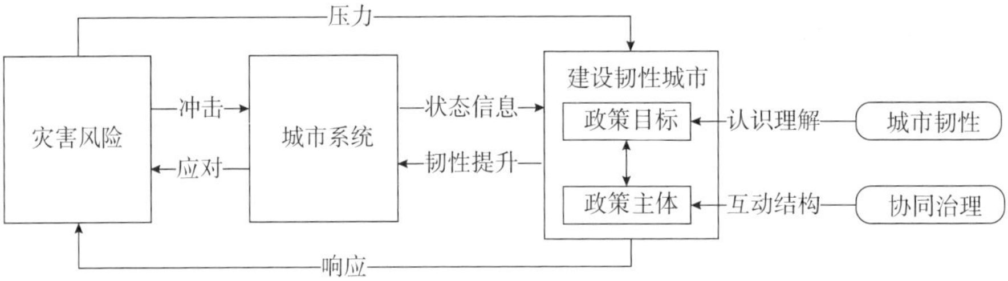

图 2-1　复合型灾害风险与城市系统、建设韧性城市的概念逻辑关系图

资料来源：作者基于“压力—状态—响应”（PSR）模型绘制。

城市韧性建设，需要构建城市韧性协同治理体系。因此，本专题重点分析了国内外典型城市在建设韧性城市过程中的管理方式，探索韧性城市建设中的参与主体和主体间关系，提炼协同治理应遵循的准则，并为形成高效的协同治理体系提供政策建议。

二、构建韧性城市协同治理体系的理论探索

（一）构建韧性城市协同治理体系的必要性

当前我国正在有序推进应急管理体系与能力的建设和优化，以综合化和协同治理提升灾害风险治理的效能。复合型灾害风险凸显了传统灾害风险管理中管理主体、应对资源和信息“碎片化”的不足。灾害风险的特征要求城市韧性建设完善和强化协同治理。

第一，综合化和协同治理是我国应急管理的重要理念。史培军[①]等通过观察我国自然灾害风险管理实践，提出构建自然灾害风险综合行政管理体系的建议，即构建专业化的应急管理机构。薛澜和刘冰[②]、闪淳昌[③]、高小平[④]、钟开斌[⑤]等学者在这一时期的研究中详细论述了我国应急管理体制中职能分散、权责不清、信息资源共享不足、应急协调联动机制不健全等现实问题，最终提出了以综合、统筹为要点的完善方向。在实践中，应急管理体制的改革更为迫切，党的十八届三中全会后，我国全面推进国家治理体系和治理能力现代化，建立了综合统一、专业化的应急管理部，旨在形成“统一领导、权责一致、权威高效”的应急管理体系。

第二，推动灾害风险的全周期管理。张继权等[⑥]依据综合自然灾害管理理念，探讨了综合自然灾害风险管理的理论框架，提出了全灾害管理、全过程管理、整合的灾害管理、全面风险的灾害管理、灾害管理的综合绩效准则等管理原则。史培军[⑦]提出区域综合减灾范式，从结构上把发展和减灾体系融为一体，把备灾、应急管理和灾后恢复重建整合为一体。实践中，2016 年 10 月，中央全面深化改革领导小组第二十八次会议通过《关于推进防灾减灾救灾体制机制改革的意见》，提出坚持以防为主、防抗救结合，坚持常态减灾与非常态救灾统一，实现从强调灾后救助向注重灾前预防转变、从应对单一灾种向综合减灾转

---

① 史培军、叶涛、王静爱等:《论自然灾害风险的综合行政管理》,《北京师范大学学报》2006 年第 5 期。

② 薛澜、刘冰:《应急管理体系新挑战及其顶层设计》,《国家行政学院学报》2013 年第 1 期。

③ 闪淳昌:《应急管理的发展态势与思考》,《安全》2015 年第 1 期。

④ 高小平:《综合化：政府应急管理体制改革的方向》,《行政论坛》2007 年第 2 期。

⑤ 钟开斌:《回顾与前瞻：中国应急管理体系建设》,《政治学研究》2009 年第 1 期。

⑥ 张继权、冈田宪夫、多多纳裕一:《综合自然灾害风险管理——全面整合的模式与中国的战略选择》,《自然灾害学报》2006 年第 1 期。

⑦ 史培军:《五论灾害系统研究的理论与实践》,《自然灾害学报》2009 年第 5 期。

变、从减少灾害损失向减轻灾害风险转变。同时在城市安全问题上，中共中央办公厅印发《关于推进城市安全发展的意见》进一步要求健全公共安全体系，打造共建共治共享的城市安全社会治理格局，促进建立以安全生产为基础的综合性、全方位、系统化的城市安全发展体系。

韧性城市建设旨在应对复合型灾害风险，建设过程贯穿灾害风险应对全周期，是一项庞大而复杂的系统工程。韧性城市建设所需要的信息、资源等分散于多个隶属关系的职能部门中，也广泛存在于市场、社会之中。因此，无论是从灾害风险的内在特征，还是从我国城市管理的实际情况来看，构建城市韧性协同治理体系具有重要意义。对韧性城市建设中的参与主体和主体间的关系进行分析，构建高效的城市韧性协同治理体系，是现阶段韧性城市建设推进的关键。

（二）国内外对韧性城市建设中协同治理问题的讨论

近 20 年来，公共管理领域开始关注韧性理念和韧性思维，形成了基于韧性内涵的讨论和基于实际建设案例的观察两类研究思路，并产生了一些对城市韧性建设和城市韧性提升中协同问题的研究成果与进展。

早期的研究主要集中在韧性的特质内涵，并由此引出了对城市治理体系和协同的讨论。通过韧性特质分解，城市系统面对灾害冲击时反应的多样性、冗余性、适应性是国外研究者早期倡导的提升城市韧性可行路径[①][②]。Godschalk[③]认为，多样性指系统功能的重叠，冗余性指系统资源的富足，适应性指吸取教训和改变的能力，适应性受到系统资源和城市治理体系的影响。基于韧性特质

① Duit A,"Resilience Thinking: Lessons for Public Administration," Public Administration, 2（2016）: 364-380.

② 邵亦文、徐江:《城市韧性：基于国际文献综述的概念解析》,《国际城市规划》2015 年第 2 期。

③ Godschalk D, "Urban Hazard Mitigation: Creating Resilient Cities," Natural Hazards Review, 4（2003）: 136-143.

讨论，部分学者提出了用于提升城市韧性的适应性管理、多中心主义、制度冗余和协同管理这4类主要的治理理念[①②]，指出多主体协同参与城市灾害风险和日常管理对城市韧性提升起到了积极作用。

还有学者从城市治理实践出发，在经验介绍中提及了协同治理问题。在推动各类城市规划时，上层的制度设计和资源支持是必不可少的，这将影响城市治理资源的持续投入和分配[③]。我国各类城市建设规划，如海绵城市、气候适应型城市、公园城市、城市更新等城市建设的计划与实践表明，在党中央的倡导下，由主责部门推动、加强跨部门协调与协同是有效的建设方式[④]。

综上可见，国内外对韧性城市的特质讨论、对实践案例的初步观察，都指出了协同治理对于建设韧性城市、提升城市韧性的重要意义，为本研究提供了借鉴。因此，本研究将对典型的国外城市探索和我国城市韧性建设案例展开分析，对多样化的案例进行提炼和整理，聚焦其中的协同治理体系特征。

三、国外韧性城市建设与协同治理的经验介绍

（一）国外韧性城市案例概述

以联合国减灾办公室开展"让城市更具韧性"行动为关键时间点，2010年后国际上开展了联合国减灾办公室启动的"让城市更具韧性"、洛克菲勒基金会启动的"全球100韧性城市"等行动计划，以及《2015—2030年仙台减轻灾害风险框

---

① 仇保兴：《基于复杂适应系统理论的韧性城市设计方法及原则》，《城市发展研究》2018年第10期。

② Duit A, "Resilience Thinking: Lessons for Public Administration," Public Administration, 2 (2016): 364–380.

③ 朱正威：《科学认识城市更新的内涵、功能与目标》，《国家治理》2021年第47期。

④ 朱正威：《海绵城市的实践探索与韧性治理》，《人民论坛》2021年第32期。

架》《新城市议程》等重要行动文本。国外韧性城市建设的重要节点如图 2–2 所示。

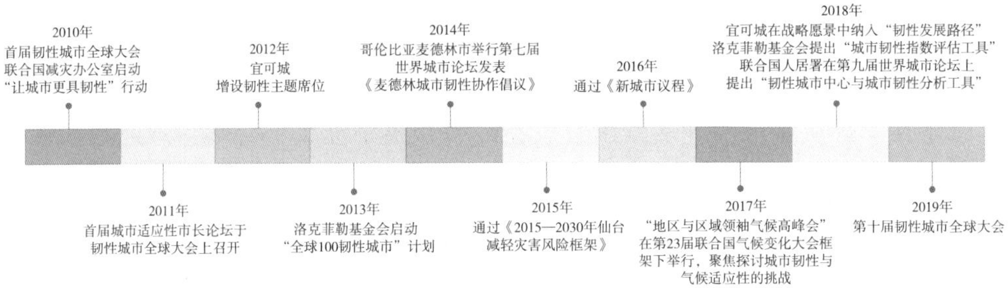

图 2–2　国外韧性城市建设的重要节点

资料来源：作者绘制。

部分国外城市根据其所在的风险环境，出台韧性城市规划，确定了城市建设的重点领域。其中，2008 年制定和颁布的《芝加哥气候行动计划》，通过建设绿色建筑和绿色屋顶、推行雨洪管理来应对高温、洪水和极端降雨的风险；2008 年制定和颁布的《鹿特丹气候防护计划》通过加强洪水管理、更新城市水网系统、建设适应性建筑以应对洪水和海平面上升等，通过生态保护、基础设施建设、城市供水和电力系统更新，提高城市应对洪水、干旱和泥石流等灾害的能力。

在国外韧性城市建设的实践中，巴塞罗那、纽约、伦敦三座城市形成了不同类型的协同治理实践，并加入“全球 100 韧性城市”计划。以上城市为我国构建城市韧性协同治理体系提供了可以借鉴的经验，本研究以巴塞罗那、纽约、伦敦三座城市为代表，展示国外韧性城市协同治理的实践特征。

（二）巴塞罗那韧性城市建设的“公私联盟”模式

巴塞罗那市饱受洪水、干旱等气象灾害的侵袭，该市韧性城市建设的重点在于应对气候变化带来的风险。2008 年，巴塞罗那集合全部市政部门开展了基础设施脆弱性评估，制定了 40 个增强城市韧性的行动计划。2009 年，该市成立基础与服务设施韧性技术局（简称 TISU），为巴塞罗那构建“城市韧性合作伙伴”打下基础。2013 年，巴塞罗那被“让城市更具韧性”行动评为基础设施风险减少的模范城市。此后，该市通过参与“全球 100 韧性城市”计划，提炼出巴塞罗那基于“公私联盟”的韧性合作伙伴模式[①]，最终形成了如图 2-3 所示的组织结构。

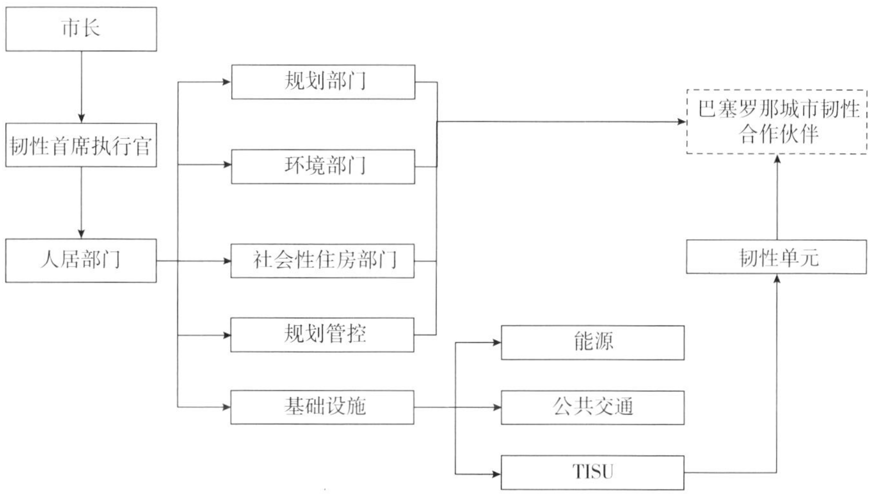

图 2-3　巴塞罗那韧性城市建设的组织结构

资料来源：作者绘制。

巴塞罗那 TISU 负责联合全部与城市规划、管理相关的职能部门，形成一个名为“韧性单元”的韧性部门。2013 年，该市由 13 个行业伙伴和研究机构成功组建了“城市韧性合作伙伴”联合体。该联合体总揽该市韧性城市建设行动，承担所有项目的管理、决策与协调任务。城市的能源、电力、规划等其他部门负责具体执行各自领域内的韧性项目，同时又以专业人士或委员会的形式参与

① 山形与志树：《韧性城市规划的理论与实践》，北京：中国建筑工业出版社，2020。

到“城市韧性合作伙伴”的管理与决策中，形成了一个基于项目管理的韧性协同治理网络。从 TISU 到“城市韧性合作伙伴”，韧性部门在巴塞罗那市政组织结构中的地位不断提升，由此加强了韧性城市建设中的协同。

巴塞罗那韧性城市建设的重要特点是市场部门的参与。该市成立了一家名为 ACEFAT 的公司，该公司为政府与私人企业合营，掌握着所有韧性城市建设项目的评估和许可发放权。该公司既承担了运营职责，又打破了政府作为单一行政许可人的模式，使私人部门参与到了项目许可与总体协调工作中。但在发展后期，“公私联盟”模式出现脱离城市居民社会需求的问题，2015 年，该市又成立了“巴塞罗那韧性网格”，以增强向城市脆弱人群提供服务与帮助的能力。

（三）伦敦城市韧性建设的“联合运行”模式

伦敦同样饱受气候变化的影响，在应对全球气候变化相关领域一直扮演着先行者的角色。2008 年，伦敦发布了《伦敦气候变化适应战略——总结报告草案》；在此基础上，2011 年，正式颁布了《气候变化适应战略——管理风险和增强韧性》计划，旨在全面增强韧性，此后伦敦加入“全球 100 韧性城市”计划；2020 年，伦敦又以“韧性城市”为理论指导，提出了《伦敦城市韧性战略 2020》，紧紧围绕人、空间、制度三要素，形成了一份综合性的发展战略，并设立了 2050 年远期发展目标。

在韧性城市的治理体系方面，2002 年，伦敦成立了早期的韧性城市建设组织——伦敦韧性论坛，该组织的核心是以应急管理为重心的伦敦韧性小组，由伦敦市长与其他市政首脑等组成。在此基础上，由伦敦韧性小组、伦敦市政府和自治市议会代表、交通等市政部门、军队、商业组织、社区和志愿部门的代表共同组成了伦敦韧性伙伴关系（London Resilience Partnership，LRP）。2010 年起，在伦敦市政体制改革下，伦敦韧性小组更名为伦敦韧性团队，并由市政府主管下移至由消防部门主管。由此，伦敦韧性团队较之前降低了合法性和政治支持，难以在韧性战略发展中与其他机构开展横向合作，在短短几年内，该团队的行政能力和资源不断减少①。

伦敦韧性伙伴关系与市政部门之间并不存在上下级隶属关系，而是以一种“联合运行”的项目模式推进。如在洪水问题上，由伦敦市政府和各自治市为总负责人，伦敦韧性伙伴关系、环境署等机构仅为协作部门；在干旱问题上，由水务公司牵头、协同环境署制定伦敦干旱计划，伦敦韧性伙伴关系仅对计划进行审核。

伦敦的韧性城市建设运营过程是一种典型的“项目管理”模式，即以项目为出发点与落脚点，各部门在不同的项目中重新排列组合，进行新的角色定位，并赋予不同的权责关系。但伦敦的韧性模式中缺乏有效的领导者角色，伦敦市政府更多层面上是象征意义上的领袖，并没有实际发挥总体领导协调工作的作用。为克服这一问题，伦敦在《伦敦韧性城市战略2020》中强调了韧性的价值应体现在各级城市治理中，着重讨论了如何使伦敦的治理体系适应韧性城市的建设，倡导建立一个以伦敦市政府为主、多个利益相关者合作的灵活韧性治理模式。伦敦的实践证明了强而有力的领导结构是建设韧性城市的基础和支撑。

（四）纽约韧性城市建设的“多主体合作”模式

2012年飓风“桑迪”登陆美国东海岸，给纽约等城市的基础设施系统与房屋建筑造成了重大冲击。2013年11月，纽约发布《一个更强大、更具韧性的纽约》以应对气候变化给城市造成的威胁。

在韧性城市建设中，纽约采取设立指定机构或办公室的做法，推动不同政府职能部门的协同联动。纽约在市长办公室下设了长期规划和可持续性办公室，

① Therrien M C，Normandin J M，Paterson S，et al，“Mapping and Weaving for Urban Resilience Implementation：A Tale of Two Cities，” Cities，2021：108.

由韧性总监配合该办公室发挥总体协调的作用。该办公室内存在 3 个工作小组：第一个是海岸保护工作小组，任务是进一步推动风险评估、技术和设备审查，并与美国联邦陆军工程兵团进行协同；第二个是建筑环境工作小组，负责协调城市规划和建筑相关的行动；第三个是韧性合作工作小组，负责为全市范围内各类长期恢复和韧性工作提供业务支持和协调。最终形成了如图 2–4 所示的组织结构。

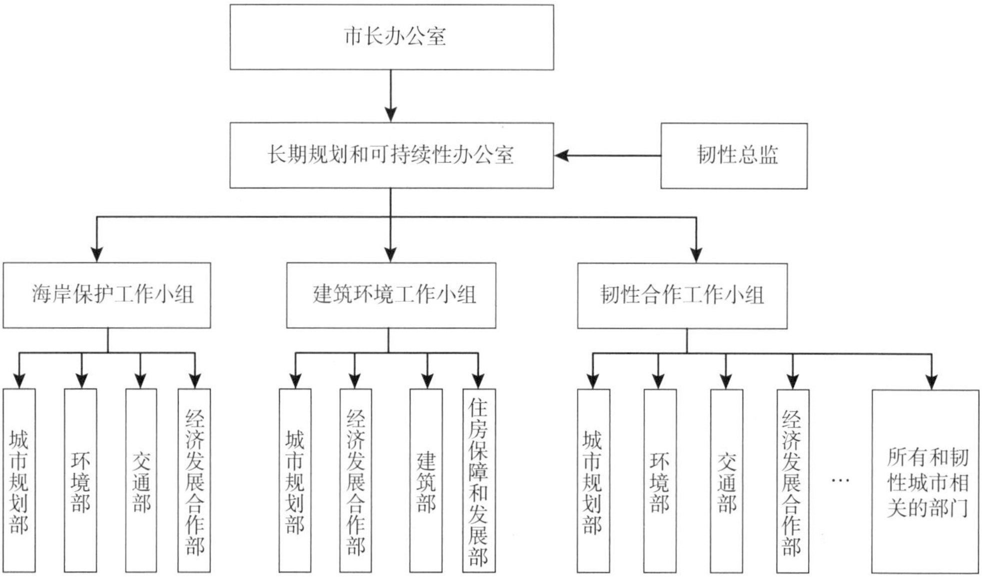

图 2–4　纽约韧性城市建设的组织结构

资料来源：《发达国家建设韧性城市的政策启示》。

纽约在建设韧性城市过程中也推动了多主体之间合作。一方面，在韧性城市立项与方案制定环节，纽约兼顾了政府、市场机构、社会组织等主体利益。不同于巴塞罗那仅通过脆弱性评估确定韧性计划、伦敦通过部门联合制定项目方案，纽约市的韧性项目计划集合了市政、社区、企业、公众等多主体参与。

如公众与企业可以通过“社区空气质量职能调查”软件上传空气质量问题，推动形成韧性项目的备选计划；还可以通过市政议会、网络征询、民意投票及其他多种调查方式参与韧性项目计划制定[①]。另一方面，纽约依托于强大的社区委员会和高度社区自治模式，推动了韧性社区中的多主体合作。在飓风“桑迪”后纽约成立社区应急小组（Community Emergency Response Team，CERT），启动邻里恢复计划。CERT 由受过专业培训的志愿者组成，在灾前主要推动社区防灾减灾教育，在灾后主要帮助社区进行自我救助与自我恢复。与此同时，纽约市社区还通过招商引资实现社区建设，发挥社区公众与企业在社区重建中的积极作用。

四、我国韧性城市建设与协同治理的实践探索

在吸收借鉴国际理念和实践的基础上，我国提升城市韧性的实践经过了海绵城市、韧性城市、城市更新等城市建设和发展计划的逐步推动。其中，我国海绵城市的建设经历从“试点”到“示范”，在国际“低影响开发”的理念基础上对其内涵、目标、组织架构、建设模式等方面都进行了进一步的丰富与发展，探索出具有中国特色的综合防灾减灾的城市建设模式。我国的韧性城市建设，经历了从地方引进上升为国家行动的整体过程，其中部分城市以海绵城市为起点探索提升防灾减灾的城市韧性，并逐步发展到建设韧性城市；部分城市推动海绵城市、韧性城市、城市更新等多项城市建设计划以提升城市韧性；也有一些城市把单项应对灾害的韧性建设计划发展为提升城市综合韧性的城市韧性建设计划。在这个过程中，各地将提升城市韧性的理念逐步融入城市发展的总体

① 白玮：《韧性城市建设的实践与启示》，《宏观经济管理》2020 年第 12 期。

规划和建设中，自主探索出了城市系统在面对复合型灾害风险冲击之下的城市韧性建设的独特逻辑，为世界提供了中国方案。

（一）海绵城市建设及其协同治理实践

城市内涝、水资源短缺、面源污染等雨洪问题是世界许多城市的共性问题，西方国家在城市雨洪管理探索实践中，提出了低影响（Low Impact Development，LID）开发理念和方法，其核心内容在于通过分散的、小规模的源头控制来达到对暴雨所产生的径流和污染的控制，从而使开发区域尽量接近于自然的水文循环。我国的海绵城市是对低影响开发及其雨洪管理实践的借鉴和创新。2013 年召开的中央城镇化工作会议明确提出建设自然存积、自然渗透、自然净化的海绵城市。国家层面相继发布了《国务院办公厅关于推进海绵城市建设的指导意见》《关于开展系统化全域推进海绵城市建设示范工作的通知》等指导性文件。

海绵城市是我国城市建设与发展进程中的一项创新性实践，是我国为解决城市水安全和雨洪管理的重要尝试。《中华人民共和国国民经济和社会发展第十四个五年规划和 2035 年远景目标纲要》中要求推进新型城镇化，建设海绵城市、韧性城市。2022 年，住建部办公厅发布《关于进一步明确海绵城市建设工作有关要求的通知》指出，海绵城市建设是缓解城市内涝的重要举措之一，能够有效应对内涝防治设计重现期以内的强降雨，使城市在适应气候变化、抵御暴雨灾害等方面具有良好“弹性”和“韧性”。

我国海绵城市建设大致经历了“吸收国际经验—地方主动探索—中央倡导—融入国家规划—全国推广”的探索路径[①]。2015 年和 2016 年，我国分两批确定了 30 个海绵城市建设试点城市，包括重庆、迁安、白城、镇江、嘉兴、池

① Hongmei Lu，Shan Zhou，“Using Policy Goal Ambiguity to Manage Policy Goal Conflicts：Sponge-City Program Implementation in Old Neighbourhoods，” Journal of Asian Public Policy，2022.

州、厦门、萍乡、济南、鹤壁、武汉、常德、南宁、遂宁、贵安新区、西咸新区等。在前期试点的基础上，2021 年，财政部、住建部、水利部组织开展“十四五”时期系统化全域推进海绵城市建设示范工作，唐山、无锡、杭州、潍坊、广州、汕头、乌鲁木齐等 20 座城市入选海绵城市建设示范城市。在海绵城市建设领域，我国先后形成了《海绵城市建设技术指南》《海绵城市建设绩效评价与考核办法（试行）》《海绵城市建设评价标准》等建设标准和评价指南。

海绵城市建设体现出重视风险预防和系统策略、倡导“蓝绿灰”生态文明建设等特色和趋势。建设过程中，我国海绵城市试点成立由地方主要政府官员负责、政府各部门为成员单位的海绵城市建设工作领导小组，下设海绵城市建设工作领导小组办公室（以下简称海绵办），全面负责海绵城市建设工作的统筹协调、技术指导、监督考核等工作，以此形成的“领导小组—职能部门—专项小组”的组织架构，为海绵城市建设工作的推进提供了最有力的保障。此外，各地还通过出台海绵城市建设实施方案和部门任务分工等文件，进一步明确所涉及的海绵办、财政局、国土资源和规划局、住建局、水务局等单位和组织的职责，确保了海绵城市建设各项工作的具体落实。

（二）城市更新及其协同治理实践

城市更新是一项全球性的发展策略，是对城市化进程的响应，也是解决城市问题的重要途径。我国与西方国家在城市更新背景、目标与模式方面具有不同的特征。“城市更新（Urban Renewal）”一词源于西方，西方国家因城市衰败而推动了城市更新，是经历了城市的快速发展阶段后，适应逆城市化的过程。比较而言，我国城市更新是伴随着城市建设与发展展开的，我国城市发展正经历从粗放到集约、从增量到存量的转变，城市更新顺应城市发展新理念新形势，是我国特色新型城镇化建设的重要抓手。

我国的城市更新实践，始终秉持以人民为中心的理念，致力于满足城市居民对美好生活的向往和需求。中国城市更新的目的是转变城市发展方式，提升城市品质，推进以人为核心的新型城镇化。相较于西方国家重视社区更新与城市复兴，我国以建设宜居、绿色、创新、智慧、人文、韧性的现代化城市为目标，关注城市空间结构优化、人居环境提升、历史文化保护、生态修复与防灾减灾、弥补城市发展中的短板与不足，解决城市经济、生活、生态与安全问题。我国城市更新已经从过去以基本生活与经济为中心的改造，转变为多元化多目标的系统更新。

我国的城市更新大致经历了从地方实践到中央推广的过程。从各地的实践来看，2007 年佛山推进“三旧改造”形成了“佛山模式”；2009 年，深圳在全国率先提出城市更新概念，颁布了《深圳市城市更新办法》，初步建立了城市更新技术标准和制度体系；2016 年，广州出台了《广州市城市更新办法》；2021 年 3 月，深圳出台全国首部城市更新法《深圳经济特区城市更新条例》，我国地方城市更新的探索不断丰富。国家层面，2019 年 12 月，中央经济工作会议首次强调了城市更新这一概念；2020 年 10 月，《中共中央关于制定国民经济和社会发展第十四个五年规划和二〇三五年远景目标的建议》明确提出实施城市更新行动；2021 年 3 月，城市更新纳入《中华人民共和国国民经济和社会发展第十四个五年规划和 2035 年远景目标纲要》，同年 11 月，住建部组织开展第一批全国城市更新试点项目。

从城市安全的角度看，我国的城市更新计划，旨在关键区域内减少城市脆弱性、提升城市韧性。我国城市更新在建设过程中大体上形成了“政府引导—市场运作—公众参与”的模式，即由市（区）政府或城市更新部门作为更新主体，其他相关部门协调配合做好城市更新评估建库、计划规划制定、行政审批与管理监督工作。项目实施一般由政府委托企业或与企业共同合作完成，鼓励社区公众参与。

城市更新是我国推进以人为核心的新型城镇化的重要抓手，在长期的历史积淀与学习借鉴国外先进经验中，我们也初步形成了富有中国特色的内涵。一些城市正在探索城市更新的统筹规划机制、可持续发展模式和配套的制度政策体系，并形成了可复制、可推广的经验做法。

（三）韧性城市建设：参与国际合作项目城市及其协同治理实践

1. 我国参与国际合作项目的韧性城市建设概述

我国部分城市通过参与国际合作项目，形成了韧性城市建设的初步探索。一方面，我国黄石、德阳、海盐、义乌 4 个城市先后入选了“全球 100 韧性城市”计划，按照洛克菲勒基金会韧性框架的要求在领导力和策略、基础设施和生态、健康和福祉、经济和社会 4 个维度展开行动。同时，按照洛克菲勒基金会建议，展开了建设韧性城市管理体系的探索。另一方面，我国成都、洛阳、大理、绵阳、宝丰、三亚、咸阳、西宁等城市先后加入联合国减灾办公室“让城市更具韧性”行动。依据“让城市更具韧性十大指标体系”（包括：制定减轻灾害风险预算、维护更新并向公众公开城市抗灾能力数据、维护应急基础设施、评估校舍和医疗场所的安全性能、确保学校和社区开设减轻灾害风险的教育培训等），以及具有自主性的韧性城市管理体系，展开韧性城市建设探索。

以上城市根据城市特征，构架了差异化的城市韧性战略。本研究以黄石作为我国参与“全球100韧性城市”计划的代表性城市，以成都作为我国参与“让城市更具韧性”行动的代表性城市，展开具体的案例分析。

2. 黄石的“全球 100 韧性城市”计划实践

黄石因矿设企、因企建市，虽然矿业经济曾给黄石带来了“矿冶之城”的辉煌，但也留下了生态赤字。黄石面临着工矿废弃地、大气污染、水体污染等重要的城市发展和环境安全问题。2013 年，黄石树立了“生态立市，产业强市，建设现代化特大城市”的战略目标，从社会、经济、生态等众多方面加快工业化城市转型。自 2014 年入选“全球 100 韧性城市”（第二批）计划，黄石进一步研究部署韧性城市建设工作，制定了韧性城市建设工作实施方案，成立了黄石韧性城市建设领导小组及韧性城市建设专家小组，并聘请了首席韧性官，全面负责黄石韧性城市建设工作[①]。黄石韧性城市建设的重要节点如图 2-5 所示。

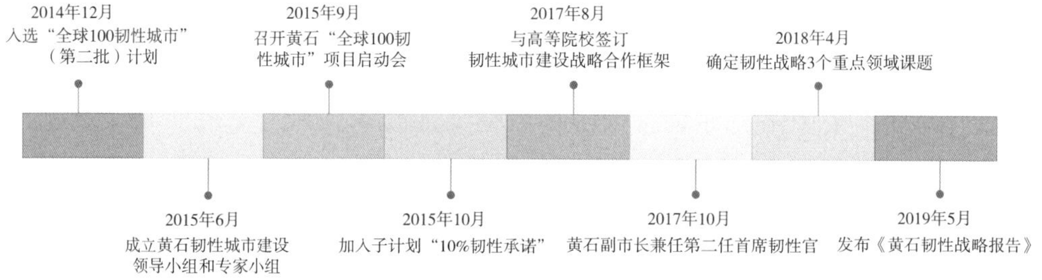

图 2-5　黄石韧性城市建设重要节点

资料来源：作者绘制。

黄石依据国际合作项目的要求，成立了以项目推进为核心的韧性城市建设管理制度。洛克菲勒基金会的韧性框架中确定的城市韧性包含领导力和策略、基础设施和生态、健康与福祉、经济和社会 4 个维度，这为黄石韧性城市建设初期提供了基础框架。城市内各个部门、各个主体间主要采用项目式的管理模式以实现行动协同，即不同韧性项目适配不同的职能部门及运行流程，最终形成了自然资源局、住建局等 18 个部门参与的协同关系，跨部门工作成为工作常态。

进一步借鉴国外经验，黄石提出了构建包含政府、企业、社会组织等多主

① 董卫民：《黄石市韧性城市建设实践与战略思考》，《城市与减灾》2017 年第 4 期。

体，涵盖从目标设定到行动落实的韧性城市协同设想。在“全球 100 韧性城市”总部的指导下，黄石立足于自身现状成立了包括政府、首席城市韧性官等专业人士在内的城市韧性领导组织，注重发挥专业人士的作用，最终形成了如图 2-6 所示的组织结构。

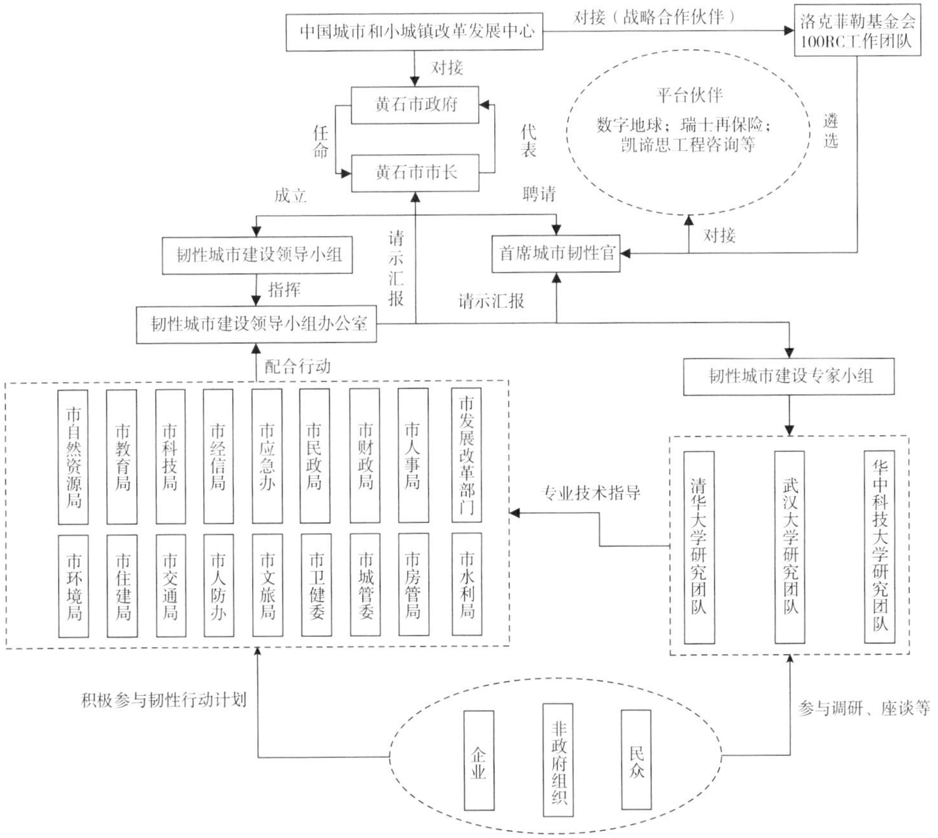

图 2-6　黄石参与“全球 100 韧性城市”构建的组织结构

资料来源：作者绘制。

黄石通过实施韧性城市建设计划，使当地的水体污染、环境恶化、基础设施老化、经济下行等发展慢性压力得到缓解，同时增强了应对极端降雨、城市内涝、公共卫生突发事件等急性冲击的能力。黄石提升城市韧性、建设韧性城市的系列做法使城市的发展和安全需求得到进一步统一，城市的安全性、稳健性、包容性、可持续性、宜居度和发展程度得到系统提升。

3. 成都的“让城市更具韧性”行动实践

在2008年汶川地震后，成都围绕城镇体系重建、住房重建、基础设施重建、公共服务设施重建、产业发展和生态修复等六大体系展开了持续3年的灾后重建工作。正因为成都在抗震救灾、恢复重建工作中展现的出众成效，2011年5月联合国减灾办公室将“灾后重建发展范例城市”的称号授予了成都。

2011年8月，作为全球防灾减灾的样本城市，成都在首届防灾减灾市长峰会上宣布加入由联合国减灾办公室发起的“让城市更具韧性”行动，会上讨论并通过了《让城市更具韧性“十大指标体系”成都行动宣言》。“让城市更具韧性”行动旨在让城市和地方政府准备好减缓风险、面对灾害变得有韧性[①]，重点关注城市面对台风、暴雨、火灾、地震等重大自然灾害时的表现。

在实践中，成都逐步将韧性城市建设理念与城市建设和发展的总体目标结合，积极探索城市系统韧性提升和公共安全治理现代化。2018年起，成都积极参与到国务院安全生产委员会牵头开展的“安全发展示范城市”创建与评价工作中，遵循城市防灾减灾与安全发展原则，落实城市韧性建设，从城市安全源头治理、城市安全风险防控、城市安全监督管理、城市安全保障能力、城市安全应急救援和城市安全状况5个方面推动城市整体安全的提升[②]。

成都将韧性理念进一步融入公园城市的内涵塑造中。2020年5月14日，成都首次将“补短板、强弱项，加快建设韧性城市”写进政府工作报告，并将

① 谢起慧:《发达国家建设韧性城市的政策启示》,《科学决策》2017年第4期。

② 马奔、刘杰:《韧性理念如何融入城市治理——基于D市安全发展示范城市创建的启示》,《行政论坛》2020年第5期。

其作为全年重点工作。2021 年 8 月 5 日，《中共成都市委关于高质量建设践行新发展理念的公园城市示范区高水平创造新时代幸福美好生活的决定》提出建设以安全为新特质的公园城市，努力构筑智慧韧性有序的平安家园。

成都韧性城市建设过程中体现了多规合一的推进特征，即把安全和韧性贯穿到公园城市建设、智慧城市建设的管理、运行全过程，加强风险治理和公共安全保障建设，推动安全与多项城市发展计划统筹。成都韧性城市建设的重要节点如图 2–7 所示。

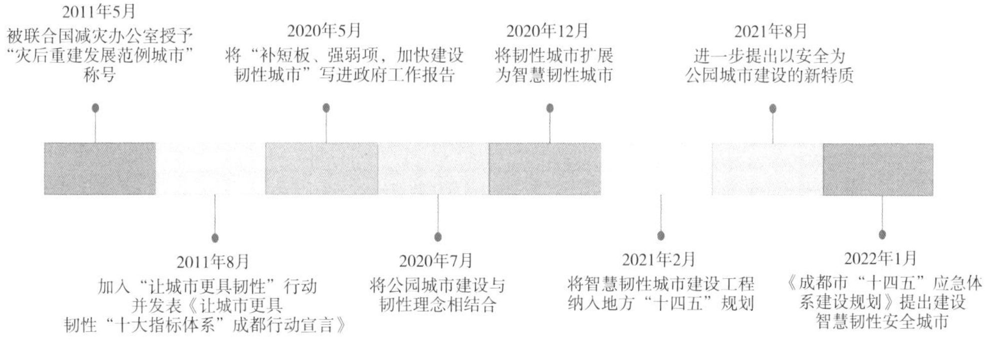

图 2–7 成都韧性城市建设重要节点

资料来源：作者绘制。

“让城市更具韧性”行动计划主要通过地方政府的韧性自评验收，在很大程度上保持了地方政府在韧性建设领域管理中的自主性。因此，成都韧性城市建设中的协同体现出以政府内部协同为主导的特征，在组织机构的设立上，采取了领导小组制、专项工作小组制以统筹协调各项计划的推进。在融合公园城市理念、智慧城市理念后，当前成都市在幸福美好生活十大工程工作推进领导小组下设立了智慧韧性安全城市建设工程推进组，办公室挂靠在市应急管理局下，成立城市管理智能便捷、灾害防治高效及时、安全防线牢固坚韧、社会环境稳定有序 4 类专项工作组，涉及安全生产、防灾减灾、社会治安、食品药品安全、信访维稳、生态环境等诸多领域。主要参与的职能部门包括市应急管理局、公安局、民政局、住建局、水务局、自然资源和规划局等。同时，成都市还在探索以信息技术实现跨部门的资源和知识整合。成都建设智慧韧性安全城市的组织结构如图 2-8 所示。

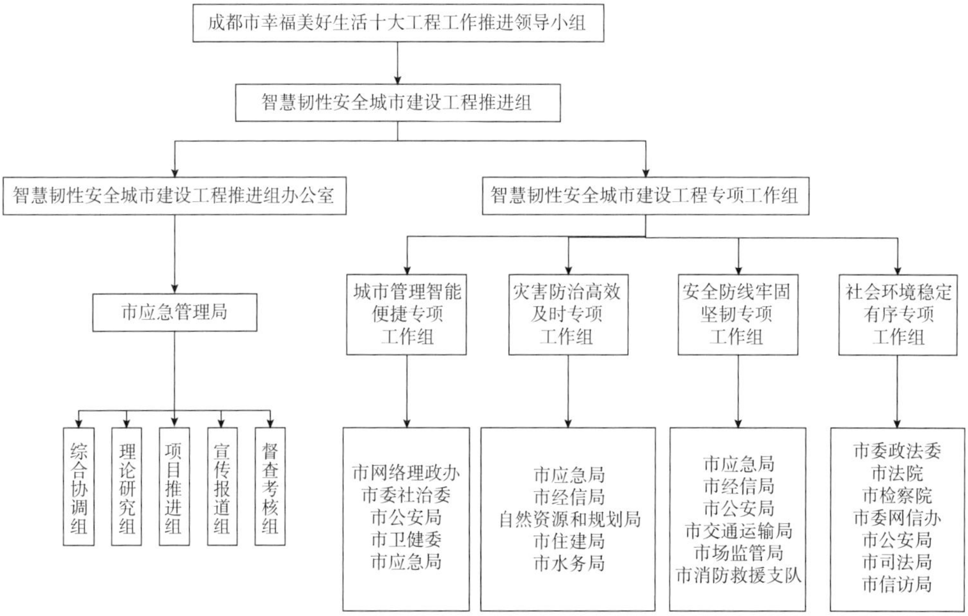

图 2-8　成都建设智慧韧性安全城市的组织结构

资料来源：作者绘制。

（四）韧性城市建设：自主探索型城市及其协同治理实践

1. 我国自主探索类韧性城市建设概述

在通过加入国际合作计划的方式探索韧性城市建设的同时，我国部分城市也开始以自主探索的方式，积极开展应对复合型灾害、提升城市安全水平的韧性城市建设实践。

雄安新区自建设之初就高度重视城市安全规划，对地震等自然灾害展开了专项研究，提出了符合新区特点和定位的“规划—建设—运行”全过程安全韧性规划建设要求，2018 年制定的《河北雄安新区发展规划纲要》，提出构建现代化城市安全体系，提高防灾体系、水安全、抗震能力和能源供应安全；上海于 2018 年出台《上海市城市总体规划（2017—2035 年）》，提出建设更可持续的韧性生态之城，并在《上海市国民经济和社会发展第十四个五年规划和二〇三五年远景目标纲要》中提出共建安全韧性城市；北京于 2017 年出台《北京城市总体规划（2016—2035 年）》，以提高城市治理水平，让城市更宜居为目标，从环境治理、公共安全、基础设施和管理体制 4 个方面构建韧性城市；西安于 2019 年发布《韧性城市：西安国际化大都市发展蓝皮书（2019）》，提出建设韧性城市，促进精明增长等行动重点；深圳于 2021 年提出先行示范打造防灾减灾救灾韧性城市并在《深圳市国民经济和社会发展第十四个五年规划和二〇三五年远景目标纲要》中提出建设更具韧性的安全城市。

以上城市根据城市特征，以及在海绵城市、城市更新、地震安全等领域的实践探索，形成了富有特色的韧性城市建设和协同治理体系，其中深圳、北京根据自身的资源禀赋及所面临的灾害风险，在韧性城市建设方面积累了一定的经验。本研究以深圳和北京作为代表性城市，展开具体的案例分析。

2. 以海绵城市为起点的深圳探索

海绵城市是深圳建设韧性城市的重要路径。深圳市在海绵城市建设积累了一定经验的基础上，将韧性城市的理念投射到减灾社区、城市交通系统、城市更新等领域。2016 年深圳市住建局印发了《深圳市海绵城市建设专项规划及实施方案》，深圳成为国家第二批海绵城市建设试点城市，市政府成立海绵城市建设工作领导小组，统筹推进海绵城市建设。2021 年 3 月，深圳正式实施了全国首个城市更新的地方立法《深圳经济特区城市更新条例》，从立法层面完成了城市更新顶层设计，构建“一核多心网络化”的城市空间体系，优化城市空间资源配置，打造更具韧性的城市。2021 年 5 月 12 日，深圳市应急管理局提出先行示范打造防灾减灾救灾韧性城市，全面建设深圳综合减灾社区。2021 年 6 月 11 日，深圳市规划和自然资源局发布的《深圳市国土空间总体规划（2020—2035 年）》（草案）中提出，要建设安全韧性城市，包括建设自然韧性的海绵城市，提升灾害综合防御能力等内容。深圳韧性城市建设的重要节点如图 2–9 所示。

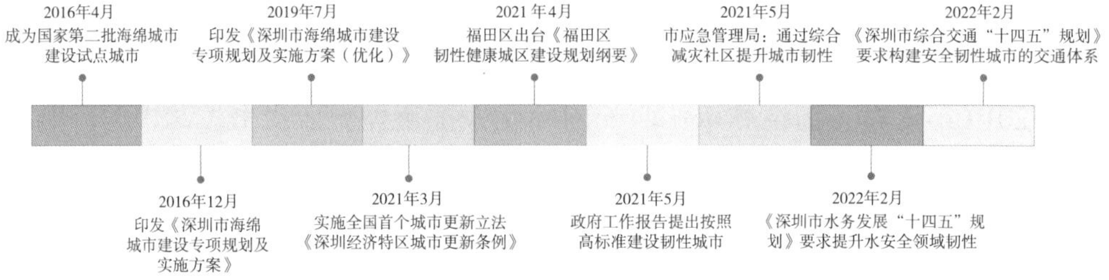

图 2–9　深圳韧性城市建设重要节点

资料来源：作者绘制。

深圳探索韧性城市建设的过程中，在海绵城市建设上形成了可供参考的管理体制和机制。以《深圳市推进海绵城市建设工作实施方案》为纲领，深圳构建了市、区海绵办协调统筹，“部门行业管理、政府属地管理”的常态化工作机制。首先，深圳成立了由 37 个成员单位组成的海绵城市建设工作领导小组，由分管副市长任组长，统筹全市海绵城市建设工作；其次，深圳尝试明确各职能部门在海绵城市建设工作中的职责，要求各部门结合自身职能细化编制自主工作方案，将海绵城市建设工作切实融入部门各项日常工作中；再次，围绕核心目标，每年制定年度任务分工（5 年共确定了 526 项任务），开展年度海绵城市建设工作实绩考评，并纳入政府绩效考核和生态文明建设考核中；最后，搭建了市、区海绵办两级统筹协调平台，并通过采购第三方服务来充实人员及技术力量，采取分组督导、联络员制、月报制、领导小组会议制等方式展开工作。

如图 2–10 所示，深圳市海绵城市建设工作领导小组作为议事协调的机构，负责海绵城市建设的协同工作①。深圳市政府每年都会利用市水务发展专项资金，对市场及社会力量参与的海绵城市规划、设计、施工、科研等优秀成果进行奖励，以鼓励全民积极参与到海绵城市的建设中来，激励政府外的主体协同参与海绵城市建设。

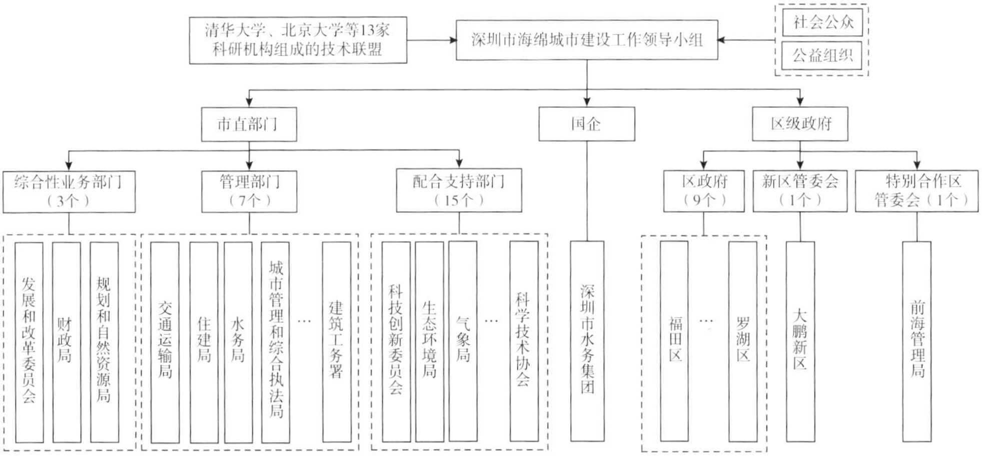

图 2–10　深圳市海绵城市建设组织结构

资料来源：《深圳海绵城市建设的探索与实践》。

① 深圳市海绵城市建设工作领导小组办公室：《深圳海绵城市建设的探索与实践》，北京：科学出版社，2021。

深圳韧性城市建设过程中也体现了多规合一的推进特征，一方面把海绵城市建设、城市更新计划综合上升为韧性城市规划，另一方面将减灾社区、城市交通系统、城市更新等具体公共事务领域融入规划统筹的范围内。从保障城市功能与服务、提升建筑与设施防御能力、强化社区组织与服务水平等方面推动城市建设从防灾减灾型向发展范例型转变，使城市更安全、更宜居，居民在韧性城市建设过程中的获得感、安全感和幸福感得到极大提升。

3. 以地震安全韧性为起点的北京探索

北京韧性城市建设起始于应对地震灾害①。2015 年北京开始了地震安全韧性城市建设探索。

2016 年，北京韧性城市建设的探索由防震抗震发展到应对复合型灾害，韧性城市总体目标更加综合。2016 年 10 月，北京城市规划设计研究院开展了相关研究工作，该研究从城市系统和管理两个维度构建了城市韧性评价体系。基于此评价，北京识别出生态环境、恢复能力、京津冀协同和监测预警能力等影响北京城市韧性的薄弱环节。

2017 年 9 月，中共北京市委、北京市人民政府发布并实施《北京城市总体规划（2016 年—2035 年）》，在规划中提出强化城市韧性，减缓和适应气候变化，促进水与城市协调发展，加强城市防灾减灾能力，提高城市韧性。北京成为国内首个自主探索将韧性城市建设纳入城市总体规划的城市。2018 年 2 月，北京市地震局制定了地震安全韧性城市行动计划和实施方案，确定了北京地震安全韧性特征的构成要素包括地震环境与影响认知、工程韧性、社会韧性和制度韧性，再加上地震韧性水平评估共计五大方面，以此形成提升北京地震安全韧性水平的 5 个着力点。2020 年 4 月，北京市人民政府发布《北京市战略留白用地

① 指 1679 年北京地区发生的三河—平谷地震，推断该地震的震级为 8 级。

管理办法》，以提升城市韧性；同年8月发布《首都功能核心区控制性详细规划（街区层面）（2018年—2035年）》，提出降低人口与建筑密度，核心城区将建设韧性城市。2021年3月发布《北京市国民经济和社会发展第十四个五年规划和二〇三五年远景目标纲要》，明确提出建设韧性城市生命线。2021年10月，中共北京市委办公厅、北京市人民政府办公厅印发《关于加快推进韧性城市建设的指导意见》，提出拓展城市空间韧性、提高城市工程韧性、提升城市管理韧性、培育城市社会韧性四大韧性城市建设领域，并强调采用系统思维、强化综合措施，以及政府主导、强化社会参与等建设原则。北京市从地震安全韧性城市向综合韧性城市建设的重要节点如图2-11所示。

北京市十分重视韧性城市建设的领导体制与协同治理体系建设，在建立韧性制度体系方面，明确提出坚持“党委领导、政府主导，部门联动、条块结合，专业处置、社会参与”的原则，健全高效顺畅的指挥协调机制。在加强韧性城市建设组织领导方面，要求各级党委和政府要加强对韧性城市建设的领导。市、区两级建立韧性城市建设组织领导协调工作机制，明确牵头单位，研究制定工作计划，统筹协调有关部门开展韧性城市建设，推动各项任务落地落实。

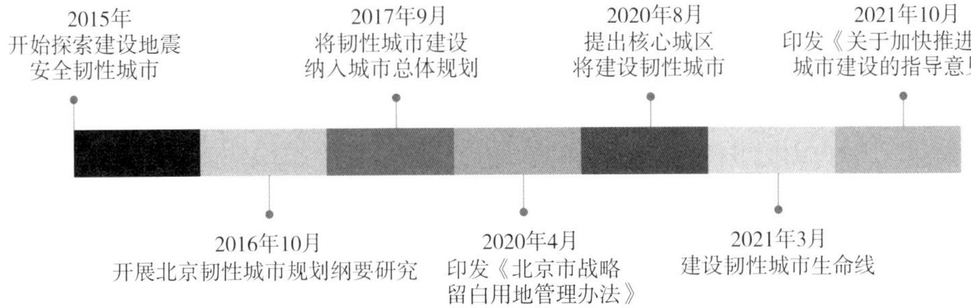

图2-11　北京韧性城市建设重要节点

资料来源：作者绘制。

北京市紧扣首都城市安全保障需求和超大城市运行规律，以城市灾害情景为核心，形成了从理论体系、技术方法、制度规范、规划响应到实践应用的韧性城市建设配套制度，让韧性城市建设有制可依、有规可守、有章可循。北京的韧性城市建设推动了城市灾害风险治理体系完善，构建了从风险识别、风险评估、规划响应到适应性的全过程管理链，形成了全天候、系统性、现代化的城市安全保障管理体系。

综上所述，在吸收借鉴国际理念和实践的基础上，我国城市逐步探索出了多样化的韧性城市建设路径，形成了以黄石、成都、深圳、北京等城市为代表的实践探索。在对城市未来发展方向的认知上，我国各城市逐步将韧性城市视为城市高质量发展的方向，开始统筹考虑社会经济发展和公共安全两方面的需求；在建设的实践方式上，形成了统一规划、协同治理的推进方式，促进了城市区域的治理体系和治理能力现代化；在建设的成效上，通过韧性城市建设，各城市应对灾害冲击和慢性风险压力的能力得到提升，治理效能体现为城市面对各类已知和未知风险能够保持长期的稳定状态。

五、我国韧性城市建设与协同治理体系的特征

总结我国海绵城市、城市更新实践，以及我国韧性城市建设的案例可以发现，我国的韧性城市建设，既是一个从地方引进发展为国家行动的过程，又是一个把韧性城市建设逐步融入城市发展总体规划的过程，展现出我国韧性城市建设自主探索的逻辑。

在这一自主探索过程中，我国推动了韧性城市的功能、目标、推进机制、建设方式和协同特征的丰富与发展，形成了城市应对复合型灾害风险冲击的“中国方案”。我们梳理了我国和国外韧性城市建设的特征，如表 2–1 所示。

表2-1 我国与国外韧性城市建设特征比较

	我国韧性城市建设	国外韧性城市建设
功能	复合型灾害背景下增强城市的韧性	在气候变化背景下，应对灾害风险的急性冲击和慢性压力
目标	建设更具韧性的安全城市，提高城市统筹发展与安全的能力	提升物理设施韧性、经济韧性、社会韧性、组织韧性等
推进逻辑	借鉴国际经验，探索提升城市韧性的城市建设计划，逐步把韧性城市建设融入城市经济社会总体发展规划	根据各自城市的不同问题，以城市韧性指标为导向，按规划实施韧性城市建设
协同特征	1. 在党委、政府领导下，由发展改革委、住建、应急等职能部门协同推进； 2. 推动不同城市建设计划的协同，融入韧性城市建设目标； 3. 政府主导，部门协同为重点，鼓励市场和社会参与	1. 设立韧性城市决策机构和专家委员会； 2. 下设专业“韧性办公室”，聘请首席韧性官； 3. 强调市场和社会参与

资料来源：作者基于研究结果自制。

本研究将通过比较中外城市韧性协同治理的理念与实践，分析我国城市韧性协同治理体系的优势与亟待完善的内容。

（一）统一领导、高位推动，体现了我国城市韧性协同治理的制度优势

在韧性城市建设、城市韧性协同治理中采用统一领导、高位推动的做法，体现了我们的政治优势、制度优势和组织优势。

与西方国家韧性城市建设一般在城市或城市圈层面推动不同，中国的韧性城市建设往往上升为国家层面的建设计划。无论是海绵城市建设、城市更新还是韧性城市建设，都有国家层面专项的规划或政策：在海绵城市建设方面，2015 年颁布了《国务院办公厅关于推进海绵城市建设的指导意见》，2021 年财政部办公厅、住建部办公厅、水利部办公厅三部门联合发布《关于开展系统化全域推进海绵城市建设示范工作的通知》，2022 年发布《住房和城乡建设部办

公厅发布关于进一步明确海绵城市建设工作有关要求的通知》；城市更新和韧性城市建设不仅成为中央有关会议的专门议题，还写进《中共中央关于制定国民经济和社会发展第十四个五年规划和二〇三五年远景目标的建议》，而且通过2021年3月召开的十三届全国人大四次会议，正式纳入《中华人民共和国国民经济和社会发展第十四个五年规划和2035年远景目标纲要》。

我国的城市建设十分强调党的领导。只有坚持党的全面领导，将党的政治优势、组织优势、密切联系群众优势切实转化为城市建设的优势，才能确保城市的建设质量。党的领导在城市韧性治理与提升方面的主要作用表现在如下方面：一是确保城市规划的正确方向，确保城市规划坚持以人民为中心；二是充分汇集民智，运用民主集中制决策城市规划；三是科学合理决策，党委统筹领导城市经济和社会发展的各个方面，能够协调的资源最多，掌握的信息最全，能够站在全局和战略高度通盘谋划城市规划；四是监督保障执行，中央城市工作会议指出规划经过批准后要严格执行，一茬接一茬干下去，防止出现换一届领导、改一次规划的现象。

在推进城市韧性提升计划的实际工作中，我国各城市在党委领导下，通过建立领导小组、综合推进小组或联席会议来实现政府内部各建设部门之间的协同。2021年10月中共北京市委办公厅、北京市人民政府办公厅印发的《关于加快推进韧性城市建设的指导意见》就明确要求各级党委和政府要加强对韧性城市建设的领导。市、区两级建立韧性城市建设组织领导协调工作机制，明确牵头单位，研究制定工作计划，统筹协调有关部门开展韧性城市建设，推动各项任务落地落实。市级协调工作机制负责组织制定韧性城市评价相关标准规范。在国外，虽然巴塞罗那、伦敦、纽约等城市设立了“韧性单元”“韧性执行官”“韧性办公室”等行政部门，但受不同时期政府的施政和改革重点变化的影响，其韧性城市行政部门存在领导力不稳定、韧性团队行政资源欠缺等现实问题。

因此，以加强党的领导为核心的统一领导、高位推动的城市韧性治理体系，不仅能够确保城市规划和发展的正确方向和建设质量，也在为韧性城市建设提供资源保障和政策支持等方面展现出独特优势。

（二）政府主导、部门协同、社会参与是我国城市韧性协同治理体系的重要特征

与西方国家实施韧性城市计划，一般采用政府和市场合作、强调市场和社会参与有所不同，我国在推进韧性城市建设的过程中，形成了在党委统一领导下，坚持政府主导，强调部门协同，引导社会参与的基本方式。

在城市应对灾害的体系建设上，我国强调完善党委和政府统一领导、应急部门综合协调、涉灾部门分工负责的防灾减灾救灾体制和上下衔接、协调有序、联动高效的工作机制。与此相对应，在韧性城市建设的推进方式上，形成了以党委领导、政府主导，发展改革委、住建部门、应急管理部门、水务部门等主管职能部门按职能牵头、分工负责的协同治理体系。2021 年 10 月，中共北京市委办公厅、北京市人民政府办公厅印发的《关于加快推进韧性城市建设的指导意见》中明确提出建立韧性制度体系，坚持“党委领导、政府主导，部门联动、条块结合，专业处置、社会参与”的原则，健全高效顺畅的指挥协调机制。

在坚持政府主导的同时，我国还通过完善政策、搭建平台，协调引导社会力量和优势资源支持韧性城市建设，以强化韧性城市建设的社会参与。北京市《关于加快推进韧性城市建设的指导意见》专门就引导协调社会力量和优势资源支持韧性城市建设作出明确规定，要求发展改革、财政等部门要研究制定韧性城市建设项目、资金支持引导政策。采取鼓励社会投资、政府购买服务等方式，加强服务韧性城市建设的社会组织培育。鼓励支持社会团体和社会公众自愿参与应急救助活动，推进政府购买社会救助服务。坚持政府推动、市场运作原则，

强化保险在风险防范、损失补偿、恢复重建等方面的积极作用，进一步推广安全生产责任保险，加快发展巨灾保险，逐步形成多层次灾害风险分担机制。鼓励社会力量和家庭、个人加大对防灾减灾备灾工作的资金投入。《深圳市海绵城市建设管理暂行办法》也要求对社会资本参与海绵城市规划、设计、建设、施工、运行维护、标准制定、产品研发等工作给予激励。为此还专门编制了《深圳市海绵城市建设资金奖励实施细则（试行）》，决定每年从深圳市水务发展专项资金中安排相应资金对社会资本实施的海绵城市建设项目以及相关海绵城市建设成果进行奖励，以此来调动社会资本参与海绵城市建设的积极性。2022 年 4 月 26 日，习近平总书记主持召开中央财经委员会第十一次会议，研究全面加强基础设施建设问题，明确提出要多轮驱动，发挥政府和市场、中央和地方、国有资本和社会资本多方面作用，分层分类加强基础设施建设[①]。

（三）韧性城市建设融入城市发展的总体规划是我国城市韧性协同治理的基本趋势

我国在探索提高城市韧性的实践过程中有一个重要的特点和趋势，就是各地在借鉴国际经验的基础上，结合我国和各地的实际情况，不断尝试将海绵城市、城市更新、韧性城市建设等专项计划，整合为提升韧性城市建设的综合型规划，又把韧性城市建设和探索逐步融入城市发展的总体规划。

黄石的韧性城市建设，从加入“全球 100 韧性城市”，到形成《黄石韧性战略报告》，实际上是把其探索韧性城市的实践，提升为一个更具综合性的发展战略；成都从参加“让城市更具韧性”行动，经过实践探索，把智慧安全韧性城市计划作为成都“幸福美好生活十大工程”之一，最终融入“美丽宜居公园城市”的新城市战略；深圳从海绵城市的实践探索，发展成为提升城市安全韧性

① 习近平：《全面加强基础设施建设 构建现代化基础设施体系 为全面建设社会主义现代化国家打下坚实基础》，《光明日报》2022 年 4 月 27 日。

的城市整体发展规划；上海通过分步实施海绵城市、韧性城市和城市更新等城市建设计划，形成了综合的提升城市韧性的城市行动方案，2021 年 1 月发布的《上海市国民经济和社会发展第十四个五年规划和二〇三五年远景目标纲要》明确提出了运用海绵城市、韧性城市、智慧城市、绿色低碳城市等理念和现代技术，建设高品质现代化新城；北京从单项韧性城市建设逐步发展到把海绵城市、韧性城市建设融入城市规划建设全过程。北京市《关于加快推进韧性城市建设的指导意见》的指导思想就是在研究把握首都城市和超大城市运行规律，把韧性城市要求融入城市规划建设管理发展之中，推进韧性城市建设制度化、规范化、标准化，全方位提升城市韧性，实现城市发展有空间、有余量、有弹性、有储备，形成全天候、系统性、现代化的城市安全保障体系，为建设国际一流的和谐宜居之都提供坚实安全保障。

与此同时，基于复合型灾害的跨域传播特征，各城市在加强自身韧性建设的同时还需关注到城市所在区域的整体韧性，考虑以城市群和都市圈为整体的韧性建设方式。2015 年，《京津冀协同发展规划纲要》的印发促进了京津冀城市群以“一核、双城、三轴、四区、多节点”的空间布局推动着区域整体协调发展。2017 年，党中央为进一步推进京津冀一体化作出重大战略部署，将设立雄安新区作为“千年大计、国家大事”。雄安新区作为北京非首都功能集中承载地，自设立之初便开始探索城市安全发展道路，不仅从自身定位和特点出发提出了“规划—建设—运行”全过程的城市安全韧性建设要求，还明确要求成为地震安全韧性城市典范[①]。从《上海大都市圈空间协同规划》也可以看出，在衔接“十四五”规划的基础上，上海、苏州、无锡、常州、南通、嘉兴、湖州、宁波和舟山这“1+8”个城市不仅构建了涵盖洪涝安全、粮食安全、能源安全、

① 周宏春、江晓军：《构筑城市安全体系 建设生态韧性雄安》，《中国经济时报》2018 年 7 月 6 日。

信息安全和环境安全在内的更具韧性的安全保障系统，还建立了联防联治的协同保障机制，包括预报与应急联动保障机制体系、环境管理一体化标准体系、邻界地区环境治理协调机制和区域多元化生态补偿机制。因此，要实现高质量的协同，不仅要将韧性城市建设融入城市自身发展总体规划，也要将其融入城市群发展的总体规划中，在大力推进城市自身韧性建设的同时，关注城市群和都市圈的韧性提升。

（四）统筹兼顾、高效协同是我国韧性城市建设的长期要求

我国韧性城市建设的治理实践，走过了一个从地方试点探索到国家行动的发展过程，并且在探索的实践过程中取得了丰富的经验和成果，初步形成了城市韧性协同治理的“中国方案”。但若想在实践发展中最终实现统筹兼顾和高效协同，需要进一步认识和着力解决以下问题：

一是对于现代城市面临的危机和风险的不确定性仍然缺乏系统性准备。城市运行存在常态化管理和非常态化管理两个基本状态，在现代城市面对日益突出的不确定风险的形势下，这两种状态会存在转换甚至是叠加的情况。从新冠疫情防控常态化的实践看，我国绝大部分城市尚未对常态化管理和应急状态管理之间的状态转化做好准备。提升城市韧性的规划和准备既包括客观上各类城市规划实施环节，也包括主观上人们对于风险灾害的不确定性加强应对准备。在面临韧性规划落实与疫情防控的双重挑战下，现有的城市韧性提升计划忽视了突发公共事件对韧性城市建设进程的干扰与挑战，提升城市韧性的项目建设与非常态下疫情防控的应急响应之间缺少有效衔接。在常态化管理阶段的准备不足，会导致难以对高度不确定的复合型灾害风险展开快速反应和精准化防控，也阻碍将常态化管理中的人力、物资、信息资源在非常态化管理中的有效利用。所以，建立、完善城市常态化管理中的风险防控机制，把风险常态化、精准化防控切实落到实处是我们面临的重大实践性课题。因此，韧性城市建设的规划

和实践还需要在发展与安全并重理念的指导下重新审视与定位。

二是韧性城市建设计划如何切实融入城市发展的总体规划，如何与其他城市建设计划共建共享、互联互通、协调联动，仍需要统筹兼顾、综合治理。《中华人民共和国国民经济和社会发展第十四个五年规划和2035年远景目标纲要》提出有序推进韧性、宜居、创新、智慧、绿色、人文城市建设，使城市成为人民高品质生活的空间。我国实践中，多样化的城市发展规划已经成为城市高质量发展的重要抓手，围绕自然灾害、社会安全、事故灾难以及公共卫生事件这4类突发公共安全事件，已经展开了多个相关的城市规划建设，围绕自然灾害、社会安全、事故灾难以及公共卫生事件，我国多个部委也推出了相应的治理试点，如由公安部、政法系统推动的“平安城市”建设，卫健委推动的“卫生城市”建设，住建部等推动的“海绵城市”试点，相关城市编制的“韧性城市”规划等。目前，上述城市规划和试点还缺乏整体统筹，存在着重复性建设、项目推进互相影响的情况。

三是发挥政府和市场、中央和地方、国有资本和社会资本多方面作用，分层分类推进韧性城市建设还需要进一步探索与创新。我国韧性城市建设以政府为主导的路径和实践，取得了很好的效果。但在市场经济条件下，如何通过优化，更好地使制度优势真正转化为治理效能，仍是我国面临的现实课题。《中共中央关于全面深化改革若干重大问题的决定》提出了使市场在资源配置中起决定性作用和更好发挥政府作用的重要论断，要求大幅度减少政府对资源的直接配置，推动资源配置依据市场规则、市场价格、市场竞争实现效益最大化和最优化。这一重要指导思想推动了我国在韧性城市建设中市场力量的发挥，国有资本和社会资本越来越多地成为韧性城市建设资源和专业技术的提供者。在海绵城市、城市更新和韧性城市建设中，部分城市开始尝试通过公私合营模式（Public Private Partnership，PPP）引入社会资本，并将建设项目通过外包、委托等方式交由企业建设，或从发展专项资金中，对市场及社会力量参与的韧性城市规划、设计、施工、科研等优秀成果进行奖励。鼓励市场和社区多方面力量参与韧性城市建设，一方面旨在引导和促进更多的资源参与韧性城市建设，另一方面也可以动员和组织市场主体、社区和公众成为提升城市韧性、促进城市健康发展的力量。2022 年 4 月 26 日，中央财经委员会第十一次会议研究全面加强基础设施建设问题，明确要求科学规划，贯彻新发展理念，立足全生命周期，统筹各类基础设施布局，实现互联互通、共建共享、协调联动。要多轮驱动，发挥政府和市场、中央和地方、国有资本和社会资本多方面作用，分层分类加强基础设施建设。要注重效益，既要算经济账，又要算综合账，提高基础设施全生命周期综合效益。这也应该成为我们推进韧性城市建设这类基础设施建设的重要指导思想。

四是中国韧性城市建设的系统化制度安排仍略显乏力。由于城市系统的结构、功能与风险环境更加复杂，韧性城市建设尤其是特大、超大城市的韧性建设更加需要系统化的制度安排。要完善党委和政府统一领导、应急部门综合协调、涉灾部门分工负责的防灾减灾救灾体制，上下衔接、协调有序、联动高效的应急工作机制。要特别重视防灾减灾救灾工作的责任落实，确保防灾责任与救灾责任的衔接。要加强数据共享和资源整合，运用大数据、物联网、“互联网 +”等新兴技术，构筑城市“全灾种、大应急”的公共安全数字化系统和应急指挥调度平台。进一步提升城市应对复合型灾害的韧性，全面提升城市和全社会抵御灾害的韧性和综合防范能力。结合我国近年来新冠疫情防控的实际经验和教训看，我国韧性城市建设还要突破单个城市的地域范围，以城市群为基本空间格局，从全国一盘棋的视野中，系统筹划、协同治理。

六、健全和完善我国城市韧性协同治理体系

全面提升城市韧性是一项带有战略性意义的系统工程，是服务国家重大战略，支撑经济社会发展，为全面建设社会主义现代化国家打下坚实基础的重要工程。城市韧性建设，也是国家治理体系与治理能力现代化的重要组成部分，需要调动全社会力量，实现安全效益、政治效益、社会效益、经济效益、生态效益相统一。这就要求我们在党中央统一领导下，统筹协调各领域、各地区的规划和建设，健全和完善我国城市韧性的协同治理体系。

（一）健全和完善城市韧性协同治理体系必须遵循的原则

1. 坚持以人民为中心的城市建设根本思想

推进城市建设，必须深入贯彻落实“城市是人民的城市，人民城市为人民”的重要论断，坚持以人民为中心。新时代社会主要矛盾已转化为人民日益增长的美好生活需要和不平衡不充分的发展之间的矛盾，人民的美好生活需要不仅包括城市经济发展，还有对城市安全、生活环境等的综合需求。因此，要坚持以人民为中心的发展思想，加快推进以人为核心的新型城镇化，也是我国城市韧性建设的根本思想。

提升城市韧性的计划和行动要突出以人为本，充分考虑人的因素，更强调人性化设计，推动城市的生产空间、生活空间、生态空间布局更加清晰合理，顺应城市发展规律和人民对安全的切实需要。需要综合审视城市发展和安全中的漏洞和短板，有序推进韧性、宜居、创新、智慧、绿色、人文城市建设，使城市成为人民高品质生活的空间。要针对城市治理中的运行管理问题、聚焦民众关切与需求等，高效整合资源、精准投放治理力量，实现以人民为中心的治理，让城市的韧性始终带着温度落地。

2. 统一领导、系统谋划、整体协同城市韧性建设

坚持和加强党的领导始终是我国城市发展的根本要求，党的领导是新型城镇化建设、城市韧性建设有序推进的根本保证。做好城市工作，必须加强和改善党的领导，建立健全党委统一领导、党政齐抓共管的城市工作格局。

党委领导下政府主导，是我国城市韧性建设中使各部门步调一致的重要保证。通过党委领导，成立领导小组、综合推进小组或联席会议来实现政府内部各建设单位之间的协同。要依据任务和目标的变化不断处理好行政体系内部的党政关系协同、条块关系协同、行政层级协同等；同时也要持续协调好政府与市场的关系、政府与社会的关系。始终坚持在党的领导下，以政府为主导，高效联动各个部门，积极整合市场力量，鼓励引导社会参与，以此实现城市韧性建设的系统谋划、整体协同。

3. 城市韧性建设要统筹发展和安全两件大事

城市的发展和安全的辩证关系考验着政府管理者的决策、学习和适应能力。尤其是 2022 年 4 月 29 日，中共中央政治局会议在讨论我国当前经济形势和应对新冠疫情问题时，作出疫情要防住、经济要稳住、发展要安全的明确要求，强调要高效统筹疫情防控和经济社会发展，最大程度保护人民生命安全和身体健康，最大限度减少疫情对经济社会发展的影响，再次指明了统筹发展和安全两件大事对于国家发展和人民生活的重要意义。

城市韧性建设服务于国家重大战略，有利于引领城市经济社会发展和维护城市的安全与稳定。需要从单一补足城市安全的短板，拓展到以统筹发展和安全为核心的高质量发展阶段。

4. 城市韧性建设要在高质量发展理念指导下，坚持问题导向、目标导向、结果导向

坚持以高质量发展引领城市发展方向，统揽城市工作是韧性城市建设的基本

要求。在高质量发展理念指导下，坚持问题导向、目标导向、结果导向也同样是我们建设韧性城市的基本要求。坚持问题导向，就是以解决问题为指引，集中全部力量和有效资源攻坚克难，全力化解工作中的突出矛盾和问题；坚持目标导向，就是以实现目标为方向，持之以恒、一步一步地朝着既定目标奋斗前行；坚持结果导向，就是以工作成效为标准，以实实在在的业绩接受检验、评判工作。

城市韧性建设需要遵守上述“三个导向”，综合考虑城市社会经济发展和灾害风险环境，对城市的安全问题、发展问题进行全面审视，精准找出城市安全中的漏洞和短板。

（二）健全和完善城市韧性协同治理体系的体制与机制

1. 组织协同：健全城市韧性建设的工作机制

在党中央和国务院统一领导下，在国家规划和政策法规的指导下，根据各地实际，建立党委领导、政府主导、部门协同、社会参与、权责一致、共享共建的城市韧性建设工作体制和机制。

党委领导主要体现在抓总，即定方向、确底线。政府主导的部门协同，在政府职能转变、职责体系建设及“放管服”改革的基础上，通过联席会议、行政协议等方式建立协同治理的工作机制。

要加强城市之间的协同发展，发挥城市之间、城乡之间的联动效应。以城市群为单位制定资源的分配规则，以城市群为单位建立区域风险监测预警体系和应急资源保障合作机制，统筹重要战略资源，完善电网、交通、绿化和公共卫生等基础设施配套。同时，在对城市群进行总体规划时，应当考虑到如何通过协同区域内各城市的建设，既增强城市的韧性，又增强城市群整体的韧性。

2. 政策协同：实行多规合一，统筹各项城市发展计划

城市韧性建设需要探索符合我国城市特点和规律的治理新途径，推动政策创新，合理统筹已有各项城市发展计划，使城市韧性建设有章可循。

国家层面，可在“十四五”建设期间通过考察各地实践，形成城市韧性建设的基本要求和指导性规范。出台韧性城市建设的试点城市计划、城市韧性评价标准以及相关财政支持办法等，引导城市制度创新和治理手段、治理模式创新，鼓励城市形成符合韧性建设的韧性治理体系，加快实现治理体系、治理能力现代化。

城市层面，应在国家规范指导下，结合地方实际情况，把城市韧性建设融入社会经济发展大局，融入人民生产生活，融入城市高质量发展的时代要求，统筹韧性规划和建设，实现城市不同规划之间互联互通、共建共享、协调联动、多规合一。城市韧性建设要服务城市经济与社会总体发展，城市韧性建设与城市发展要同时规划、同步建设；与海绵城市、城市更新等建设计划协同布局、共建共享。要用好“放管服”改革的成果，通过“多规合一”“一套标准”“一网统管”“一网协同”等方式，推动和实现城市韧性建设融入城市的总体发展规划，谋求城市的整体与可持续发展。

3. 行动协同：实现城市韧性建设的多主体合作共治

城市韧性建设，是一项综合性、集成性的系统工程，需要政府、市场和社会等多主体合作治理，涉及多个行政边界与权益边界，需要城市的管理部门、运营部门、服务部门协同治理，也同样需要城市给排水网络、电力、公共交通、能源、医疗、物资保障等生命线系统主管部门、主管事业单位等做到协调一致、通力配合，才能保证城市系统在遭受灾害冲击后的稳定。在城市韧性建设中，我们还要促成注重工程性项目与非工程措施的结合。既强调重视工程性项目在抵抗灾害风险、提升预警效果方面的基础作用，又高度关注城市公共安全治理体系在城市抵抗灾害风险方面的核心作用。因此，要强化协同治理理念，并通过法规规范、政策牵引、舆论引导，在党政协同、职能部门与应急管理部门协同、行政与社会力量协同、跨行政区域协同上形成长效机制，实现多主体合作与共治。

4. 平台协同：推动城市治理数字化转型

我国已迈入以大数据、智能化为特征的“数字政府”建设时期。党的十九大报告首次提出“智慧社会”概念，强调要打造共建共治共享的社会治理格局，提高社会治理社会化、法治化、智能化、专业化水平。

城市韧性建设需要综合利用先进的技术手段，特别是大数据、人工智能、云计算、5G和物联网等新一代智能化技术，注重发挥智慧城市建设平台在城市韧性建设中的效用。要通过信息技术的应用让“城市大脑”对接城市管理中的各子系统，实现风险监测、预警、评估、决策、响应、处置的一体化与智能化①，打破数据壁垒以提升协同效果。要利用人工智能、大数据等科技手段，建立城市综合防灾减灾智慧信息平台，提高风险预警、信息共享、趋势研判和应急决策的智能化水平②，探索建立“一网通办”“一网统管”“一网协同”等数字协同治理的新模式。由此，通过城市治理数字化转型，建设高效运转、科学化、精细化、智能化、平台化的智慧城市系统，以科技力量赋能城市韧性建设。

① 刘红波、赵晔炜：《智慧安全：城市公共安全管理的新趋势》，《华南理工大学学报》2015年第3期。

② 赵来军：《上海安全韧性城市建设面临的问题和对策》，《科学发展》2022年第2期。

专题三

社会部门在构建韧性城市中的作用*

构建韧性城市是风险社会背景下城市治理的重要目标，也是推进国家治理体系和治理能力现代化建设的实现形式之一。城市治理强调多元参与主体对城市公共事务与社会事务的共治，从而形成相互连接的治理网络。据此，在多元共治成为公共产品与服务重要供给模式的潮流中，需完善多主体合作的城市治理体系，促进政府对社会的增权赋能，充分发挥社会部门在构建韧性城市中的作用。

在人口日益增长、突发事件日益频繁的风险社会中，城市面临的危机日益复杂严峻，所带来的后果也越发不可预料。有必要通过整合资源、凝聚力量，培养和发展社会部门，完善政社协同的韧性治理体系，构建韧性城市，降低突发事件所带来的损失。

---

* 本专题作者为上海交通大学国际与公共事务学院教授、中国公益发展研究院院长徐家良，上海交通大学国际与公共事务学院助理研究员张其伟，上海交通大学中国公益发展研究院研究助理王俊兴。

一、社会部门与韧性城市的基本概念

（一）社会部门的概念

自 20 世纪末，各国社会部门蓬勃发展，逐渐成长为政府重要的合作治理伙伴。与政府部门相区别，社会部门[①]指具备非营利性、志愿性，并且属于民间体系的社会组织[②]。从广义上来讲，社会部门是独立于从事行政活动的政府和从事经营活动的企业之外的组织集合，从事政府和企业“不愿意做、做不了或者做起来没有效率”的事情[③]。美国约翰·霍普金斯大学萨拉蒙教授认为，社会部门是具有组织性、民间性、非营利性、自治性、志愿性五大特征的组织的统称[④]。以此为标准，所有非政府、非企业的组织都属于社会部门范畴，一些不以营利为目的，但在市场监管部门注册的社会企业也属于社会部门，还有非法人形态的群众自治性组织也可被囊括在内。从狭义上讲，社会部门在我国指免登记的群众团体和在民政部门登记注册的社会团体、社会服务机构（民办非企业单位）和基金会。根据国家统计局 2021 年国民经济行业分类，社会部门被划分在“公共管理、社会保障和社会组织”门类下的大类“群众团体、社会团体和其他成员组织”中，包含群众团体、社会团体、基金会以及宗教组织 4 个种类。综合上述定义，结合本专题的研究目的，本专题所指的社会部门主要是民政部门登记的社会团体、社会服务机构和基金会，而事业单位、村委会、居委会、

① 社会部门有大量的名称：非营利组织、非政府组织、慈善组织、民间组织、志愿组织、第三部门、社会组织、社会团体、基金会、社会服务机构等。为了减少歧义，本专题统一采用“社会部门”这个概念。

② 王名、贾西津:《中国 NGO 的发展分析》,《管理世界》2002 年第 8 期。

③ 康晓光:《依附式发展的第三部门》，北京：社会科学文献出版社，2011。

④ Salamon L M, Sokolowski S W，“Global Civil Society: Dimensions of the Nonprofit Sector，” Kumarian Press, 1999.

社会企业、境外非政府组织、群众团体和群众自治性组织等组织形态不在本课题研究范围内。

（二）韧性城市的概念

21 世纪以来，随着全球化、现代化进程加快，全球气候变化及其影响日益加剧，人类社会所面临的灾害风险层出不穷，呈现高度不确定性和高度复合性特征[①]。聚焦于城市，随着城市人口增加，城市面临的风险规模和范围也在不断扩大。鉴于可行性的限制，难以建立一个完全没有灾害的城市，但建立一个能够适应灾害并与之共存的韧性城市是可行的目标。2020 年 10 月，党的十九届五中全会强调城市韧性建设对于特大城市治理水平提升的重要性。韧性城市是城市安全发展的新范式，提升城市韧性已成为我国应对复杂多变的外部环境的主要思路之一。

韧性城市是指在受到外界干扰后，尤其是在经历重大自然灾害等突发事件之后，城市能够保持原有主要特征、结构、公共安全、社会秩序和经济建设等关键功能正常运转，并以此建立和增加学习、适应能力[②]。这样的城市系统通常具备多样性、坚固性以及高度的适应性。城市的韧性内涵可以从空间、治理、社会、数字和制度 5 个层面进行阐述。空间韧性，指在考虑城市空间格局及地域特征基础上建立有效防灾途径并配置资源的过程[③]；治理韧性，指借由制度、技术、文化等社会治理全过程行动，化解城市风险挑战的联动协同能力；社会韧性，指社会以自身结构性、人与人之间的连接性维持社会可持续发

① 范如国：《“全球风险社会”治理：复杂性范式与中国参与》，《中国社会科学》2017 年第 2 期。

② 朱正威、刘莹莹：《韧性治理：风险与应急管理的新路径》，《行政论坛》2020 年第 5 期。

③ 彭雄亮、姜洪庆、黄铎等：《粤港澳大湾区城市群适应台风气候的韧性空间策略》，《城市发展研究》2019 年第 4 期。

展的特性[1]；数字韧性，指以新兴信息沟通技术（Information and Communications Technology，ICT）为工具，再造社会协同流程并形成灵活的干预机制；制度韧性，指城市的权力结构、治理者领导力等，决定治理行为是否能够稳定、持续和长效[2]。因此，城市韧性的核心在于其应对内外部风险冲击与扰动过程中的各项能力。

应急管理是政府、企业和社会组织等主体为应对突发公共事件、防范化解公共安全风险而开展的综合管理活动，旨在减少或规避由突发事件造成的生命和健康损害、财产损失、社会危害或社会失序[3]。应急管理体系涉及城市指挥系统、物流系统、灾储系统、技术系统等诸多方面，是支持韧性城市在应对突发事件过程中进行预防、响应，并在灾后快速恢复的有力保障。应急管理体系建设是衡量一个城市韧性能力的重要指标，其构成和演变决定一个城市应对突发事件的效率和效果。

（三）社会部门与韧性城市之间的内在联系

近年来，我国社会部门的数量持续增加。根据民政部统计，截至 2022 年第三季度，全国登记注册的社会团体、社会服务机构和基金会共 89.32 万个。社会部门作为城市治理、应急管理的重要主体，成为决定韧性城市建设水平的关键，亦构成社会部门与韧性城市之间的内在联系，具体表现在 4 个方面。

第一，丰富应急资源储备，迅速提供有力支撑。社会部门能够配合政府做好物资、人员、信息、技术等方面的应急资源储备，从而使城市在应对突发事

---

① Cutter S L，Burton C G，Emrich C T，"Disaster Resilience Indicators for Benchmarking Baseline Conditions，" Journal of Homeland Security and Emergency Management，7（2010）：1–22.

② 容志：《构建卫生安全韧性：应对重大突发公共卫生事件的城市治理创新》，《理论与改革》2021 年第 6 期。

③ 姜长云、姜惠宸：《新冠肺炎疫情防控对国家应急管理体系和能力的检视》，《管理世界》2020 年第 8 期。

件时提供所需的物资。一方面，社会部门迅速调动社会力量，短时间内为遭遇突发事件袭扰的城市提供款物支援；另一方面，社会部门可借助原有社会网络提供不同类型短缺资源。社会部门通过高效的社会资源整合能力奠定参与城市韧性构建的能力基础。

第二，推进韧性社区建设，灵活构建应急单元。社区作为城市治理的“最后一公里”，是城市危机应对的基本作战单元，也是韧性城市网络的联结纽带，其韧性建设是提升城市韧性的基础和重要内容。社会部门凭借其基层性，能够自下而上地推动韧性社区建设，充分动员社区资源，形成社区韧性的内在动能[①]。在城市中，社会部门发挥了“双面胶”的特殊作用，一方面联结居民自组织、驻区单位等社会主体，另一方面联结政府主体，是韧性社区建设的重要力量。

第三，提供专业应急服务，延伸城市韧性能力。社会部门一般具备从事专业性、技术性工作的优势，具有较强的专业知识、实践经验，部分组织还建立起专业化人才队伍。社会部门利用信息和专业知识优势，可及时察觉社会隐患，实现预防性的调适与修正。在特殊困难群体照护、民间信息网络搭建等方面，社会部门能弥补政府应急管理或城市治理相关部门服务能力的不足，为目标群体提供专业化、个性化的高质量服务。

第四，完善信息交流网络，发挥沟通媒介功能。社会部门作为政府与公众之间沟通协调的桥梁纽带，是公众自下而上诉求传递和政府自上而下决策反馈的重要组织化载体。一方面，社会部门利用自身贴近公众的优势，构建与公众之间彼此信任、合作的关系网络，汇集早期风险情报、公众安全诉求、利益相关者意见等信息，从而为政府识别社会风险提供依据；另一方面，社会部门作

---

① 邹新艳、史云贵：《整体性治理视域下社会组织参与韧性社区建设机制研究》，《中国第三部门研究》2021 年第 1 期。

为信息反馈者，将公共决策和韧性治理中的资讯传递给公众，化解社会内部潜在的矛盾和冲突。

二、社会部门在应急体系构建中的作用

应急管理是体现城市治理体系和治理能力现代化的重要组成部分。社会部门作为城市治理的主体之一，是应急管理体系中配合与支持政府的重要力量。社会部门在应急管理中具备动员面广、响应迅速、擅长联合行动、专业性强、工作细致等功能优势①。社会部门对社会生活体验直接客观，能够及时反映公众需求，保障公众利益，维护社会稳定。社会部门参与应急管理体系建设，其实质是将政府独立支配的一元主导体系拓展为不同类型主体共同构筑的多元协同体系。

（一）社会部门在应急管理各个周期的具体作用梳理

应急管理周期由常态减灾、紧急救援和过渡安置、恢复重建3个阶段组成②，社会部门在各个阶段均可发挥积极作用，满足应急管理体系的不同需求。

在常态减灾阶段，社会部门可提供灾害应急的制度保障以及相关宣传教育。一些从事紧急救援业务的社会组织利用自身的专业知识，在地方政府的灾害应急预案制度建设过程中积极建言，完善预案思路，提升预案的科学性和可行性。同时，通过长期积累的社会活动网络，社会部门依托现代互联网技术，以线上线下相结合的方式，普及灾害应急的制度内容，以及其他有关灾害预防与紧急救援的知识，起到早期规范预警、自我有效防护的作用。

---

① 孔庆茵、侯玲：《突发性灾害治理——政府与非营利组织的良性互动》，《北京师范大学学报》2013年第4期。

② 民政部在制定印发的《关于支持引导社会力量参与救灾工作的指导意见》中将灾害管理分为4个周期：常态减灾阶段、紧急救援阶段、过渡安置阶段和恢复重建阶段。由于社会部门一般不区分紧急救援和过渡安置阶段，为方便后文分析讨论，本专题合并“紧急救援和过渡安置阶段”。

在紧急救援和过渡安置阶段，社会部门可提供物资和行动两方面的支持。社会部门作为社会资源的整合者和递送者，在汇集社会各方资源有序参与应急管理方面有着特殊作用。社会部门凭借平时积累的资源和人脉，能够在最短时间内充分整合资金、物资，投入应急管理的各个需求环节。同时，社会部门能够在第一时间组织人力资源迅速赶赴灾区，协同当地政府开展应急救援，是政府应急救援力量的补充和延伸。更重要的是，社会部门作为疏导社会负面情绪的“减压阀”，对突发事件治理过程中的相关信息进行宣传、解释，使民众形成正确的认知，树立对党和政府应急管理的信心[①]；同时对公众进行心理疏导，消除其心理上的恐慌[②]。社会部门对受灾群体施以关怀和帮助，使其尽早恢复正常、健康的生活。

在恢复重建阶段，社会部门可完善信息传递的应急网络。横向方面，在救助者与求救者之间，社会部门能够发挥桥梁纽带作用，为重建地区群众搭建沟通平台，通过信息发布、资源对接和联合行动来优化灾后恢复重建阶段各类资源的配置效率。纵向方面，在政府和社会之间，社会部门能够汇聚基层信息，自下而上传递民众需求，协助政府在重大减灾决策实施前充分听取来自基层的意见和建议。与此同时，社会部门将应急决策和管理中的信息反馈给公众，增强社会信任与认同，提高重建地区社会网络的韧性与稳定性。

（二）国外社会部门参与应急体系构建的经验借鉴

在社会部门发展较为成熟的国家，对社会部门的保障制度和法律体系也更健全。社会部门已经成为这些国家在灾害应急管理过程中不可缺少的重要力量。通过介绍美国、日本和英国 3 个国家社会部门参与应急体系构建的经验，为我

① 张勤、姜嫒嫒、汲君：《公共危机治理的社会组织参与耦合机制探微》，《理论探讨》2010 年第 2 期。

② 马海韵、张晓阳：《非政府组织参与公共危机治理的研究》，《南京工业大学学报》2012 年第 2 期。

国社会部门参与政府主导的应急管理体系提供相关启示。

1. 美国社会部门参与应急体系构建的实践经验

（1）美国社会部门参与应急体系构建的制度基础

系统性是美国社会部门参与应急体系的主要特征。美国突发事件管理系统（National Incident Management System，NIMS）的建设依据来源于对过往美国社会应对突发事件的成功经验，并在实践中不断更新，从而为各类新兴突发情况提供了适配的应对方案。该系统包括《全国预防框架》《全国保护框架》《全国减缓框架》《全国响应框架》以及《全国恢复框架》5 部分。通过这 5 部分制度规范，鼓励政府部门与社会部门开展跨部门合作，鼓励社会部门与社区建立起备灾伙伴关系，优先在社区中建立广泛的抵御减缓能力，为政府应对所有类型的突发应急事件提供基本的应急事件响应指导，亦为社会部门参与政府主导的突发事件应急管理体系提供了实现路径。

此外，NIMS 的三大指导原则之一是灵活性，政府与社会部门签订互助协定和契约，约定多方主体在资源偿付、认证、调动、数据共享、管理方面的细则和标准，明确双方的责任和义务，通过建立伙伴关系来一同应对各类突发事件。

相较于 NIMS，美国联邦应急事务管理局（Federal Emergency Management Agency，FEMA）的综合防灾战略规划是更为具体、详细的应急管理实施方案。在《FEMA 战略规划（2018—2022）》中要求政府与企业、社会组织、个人共同营造全民参与的应急氛围。《FEMA 战略规划（2022—2026）》强调通过各级政府与非政府伙伴继续开展密切合作，进行有针对性的社区范围内的气候适应性投资，以提高国家预测、准备和适应未来气候灾害的能力，创建一个更加公平和有弹性的国家。

（2）美国社会部门参与应急体系构建的特点

美国的应急管理体系由 FEMA 统一领导，其中，政府是应急管理的主导力量，企业与社会组织则是重要的政府合作伙伴。

契约式的政社协同应急管理模式。政府用企业化和合同化的管理模式通过与社会部门签订合同或协定的方式来购买社会部门应急服务。具体而言，政社协同依据突发事件的发展阶段呈现不同的行动特征。在突发事件潜伏期，政府为社会部门提供资金支持与政策指引，促使社会部门进行人员培训与应急演练，培育社会部门应对突发事件的应急能力。在突发事件爆发期，社会部门充分发挥志愿性、基层性、灵活性等优势，成为政府的合作伙伴，共同为社会公众提供救灾服务。在突发事件消退期，社会部门发挥智库专家优势，为政府部门完善公共政策建言献策。为了应对合作中的道德风险，政府与社会部门基于合同约定，引入第三方评估，约束合作行动不偏离正轨。其中，美国以红十字会为代表的社会部门在突发事件的消退期发挥了关键作用，能够深入社区为居民提供及时的物质支持与心理辅导，并配合政府部门完成灾后重建的相应工作。

全国统一的社会部门应急管理平台。NVOAD（National Voluntary Organizations Active in Disaster）是一个由 73 个志愿救灾组织组成的非营利性协会，为全国应急社会部门提供一个合作、沟通、协调和协作的平台，促进成员更加协同、高效地向受灾害影响的社区提供服务。在 NVOAD 的影响下，国家志愿救灾组织成员不断提高用于应急管理的资金预算。2018 年的三年期资金审查中，48% 的机构的灾害预算处于 100 万美元至 500 万美元区间。而到 2021 年，仅 27% 的成员属于该类别，更多成员组织（29%）表示灾害特定预算在 500 万美元至 1000 万美元之间或更高。更重要的是，NVOAD 成员为其附属机构、合作伙伴和公众提供广泛的服务和培训。相较于 2018 年，提供重建或维修服务的 NVOAD 成员的数量增长至 48%，体现出这些组织对于灾后重建项目重视度的提升。

NVOAD 在每个州和地区都有一个分支机构，称为州 / 地区 VOAD（Voluntary

Organizations Active in Disaster）。目前，各州 / 地区 VOAD 共包含 56 个州 / 地区级志愿救灾组织，按季度召开会议。在州 / 地区 VOAD 的影响下，州 / 地区志愿救灾组织的交流和联系更加频繁。本地 VOAD 在区域应急管理体系中发挥着至关重要的作用。州 / 地区 VOAD 通常与当地长期恢复小组保持密切关系，以加强地方层面资源的协调共享，或在整个州 / 地区有效提供服务。在 2018 年仅有 5% 的州 / 地区志愿救灾组织与本地 VOAD 签订了运营协议，而 2021 年这一数字已跃升至 36%。由于地方层面的合作增加，社区在灾后的恢复成果将获得极大改善。

得益于全国范围统一管理的模式，NVOAD 的志愿救灾组织成员处于一个相互协作、资源互补的体系中，该体系及其成员对应急救灾产生深远且广泛的影响。

全民备灾的志愿者文化。政府倡导全民参与式的志愿文化，从而形成有效的灾前准备，以应对灾后的复杂情形，最大程度降低损失。《FEMA 战略规划（2018—2022）》将建设备灾文化列入重要战略目标。一方面，社会部门助推应急科普，促进应急知识进社区，营造全民备灾氛围。例如，根据统计数据，2017 年，为了应对重大灾难，美国志愿者机构配合政府共对 230 万户家庭进行了入户走访，并对 500 万名受到灾难影响的民众进行了相应登记[①]。另一方面，社会部门善于组织管理志愿者参与到应急管理中，存储大量的应急人力资源。2019 年，NVOAD 使用 990 万名志愿者，贡献 4812 万小时的志愿者时间。仅在 2019 年，这些志愿者为美国各地的响应和恢复工作捐赠价值超过 13 亿美元的劳动力。

① 数据来源：FEMA，2018—2022 FEMA Strategic Plan.

2. 日本社会部门参与应急体系构建的实践经验

（1）日本社会部门参与应急体系构建的制度基础

作为频繁暴发地震、飓风、海啸等大型自然灾害的人口密集型岛国，日本形成了以厚生劳动省为中心、央地各职能部门与社会部门密切协同的应急管理体系。纵向而言，中央与地方的卫生健康部门、应急部门以及财政部门职能打通；横向而言，政府与社会部门之间构建起通畅的合作渠道。为了完善应急管理体系，日本以制度化促发展，使得应急管理工作有法可依、立法先行。

1947 年颁布的《灾害救助法》是日本关于应急管理问题最早的法律。而 1961 年颁布的《灾害对策基本法》则是日本常态减灾、紧急救援、过渡安置以及恢复重建阶段的“总指导”，针对灾害应急各个主体的权利与义务、协同机制等方面制定了 10 大类 117 条法律条款。经过长期的制度建设，日本逐渐形成以 1961 年《灾害对策基本法》为核心的应急管理法律体系。日本政府在总结应对各类灾害经验的基础上，对《灾害对策基本法》进行了 23 次修改，最终明确社会部门在灾害预防、灾害应对、灾害重建过程中的权利责任和角色定位。

日本也出台针对社会部门的专门法律。1998 年 3 月，参议院正式通过《特定非营利活动促进法》。2002 年，日本政府对《特定非营利活动促进法》进行了两方面的修改。一方面，对社会部门登记的手续流程进行简化；另一方面，给社会部门更为广阔的活动空间，进一步为社会部门的发展提供法律支持[①]。《特定非营利活动促进法》明确将“应急救援”列为非营利活动领域之一，为社会部门介入各类灾害治理提供合法性的制度平台，促进应急管理中社会部门的发展。

---

① 社会部门活动领域由过去的 12 个领域扩展到 17 个领域，其中与紧急救援和过渡安置阶段紧密相关的是应急救援活动（第 6 项）以及国际援助活动（第 9 项），其余活动与恢复重建阶段有一定关联。

（2）日本社会部门参与应急体系构建的特点

日本政府以授权赋能为主线，将制度建设作为切入点，形成一套较为完备的促进社会部门参与应急突发事件的管理体系。

健全的应急管理法律体系保障。日本在经历频繁的灾害侵袭后总结经验教训，逐渐构筑起综合立法为主、专项立法为辅的法律体系，为政社合作应对突发事件提供了制度指引。1995 年阪神大地震促使日本政府进一步变革，陆续颁布《地震防灾对策特别措施法》《被灾者生活再建支援法》等一系列法律法规。此后，日本应急防灾救灾制度化水平逐步提高，应急管理法律体系渐趋完善。

良好的应急社会部门发展环境。日本倡导居民自我管理、自我服务的志愿理念，提倡居民发挥个人的主观能动性。2020 年日本防灾业务计划强调通过社区教育形成全民的防灾意识。同时，通过设立“防灾日”“防灾和志愿者日”来宣传志愿者及其组织，倡导居民与社会部门一同参与应急活动，改善防灾志愿活动环境。由于上述措施，日本公众逐步信任社会部门的专业能力，愿意参与各种防灾志愿团体，以组织化的形式参与志愿活动。目前，日本的防灾志愿团体已经成为政府进行应急管理的重要合作伙伴，发挥了联结居民的平台作用。日本大量居民长期参与到社会部门当中，为应急救灾储备大量人力资源。《特定非营利活动促进法》赋予日本社会部门免税权益，减少社会部门的经济负担，鼓励其提供有利于社会发展的非营利服务。

3. 英国社会部门参与应急体系构建的实践经验

（1）英国社会部门参与应急体系构建的制度基础

英国国家应急响应计划框定了英国应急管理的总体方向，英国应急准备、复原和响应框架在方向之下细化了具体指导方针，从而在政府部门与社会部门之间建立起协同机制。值得注意的是，英国也出台了专门性的应急管理制度，如国家医疗服务体系（National Health Service，NHS），针对传染病等重大公共卫生事件制定了应对方案。

根据英国国家应急响应计划，应急响应主要分为5步，即风险探测、行动激活、联合协同、风险升级或风险降低以及行动终止。针对这5步，应急响应计划对治理主体都有明确的职责安排。

（2）英国社会部门参与应急体系构建的特点

权责分明的法律制度保障。1601年英国政府在《慈善法》《济贫法》中确立社会部门的合法地位并对社会部门的行为进行规范。英国《民事应急法》构建起一套地方政府主导、多部门协调配合的综合应急管理体制。依照该法规规定，应急管理中的响应者分为两类：政府在应急管理中属于第一类响应者，是应急管理工作的核心；社会部门属于第二类响应者，发挥辅助支持的作用。政府从警报到停止阶段都对社会部门给出细致的操作流程。特别在警报阶段，政府既收集社会部门提供的信息，也与社会部门分享信息。

伙伴式的政社合作关系。英国政府与社会部门建立合作式的伙伴关系，相互支持且共同发展。针对应急志愿服务，1998年英国首相托尼·布莱尔主导推动政府与社会部门间的合作，签署《政府与志愿及社区组织合作框架协议》，规定社会部门、政府法定部门之间既独立又交叉的关系。该协议旨在为政府各部门及各级政府与社会部门之间的合作提供指导，突出强调以下5个方面：一是政府向社会部门提供资金支持[①]；二是政府在以资金支持社会部门的同时保证其独立性；三是在制定公共政策、提供公共服务中，政府与社会部门进行协商合作；四是社会部门公开公益资源保持财务情况透明；五是政府保障不同类型的社会部门有公平的机会获得政府资助。在协议的规范下，英国政府坚持社会部

① 英国政府每年能够向民间公益组织提供约33亿英镑的财政资源。

门的独立性，不断降低政府的干预和控制程度，保持两者间伙伴式的合作模式。

人人参与的民间志愿文化。英国公民志愿服务意识浓厚，每年一半以上的成年人参加各类志愿服务活动。根据全国志愿组织协会（National Council for Voluntary Organizations，NCVO）在《英国公民社会年鉴2021》中的统计，2018—2019年，英国共有163150个社会部门，总收入达560亿英镑，总支出达542亿英镑，领取薪酬的社会部门专职劳动力共计92万人；2020—2021年，有1630万人（全国16岁以上人口的30%）通过团体、俱乐部或组织提供志愿服务，920万人（全国16岁以上人口的17%）每月至少做一次志愿者，2940万人（全国16岁以上人口的54%）每年至少做一次非正式志愿者。

英国主要的应急救援社会部门[①]均被纳入"地方政府突发事件应急计划"中，赋予它们法律地位。地方政府的突发事件计划官负责掌握当地的应急社会资源，在平时保持与各类应急救援社会部门必要的联系，并在应急过程中指挥协调。为保证志愿者得到足够训练，可以随时参与到自然灾害的应急响应中，不同的应急救援组织有计划地进行突发应急培训及实战演练以及团队沟通和团队协作技能培训。

（三）基于国外社会部门参与应急体系构建经验的启示

通过梳理美国、日本、英国3个国家社会部门参与应急体系构建的实践经验，可以概括出健全的法律制度保障、良好的政社沟通平台和全民参与的志愿文化3个特点。

健全的法律制度保障。在国外应急管理法律体系中，对于社会部门在应急管理中的角色、职责和与政府部门的协同途径都有明确的规定。英国的社会部门在应急管理中作为第二类响应者，其职责包括信息分享、合作恢复活动、协

① 包括英国红十字会、皇家英国妇女志愿者协会、圣约翰急救编队、皇家国民救生艇协会、国际营救队和英国医生紧急救护协会等。

同政府参与当地的抗灾联席会议、配合政府在地方层面展开一致行动等，从法律层面强调社会部门的功能与义务。美国和日本的应急管理相关法律中涉及社会部门的范围更为广泛，在不同阶段分别规定社会部门的角色和职责。日本1995年修订的《灾害对策基本法》中明确政府与社会部门在灾前预防、灾害应对、灾后恢复等阶段的角色与责任。

良好的政社沟通平台。国外政府通过建立政府和社会部门两者间的协调沟通平台或机构，既在社会部门内部起到广泛合作、统筹协调的作用，又作为中枢力量承担政社间沟通交流的桥梁枢纽功能。美国由政府赋权，给予已有枢纽型组织官方认定，使其拥有资格代表社会部门利益进入联邦应急管理署设立的国家应对协调中心参与应急管理协调工作。日本政府通常通过会议形式建立政社双方平等交流的平台，让双方能够表达自身诉求，发挥各自的职能。相比较而言，英国的政社协调机制围绕政府构建，依托政府层级结构，保证政府的主导权力，与我国政府应急管理模式有诸多的类似。英国在中央和地方均设立应急协调机构，负责对社会部门的协调与监督工作：中央层面建立国民紧急事务秘书处（Civil Contingencies Secretariat，CCS）作为协调机构；在地区一级设立地区韧性论坛（Regional Resilience Forum，RRF），通常每个地区存在3 ~ 7个韧性论坛；在地方一级，设立地方应急论坛。

全民参与的志愿文化。上述国家普遍拥有良好的志愿文化氛围，可以持续培养输送参与应急救灾的志愿者。日本政府注重志愿环境培育，通过“防灾日”“防灾和志愿者日”活动在社会营造良好的志愿参与氛围。相比较而言，美国的社会部门在志愿者培养中发挥重要作用，尤其是枢纽型组织十分注重志愿者的备灾救灾能力素质培育。2019年NVOAD使用志愿者的数量已达到990万名，且大多是具备一定应急救灾知识和能力的精英志愿者。得益于历史悠久的志愿文化底蕴，英国公民每年都有50%以上的成年人参与各类志愿服务活动。

三、社会部门在应急管理中的现状分析

近年来自然灾害、公共卫生事件等重大突发事件频发，给我国人民的生命健康和经济社会发展造成严重损失。令人欣慰的是，社会部门迅速成长，逐渐成为应急管理体系中值得政府信任依靠的重要力量。社会部门在应对不同类型灾害的实践当中不断探索创新，取得丰硕的社会参与救灾模式创新成果，并在韧性城市建设进程中发挥出实际功效，推动我国多元协同应急体系的形成。

（一）社会部门参与应急管理的总体概述

社会部门作为政府不可缺少的“伙伴”，是国家应急管理体系的有机组成部分，在我国应急管理中扮演着越来越重要的角色[①]。自2003年非典疫情暴发以来，我国社会部门参与应急管理体现出参与的法制环境日渐规范、成为协助政府救灾减灾的依靠力量、成为统筹协调志愿力量的应急枢纽和成为筹措捐赠资源的慈善组织4个方面的特征。

1. 社会部门参与的法制环境日渐规范

2003年非典暴发后，我国应急管理体系建设开始加速，逐步形成“一案三制”的应急管理框架。应急管理制度强调社会部门的积极参与，如《中华人民共和国突发事件应对法》中明确表示突发事件发生后应调动应急救援队伍和社会力量;《国家突发公共事件总体应急预案》中提及动员社会团体、企事业单位以及志愿者等各种社会力量参与应急救援工作。2015年10月，民政部制定印发《关于支持引导社会力量参与救灾工作的指导意见》，认可社会力量逐渐发展成长为救灾工作的一支重要力量。2018年应急管理部设立，成为社会部门参与

① 王光星、许尧、刘亚丽:《社会力量在应急管理中的作用及其完善——以2009年部分城市应对暴雪灾害为例》,《中国行政管理》2010年第7期。

灾害响应行动的业务主管部门。应急管理部2021年11月发布的《社会应急力量救援队伍建设规范（征求意见稿）》，明确社会部门正逐渐融入应急救援体系、成为应急救援领域的一支补充力量。

2. 协助政府救灾减灾的依靠力量

在国家发生的自然灾害、群体性事件、事故灾难等紧急事件处置中，往往出现救援人员与物资紧缺情况。社会部门参与救援处置和灾后重建等工作，在资源流转以及个案辅导等方面发挥着重要的协同作用。汶川地震发生后，超过300个社会部门参与一线救援，共计491万人参与到抗震救灾当中，协助政府及社会各界力量救援灾民8万余人。2021年郑州“7・20”特大暴雨灾害中，8天时间完成救援任务1121次，转移群众156000余名。大量社会部门参与到应急救灾中，不仅配合政府部门协同完成救援工作，也调动社会力量发挥志愿精神，在全社会形成了温暖的志愿文化。

3. 统筹协调志愿力量的应急枢纽

社会部门凭借天然的专业优势，扎实的社会资本积累，以参与者、协调者和增能者的角色，积极投身于应急管理当中，取得良好的社会效应。除发挥自身优势快速反应，动员整合零散而多元的民间社会力量作为救灾力量的延展与补充亦至关重要①。尤其是发生自然灾害地区的本地社会部门依靠其地缘优势，在应急响应的第一时间能快速动员集结当地志愿力量，迅速投入救援行动。山西本地的天龙救援队，最初是由一批热心公益事业的户外运动爱好者发起，队员不到100人。在山西严重洪涝洪灾中，山西天龙救援队积极响应。截至2021年10月28日，天龙救援队已发展成为一支拥有注册队员1380人、吸纳志愿者近1300人、由18个分队组成的救援队，救援网络覆盖全省11个地市。新冠疫

① 许敏:《论非政府组织参与危机治理的行动逻辑——基于权力分配的视角》,《前沿》2011年第23期。

情期间，由北京博能志愿公益基金会发起的京鄂 iWill 志愿者联合行动，通过线上微信平台，吸纳来自全国的志愿者开展社会心理科普、新型冠状病毒防疫知识讲座以及开展情绪疏导和心理应激干预等工作。自 2020 年 1 月 23 日启动至 2020 年 5 月 11 日，志愿者联合行动动员 2400 多名志愿者，直接为受疫情影响的 2 万多名京鄂和其他省市的在地居民提供社会心理、医疗健康、防疫知识和生活指导等方面共计 2 万余小时的线上志愿服务。这些活动都是社会部门在突发事件中提供服务充当枢纽角色的例证。

4. 筹措捐赠资源的慈善组织

民间捐赠是应急救灾资金的重要补充渠道。由于捐赠具有非强制性，主要来源于企业、个人、家庭、社会团体或者国际组织，更适合慈善领域的社会部门来组织筹集。

基金会是慈善事业的重要主体。2008—2020 年共有 1378 家基金会参与灾害应急响应行动（不含 2020 年参与新冠疫情响应的基金会数量），占整体比例约 16%，平均每 6 家基金会中就有 1 家参与过灾害应急响应，累计捐赠募款资金达 79.11 亿元[①]。作为灾害响应中社会与灾区间的资源连接者，基金会充分发挥自身的款物募集职能，为应急管理作出重要贡献。

（二）社会部门参与应急管理的典型模式

历次灾难在造成不可估量损失的同时，也给社会部门带来成长的契机。社会部门积极响应灾害救援，基于自身的专业性、民间性、灵活性为灾区贡献力量，逐渐成为应急管理体系中的第三方力量。在多次参与救灾的实践中，社会部门不断投入应急管理的方方面面，在应急管理领域做了 3 个方面的创新实践。

① 数据来源：《2008—2020 中国基金会灾害应急响应大数据观察报告》。

1. 信息服务助力灾害响应，保障应急资源的高效配置

在救灾过程中，很多情况下最大的问题不是缺少救援资源，而是资源和需求之间存在巨大的信息不对称。一方面很多灾区需求得不到满足，另一方面却有大量的援助资源由于重复而造成浪费。绝大多数志愿救援人员在应急响应过程中无法全面了解需求信息，需求信息有助于他们在最短的时间内决定优先帮助哪些人以及如何帮助他们。捐赠人一般无法掌握所有需求信息，却希望自己的援助能立刻到达受灾人群手中。因此，灾害救援中通过信息共享搭建起救援者与受灾者之间的桥梁至关重要。

卓明灾害信息服务中心（以下简称卓明）是一家长期在灾害应急响应中向援助救援活动提供决策信息支持的社会部门。2010年建立以来，卓明通过其小型专家团队和大量线上志愿者提供服务，在国内外100余次重大突发自然灾害中支持中国社会部门救灾行动，包括全国各地以及亚洲、非洲、拉丁美洲的地震、海啸、水灾、台风、滑坡及人为灾害等。卓明将社会动员与信息传播技术进行结合，不仅开发出一套创新的技术解决办法，还将灾害管理的工作“大众化”，使普通的社会公众也能加入以往只能由专业人士和政府机构完成的活动。学者将这种数字化线上应急灾害响应策略称为“危机众包”[①]。“危机众包”开创了一种社会公众在线参与志愿应急救灾的全新模式。卓明确立一系列数据挖掘的标准操作程序，并将其灾害信息采集和评估结果以研判报告、救灾简报、受灾社区信息等形式发布，帮助参与救灾的多个相关方了解灾情与需求，增进行动协调性。卓明通过参与构建机构网络、能力建设、知识管理等方式，协助应急社会部门提升能力，从而更有效率地帮助灾民。

郑州“7·20”特大暴雨灾害发生后，卓明当天启动三级洪灾响应，迅速发

---

① 彭林:《参与救灾的网上社会力量十年观察》,《中国减灾》2018年第12期。

布《河南洪灾响应志愿者招募登记表》《河南洪灾紧急求助信息登记》《河南暴雨救援电话》与《暴雨自救手册》，进行河南洪灾响应志愿者招募及求助信息登记。在救灾过程中，卓明共集结1500多位线上志愿者参与灾害援助信息响应，核实求助信息3万余条，于2021年7月21日至2021年8月7日连续发布13期《7·20河南特大洪灾｜卓明简讯》，先后搭建紧急救助平台和方舟·豫晴救灾需求平台，为参与一线救灾的救援队、慈善组织等提供重要的信息参考。

2. 建立组织层面应急预案，提供行业参与的专业规范

社会部门通过建立组织层面的应急预案、优化健全行业参与应急管理的专业规范、支持专业性团体在细分领域提供应急相应服务，推动社会部门制度化、专业化和规范化参与应急管理。

行业性组织可以基于广泛的实践经验，形成资源链接平台以及思想智库，助力行业建设，生成可供本领域社会部门借鉴的行业标准。中国慈善联合会是一个全国性的行业性组织，由各类致力于慈善事业的社会组织、企业等相关机构以及个人组成。该组织编制《有关慈善行业抗击疫情政策文件汇编》《抗击新冠肺炎对外捐赠指引》等系列文件，旨在为社会部门参与风险应对和开展支持性服务提供指导和框架。

3. 搭建应急响应协同机制，融入多元主体的救援中心

参与应急管理的社会部门虽然数量庞大，但并不像政府部门那样类型规范、管理有序，在灾难响应中通常各自为战，缺少统筹协调。参与应急响应的社会部门类型不同，其擅长的工作也不一样，如基金会以募集捐赠为主，提供资源支持，而社会服务机构则更多深入救灾一线，提供直接的救援或服务。不同类型的社会部门往往因为工作内容缺乏交集，彼此了解程度较低，相互之间难以进行有效合作。此外，由于社会部门数量众多，政府与其沟通困难，需要统筹协调的行业性平台作为政府与社会力量间协同应急救灾的桥梁纽带。

社会部门在灾情响应中积极对接政府，联合多方力量构建应急协同机制，协调管理应急救援社会部门和志愿者，促进应急救援人力、物力的合理分配，使各方社会力量发挥优势专长，保障应急救援有序进行。在新冠疫情期间，以基金会救灾协调会成员为主的社会部门联合启动抗击新冠疫情社会组织协作网络，为社会部门提供信息协同、行动链接和能力建设支持。在郑州“7·20”特大暴雨灾害暴发后，中国慈善联合会救灾委员会联合多个社会部门于7月21日迅速成立“7·20洪灾社会组织和志愿者协调中心（郑州）”，协同社会部门和志愿者参与应急救灾工作。随后应急管理部救援协调局发布了一则《河南抢险救灾公告》，提示为确保现场救援规范有序，请拟前往参与应急救援的社会应急力量先与河南省防汛抗旱指挥部取得联系，经同意后再开赴现场展开救援，并附上协调中心相关联系人信息。协调中心成立后，应急管理部官网也发布了协调中心的联系方式，这实属首创之举。河南洪灾中的协调中心不仅是由社会部门牵头组织，更是直接得到政府指挥部的认可和协助。这是救灾应急响应机制从政府独立管理向政府指导、社会部门参与协同体系转变的有益实践。

（三）社会部门参与韧性城市构建现状

社会部门在参与应急管理中取得了一些成绩，积极作用已经得到社会各界的普遍认可。相较于应急管理，韧性城市构建既包括应急时期，也包括常态化时期，是城市系统全生命周期的连续行动。在城市的发展过程中，必然面对不断发生公共危机事件，导致城市在常态和非常态之间不断切换，表现为此消彼长、反复拉锯的动态变化过程，构建韧性城市就需要在此过程中实现动态平衡。

从社会部门参与应急管理实践来看，在城市韧性治理的非常态阶段已发挥社会力量应有作用。而在常态阶段，社会部门已有初步的探索实践，在丰富应急资源储备、推进韧性社区建设、提供专业应急服务、完善信息交流网络4个方面发挥重要作用。

第一，丰富应急资源储备。充足的应急资源储备是一座城市抵御突发灾害的物质保障，是城市空间韧性的关键要素。社会部门通过增加物资、人力储备，能够增强城市应对重大突发公共事件的稳健性。

2020年初新冠疫情暴发，腾讯公益慈善基金会迅速筹集15亿元，成立战疫基金，除用于紧急的物资采购外，相当一部分投入在长期支持领域，如与民政部联合启动“携手同心助战疫——志愿者、社区工作者、社会工作者和湖北省养老机构工作者关爱保障行动”，为疫情当中的主要人力资源提供关怀。腾讯公益慈善基金会还发起“春暖行动——湖北希望工程关爱受疫情直接影响青少年行动”，重点关爱抗疫一线被感染的医务人员子女、因疫因病致困家庭青少年及其他特殊困难家庭子女，主要为他们提供学业和生活帮扶[①]。这一系列资金投入，为疫情中遭遇重创的武汉提供大量实质性支持，改善困难群体在重大突发事件之后的生存生活条件，同时使得他们在面临未来不确定性风险时准备更为充分。

第二，推进韧性社区建设。从系统整体的角度看，将庞大的现代城市分解为由最小的应急单元所构成的组合形态，通过精准、联动且协同的网络式管理，使得城市运行更具韧性。社区是城市危机应对的基本作战单元。社会部门拥有贴近基层社区、贴近基层民众的天然优势，承载着韧性社区建设的重要使命。

成都市爱有戏社区发展中心（以下简称爱有戏）基于其多年来聚焦社区发展的经验优势，在疫情后进行一系列韧性社区建设实践。爱有戏推出的“义仓计划”，依托“行动研究＋课程赋能＋联合行动”的模式，搭建城市社区参与式互助体系，共推广到全国97个城市，900多家机构学习、运用。其中最具代表性的“义仓小站”项目，倡导社区居民以互助互济的形式相互协作，成为为

① 边静:《用慈善力量驱散阴霾温暖人心——腾讯公益慈善基金会支持湖北战疫年度回顾》,《中国社会报》2021年4月15日。

社区困境人群构建起社会保障网的有力补充。它接收非现金的小额捐赠，包括A类（旧物资）、B类（食品）、C类（洗化品）、D类（时间）。爱心家庭可以选择一个月捐赠一袋米、一桶油、一支牙膏、一袋盐、半小时时间等。捐助家庭和受助家庭之间是平等互助关系，接受物资捐赠的家庭也可通过时间捐赠成为爱心家庭。除“义仓小站”外，“一个观众的剧场”“友邻学社”“邻里月台”等项目同样在爱有戏所倡导的社区公共服务体系中发挥着重要的作用。这些项目通过落地社区和融入居民，无形之中提升着城市基层的黏合度。

第三，提供专业应急服务。应急能力的专业性和层次性是城市韧性，尤其是治理韧性的重要部分。社会部门凭借其专业的社会服务能力，为城市韧性治理提供必要支持，成为政府专业力量的有效辅助、补充和延伸，有时甚至起到不可替代的作用。

招商局慈善基金会的“灾急送”平台是专业服务类项目中的典型。2014年，招商局慈善基金会与招商局集团旗下的中外运物流公司联合推出面向社会提供无偿物流援助的“灾急送”救灾应急物流平台，并与深圳壹基金公益基金会、中国扶贫基金会、中国社会福利基金会结成“灾急送”联合救灾伙伴。突发灾害时，平台会依托招商局集团旗下的中外运物流公司的专业物流运输团队与所在地物流网点，为政府和公益机构提供物流服务，把应急救援所需物资、受灾民众急需的生活物资等顺利送至灾区；在非灾害状态下，平台则根据需求，与联合救灾伙伴在灾害频发的物流网点设立公益备灾仓库，为伙伴提供备灾物资储存及管理支持，以便灾害发生时能够迅速便利地调运灾区急需的物资，并确保物资质量。几年间，平台与联合伙伴先后投入资金近500万元，在重大自然灾害中回应社会公众救援运输需求。作为依托企业资源禀赋而建立起的专业平台，“灾急送”为其他社会部门实施专业服务提供了一条高效便捷的渠道。

第四，完善信息交流网络。困难群体在城市治理中往往缺乏发声渠道，而政府因缺少基层社会网络，难以精准识别公众诉求。在公共危机事件对城市的冲击下，“少得者风险”[①] 被进一步放大。这就需要社会部门在政府与社会公众之间搭建起信息桥梁，完善政社信息交流沟通网络。

北京协作者社会工作发展中心（以下简称协作者）在打造交流网络方面有较成功的经验。作为民政部第一批全国社会工作服务示范单位，协作者具有政府、企业、高校及志愿者等多元合作伙伴，并在流动人口密集的地区分别建立南京协作者、珠海协作者、青岛协作者、江西协作者。各地协作者各自独立，相互支援，形成全国服务网络。自成立以来，协作者开展包括国家部委委托课题在内的 30 多项调查研究工作，参与多项政策和标准的制定工作。在新冠疫情期间，协作者对北京市 448 家社会组织进行调研，发布《疫情之下，社会组织在行动——北京社会组织应对疫情状况调查报告》，为政府及社会各界了解社会组织在疫情中的处境提供参考，为制定和落实社会组织扶持政策提供依据。协作者的实践经验彰显社会部门作为政府与公众之间沟通协调桥梁纽带的重要价值，一方面充分发挥社会工作的公众教育和政策倡导功能，将困难人群的需求传递给政府和社会；另一方面将公共利益价值融入对社会困难群体的个性化和系统化服务需求当中，给予受助群体物质支持与精神支持。

四、社会部门参与韧性城市构建的困境

社会部门在韧性城市构建中发挥丰富资源储备、推进韧性社区建设、提供公共服务、完善信息网络 4 个方面的重要作用。然而，它们所卷入的各种风险

① 何艳玲、周寒:《全球体系下的城市治理风险：基于城市性的再反思》,《治理研究》2020 年第 4 期。

状况，也暴露出社会部门参与韧性城市构建中“能力专有性”[①]不足的现象。受制于“协同有限”“制度有限”“能力有限”以及“信息有限”的多重困境，在韧性城市建设过程中社会部门的参与效能仍有待提升，以应对城市治理韧性、制度韧性、社会韧性和数字韧性的建构需求。

（一）协同困境：政社协同体系尚未成形

由于政府部门、社会部门的协同能动意识不足，导致本应政社协同的韧性治理体系中存在“协同有限困境”。

1. 政社协同观念未得到全面普及

政府长期的一元治理模式导致其对社会部门认同不足。由于过去计划经济体制的影响，社会公众在经济、政治和文化生活方面均习惯于依赖政府。随着经济社会的发展，政府开始努力培育公众的自治精神，并着手将部分社会职能转移给社会组织来承担。但是在应急管理中，政府依然扮演着主要行动者的角色，社会部门与政府的协同性不足。因对社会部门的不了解，就使得政府缺乏对社会部门的信任和认同。应急管理部成立后侧重于吸纳整合民间救援队力量，但对灾害领域的慈善组织了解有限，导致灾害慈善组织的价值与定位仍然处于模糊不清的状态。

由于社会部门长期与政府处于“依附—主导”的关系，以及社会部门内部自律机制的匮乏和志愿理念的缺乏，导致社会部门缺乏协同参与韧性治理的主观积极性。政府与社会部门之间的关系大多假定一种“秩序与服从”的关系，这阻碍社会部门发展独立的社会服务角色。社会部门在参与应急管理时，由于其路径依赖性，往往会表现出一定程度的惰性。社会部门自律机制的匮乏和长期对政府的依附态度，导致部分组织及个人志愿公益精神的缺失。这种缺失，

---

① 王名、蔡志鸿：《以“能力专有性”论政社合作——以两岸防艾社会组织为例》，《中国非营利评论》2019 年第 1 期。

使得相关主体行动上的主观能动性不足，导致社会部门行动力不足及参与应急管理低效，很多情况下处于消极被动的状态，无法主动与政府建立合作。

2. 政社沟通机制缺失

受限于信息沟通渠道缺乏，政府与社会部门之间尚未形成及时沟通机制。而应急管理作为一个应对突发性事件的系统过程，对沟通的及时性提出了更高的要求，这就需要政府与其他主体尤其是社会部门密切协同①，以增强应对危机的灵活性。目前，我国应急管理部虽然已经与社会救援力量建立广泛沟通机制，但仍有 11.5% 的社会部门没有与政府部门取得过联系②。

重大突发公共事件发生后，往往因为政府与社会部门间缺乏衔接合理、运转顺畅的沟通渠道和协调机制，导致各治理主体之间的协调衔接过程产生“错位”和“断裂”。无论是芦山地震救援中涌现出的“服务中心”，或是鲁甸地震救援中形成的“云南社会组织救援服务平台”，都重于对社会部门的支持而轻于引导，没能对社会部门进行科学的分类管理和服务。在新冠疫情的应急管理工作中，也曾因缺乏对社会部门的科学分类管理与服务，导致应急人力与物力资源难以及时流转的局面。

目前政府与社会部门的协同大多都是在一个危机事件结束后就停止，没有形成制度化的合作机制。应对危机事件的政社协同机制在时间维度上呈现碎片化，难以整合形成常态化、持续性的协同应急管理过程。

（二）制度困境：法律政策体系亟须完善

我国关于社会部门的法律规范存在明显的缺陷，影响社会部门参与城市韧

① 协同是指多个行动者（在本文主要指政府与社会部门、社会部门与社会部门）为了实现共同的目标，彼此间努力合作的互动过程。

② 王东明、祝明：《我国社会组织参与救灾工作现状调查分析——以芦山地震抗震救灾为例》，《中国应急管理》2015 年第 10 期。

性治理或重大突发事件风险应对的能力。社会部门参与应急管理缺乏适当的法律依据，主要体现在以下两个方面。

1. 法律规制尚不完善

我国目前尚未形成系统指导社会部门参与政府主导的应急管理的法律规制体系，不利于社会部门明确合作的边界与标准，从而实现迅速成长。《国家自然灾害救助应急预案》明确指出，要重视社会部门包括公益组织、志愿者等在重大突发公共事件中提供公共服务的能力，但是相关规定更注重原则性而非实用性。《中华人民共和国突发事件应对法》以及《自然灾害救助条例》规定要充分发挥社会部门作用，但对社会部门在应急管理中的责任和权利却没有具体的规定。虽然 2017 年《社会力量参与一线救灾行动指南》的发布为社会部门参与应急救灾提供了操作指引，但由于缺乏法律的强制性，该指南并未使得社会部门参与应急救灾的行动制度化。

对于承担吸收款物资源功能的慈善组织，2016 年出台的《中华人民共和国慈善法》主要关注的是常态化阶段的慈善活动，对突发性、随机性较强的重大突发事件中的慈善活动则未予太多关注。《中华人民共和国慈善法》第三十条规定，发生重大自然灾害、事故灾难和公共卫生事件等突发事件，需要迅速开展救助时，有关人民政府应当建立协调机制，提供需求信息，及时有序引导开展募捐和救助活动。除此之外，《中华人民共和国慈善法》对慈善组织在应急管理活动中的资金募集和使用并未设定相关规范细则。《中华人民共和国突发事件应对法》如何与《中华人民共和国慈善法》有效衔接，同样是法律制度层面需要关注的问题。

2. 政策体系尚未成形

目前我国在应急管理、韧性城市构建中涉及社会部门参与的支持类政策发布呈现碎片化，政策指导存在“留白”。民政部制定印发的《关于支持引导社会力量参与救灾工作的指导意见》、应急管理部2021年11月发布的《社会应急力量救援队伍建设规范（征求意见稿）》均以社会部门在非常态阶段下的作用定位、建设规范为主要内容。我国政府尚未出台相关指导意见对社会部门在常态阶段的地位、作用以及建设规范加以明确。在新冠疫情期间，民政部于2020年发布《关于全国性行业协会商会进一步做好新型冠状病毒肺炎防控工作的指导意见》，旨在引导行业协会商会进一步规范有序参与疫情防控。但是，政府部门并未对行业协会商会或其他社会组织在重大突发公共事件中提供明确的监管政策支持或应对指导。自2020年《中共中央关于制定国民经济和社会发展第十四个五年规划和二〇三五年远景目标的建议》中首次提出建设韧性城市之后，仅北京市人民政府办公厅发布《关于加快推进韧性城市建设的指导意见》（以下简称《意见》）。国家各部委以及其余省区市政府并未出台相关政策。该《意见》规定提升慈善组织、红十字会以及其他应急救灾款物接收单位的公信力和工作能力，鼓励支持社会团体和社会公众自愿参与应急救助活动，推进政府购买社会救助服务。但《意见》仅将社会部门的功能作用定位在非常态阶段的应急管理参与，对社会部门在常态化阶段参与韧性城市构建的地位、作用与实施路径没有涉及。

（三）能力困境：社会部门能力有待提高

近年来，社会部门在应急风险应对方面的专业化程度不断提高。但是，由于社会部门资源吸纳能力薄弱，应急参与能力参差不齐，在韧性城市构建中作用发挥有限。

1. 资源吸纳能力薄弱

许多社会部门在自身发展中面临人力资源匮乏、资金资源短缺等窘境。社会部门难以为专业人才提供理想的薪资福利水平，导致其难以吸引到合适的专业技能人才，即使招募到符合需求的人才，也面临随时流失的风险。2020年统计数据显示，我国在总人口数量为 14 亿人的背景下，社会工作持证人数仅有 66.90 万人，而美国的总人口数量为 3 亿人，社会工作持证人数是 60.33 万人。专业人才缺乏导致参与应急管理社会部门的综合素质和技能发展参差不齐。一部分社会部门主要靠政府拨款或购买服务资金来维持组织的基本运营，社会化资源募集渠道未能打通，难以满足组织能力建设需要。在参与 2020 年中国南方洪涝灾害应急响应中，23.4% 的民间救援队没有获得任何资金或物资捐赠，37.5% 的民间救援队获得的资金和物资捐赠价值不到 10 万元。救援队需要在灾后迅速响应投入救援，并不会等待社会捐赠到位后才开始行动，这导致民间救援队常常需要自己贴钱贴资源来弥补已经消耗掉的成本。

2. 应急参与水平有限

我国社会部门普遍在灾难刚发生时有较强的参与意愿和较大的参与规模，但相当一部分组织随着紧急救援和过渡安置阶段的结束便退出，缺乏参与的持续性和专业性。大部分参与应急管理的社会部门都将自身业务定位在紧急救援和过渡安置阶段，涉足常态减灾、恢复重建阶段的社会部门十分有限①。在汶川地震发生后，参与应急救援的社会部门数量迅速增长，但在 2008 年 8 月后数量呈断崖式减少，直到 2009 年 4 月，绝大多数社会部门已经撤离灾区②。在“4・20”雅安地震当中，仅有 43% 的社会部门参与到灾后重建当中，其余社会部门由于心理援助、生计恢复、社区发展等救灾服务项目的专业技术门槛而陆续退出③。社会部门在 2008—2020 年自然灾害的所有响应行动中，有 1261

① 王娜娜、吴金华：《国家应急管理体系中政府与民间志愿组织的协作机制研究》，《湖南省社会主义学院学报》2016 年第 5 期。

② 胡建华、钟刚华：《跨区域公共危机协同治理的实践考察与创新模式研究》，《地方治理研究》2022 年第 1 期。

③ 王东明、祝明：《我国社会组织参与救灾工作现状调查分析——以芦山地震抗震救灾为例》，《中国应急管理》2015 年第 10 期。

次处在紧急救援和过渡安置阶段，占比达到69%；恢复重建阶段占比为27%（488次）；常态减灾阶段则仅占4%（68次）[①]。即使是参与紧急救援和过渡安置阶段的社会部门，也有一部分存在救灾设备相对老旧、落后的情况。在郑州“7·20”特大暴雨灾害应急响应中，仅有不到1/3的队伍在一些重要指标上符合专业救援队的相关标准。硬件和技能的同步弱势，阻碍社会部门参与韧性城市建设的深度。

（四）信息困境：信息化数字化程度有限

信息平台能够促进政府和各类社会部门在城市韧性构建中高效协同，有利于提高城市韧性治理体系的稳健性。数字技术能够重新架构起政社之间的联结结构，减少信息的损耗，实现政社之间无间断、快速反馈的交互式协作，从而提升应急管理体系的效能。当前社会部门参与城市韧性治理中存在信息共享平台缺失、数字转型进程滞后等问题，不利于城市数字韧性建设。

1. 信息共享平台缺失

由于缺少全国层面统一的信息系统平台，导致政府部门和社会部门以及社会部门内部不同组织间存在信息壁垒，影响应急救灾工作效率。政社间信息共享程度不高，政府和社会部门难以迅速形成有效、统一的应对措施。危机事件发生之后，政府难以及时按救灾需求精准匹配社会资源，从而实现对于救灾工作的协调指挥。社会部门难以知晓危机事件的基础信息、预案信息等，无法准确做出应对方案和措施，这直接影响政府和社会部门的判断，导致政府与社会部门间的协同无法得到保障。由于缺少全行业的信息共享机制，导致社会部门在应急情境中不能及时了解同行信息，降低不同类型社会部门的协同效率，甚至出现不同社会部门在响应过程中重复提供相同或类似服务的现象，这反过来

① 数据来源：《2008—2020中国基金会灾害应急响应大数据观察报告》。

严重影响社会部门反应速度和资源配置效率。

2. 数字转型进程滞后

目前，大数据、人工智能、物联网、区块链、云计算平台、5G 网络等新一代数字技术仅被少数社会部门整合进组织建设进程中，多数社会部门仍采取传统办公模式，办公自动化系统、数据库、互联网等基础信息技术尚未运用，其参与应对重大突发事件的信息化技术水平有待提高[①]。在传统条块分割的政府组织结构下，对面向应急管理、城市韧性治理类型的社会部门管理的相关职能分散在民政部、应急管理部以及各地政府，这种分散模式难以形成信息互通的统一规划和管理，由此产生大量的“信息孤岛”和“信息烟囱”。数据信息无法互联互通，导致政府难以有效调度全部社会部门参与到城市韧性治理当中。

五、构建韧性城市中提升社会部门治理能力的政策建议

随着全球化、现代化进程的加快，全球气候变化及其影响的加剧，城市发展不稳定性、不确定性明显增加，构建更具应对危机和抵御风险能力的韧性城市成为必然。社会部门作为多元协同韧性治理体系中的重要主体，在城市韧性构建中能够发挥不可或缺的积极作用。社会部门参与韧性城市构建，全面优化社会部门参与应急管理的路径，提高社会部门在城市韧性治理中的能效。

（一）调适政社协同，优化韧性机制

针对韧性城市构建中政府部门及社会部门观念意识落后的现象，需要转变政社部门角色观念，优化韧性治理协同机制，逐渐建立一个有韧性的治理共同体，完善政社协同的韧性治理体系。通过建设强有力的协同机制，政府部门和

① 徐家良、张煜婕:《“让社会运转起来”：社会组织参与应急管理的功能作用、运行机制与构建路径》,《广西师范大学学报》2022 年第 1 期。

社会部门能够提升信息沟通的效率，进而提高城市吸收灾害能量能力以及灾后恢复能力[①]。要实现这一目标，需在理念上明确政社双方在协同体系中的角色定位，优化韧性协调机制。

1. 明确政社部门角色定位

充分认识到社会部门在应急管理中的作用，明确政府和社会部门在韧性治理中所承担的角色，转变观念。政府作为主导者，在韧性治理中承担着决策领导和应急管理实施职责。政府要为城市韧性建设提供宏观上的政策、资金、制度支持，为社会部门协同治理营造良好的环境。适度放权、循序渐进地将部分不属于自身的应急管理职能移交给社会部门，精简政府职能[②]。充分运用政府部门自身的条件优势，联合其他主体确立城市韧性治理的目标，结合基层反馈、民主协商等形式鼓励与社会部门的协同合作。社会部门改变依附政府指令的滞后性，发挥自身的基层属性，联结社会资源，通过提高自身的资金筹措能力、专业能力和社会公信力，充分发挥自身的优势与特点，助力政府提高应急决策、资源调配和社会动员等方面的能力。

目前我国政府与社会部门之间缺少协调沟通的官方渠道。参考海外具体实践，如美国红十字会和美国救灾志愿者联盟作为政府主导的应急管理体系的重要组成主体，在灾害应对中将派人员进入联邦应急管理署设立的国家应对协调中心（National Response Coordination Center，NRCC），代表社会部门参与应急行动[③]。政府有关部门，如应急管理部应下设专门科室，协调社会部门代表参与，重视社会部门在应急预案、风险评估、协调人财物力、应急决策等环节的媒介

① 赵冬月、施波、陈以琴等:《协同管理对城市韧性增强机制的影响》,《管理评论》2016 年第 8 期。

② 马晓东:《政府、市场与社会合作视角下的灾害协同治理研究》,《经济问题》2021 年第 1 期。

③ 郑琦:《美国社会组织如何参与救灾》,《中国党政干部论坛》2013 年第 8 期。

与智库作用，将其意见和建议纳入风险治理规划和议程，实现政府意愿的正确传递与信息的双向流通、反馈。突出社会部门在常态减灾阶段与恢复重建阶段的主体作用，充分调动社会积极性。政府大规模的应急管理演习应邀请社会部门参与，便于社会部门在常态减灾阶段快速融入国家应急管理体系当中，与政府实现互利共赢。

2. 优化韧性治理协同机制

政府与社会部门建立韧性治理中的常态化合作机制。目前，我国政府与社会部门间大都是临时性合作，仅在灾害应急响应期间进行短暂协同。城市政府与社会部门拟定韧性治理中长期合作计划，形成法制化的战略伙伴关系。合作计划应包括但不限于规范双方共享物资的程序、费用负担、保险责任与工作职责，明确政府给予社会部门物资、资金、培训等方面的支持。

构建政社应急协同平台，形成政府统一协调领导、各类社会部门参与的危机应对网络。政府有关部门，尤其是应急管理部应构建跨部门、多层级的社会防灾力量网络，在部本级层面搭建一个以交流、协调、合作为目标的社会部门对接平台，由应急管理部领导，全国性、行业性的专业类社会组织广泛参与，形成中央层面的协同机制。在地方，各地应急管理部门依据其辖区范围分层管理，建立本区域的协同网络，引导社会部门依法有序有效参与。在政社应急协同平台构建中，城市政府注重引导行业性组织合作，发挥其作为政社桥梁的沟通作用，保障应急救灾在政府部门指挥下迅速有序地进行，促进社会部门间信息共享和资源整合，协调多方协同合作，有效避免在应急管理中需求与救助信息不对称的问题。

（二）健全法制体系，牢固制度韧性

健全的应急管理法律制度体系是社会部门合法有效应对灾害和参与应急活动的重要保障，有利于社会部门协同政府在韧性治理中形成制度性整合的共同

体[①]，而不仅仅是体现角色认可的共同参与者。通过立法将社会部门完全纳入应急管理体系，明确社会部门参与应急管理的地位与合法性[②]。只有以制度建设推动社会部门的积极参与，才能在规范发展中促使政社之间形成良好的协同工作机制，发挥应急管理的共治之力。

1. 完善法律体系

修改相关法律法规，增加社会部门参与应急管理的相关条款，减少社会部门的被动性和盲从性。《中华人民共和国突发事件应对法》《自然灾害救助条例》《突发公共卫生事件应急条例》中皆没有对社会部门应急管理的权利、义务进行具体的规定，导致社会部门提供应急管理服务缺乏法律法规保障。在修订《中华人民共和国突发事件应对法》时应明确不同类型社会部门在应急管理中的权利和义务。在条件成熟的情况下，出台专项社会部门参与应急管理条例，明确社会部门在应急管理的常态减灾阶段、紧急救援阶段和过渡安置阶段和恢复重建阶段中的职责范围，充分发挥社会部门的积极作用。

2. 调整政策体系

根据具体情况，民政部和应急管理部可联合出台相关指导性意见，明确社会部门在韧性城市治理中的地位、作用以及建设规范。应急管理部关注常态减灾、恢复重建阶段，针对提供心理疏导、灾区儿童教育、灾后恢复重建等服务的社会部门制定相应的规范。

城市政府应发布韧性城市建设的规划类文件，肯定社会部门的主体地位，明确社会部门在城市韧性治理常态、非常态阶段的功能作用和参与路径，将社会部门纳入城市韧性治理体系。

---

① 刘严萍、何继新：《突发事件情境中政府与社会组织应急协同研究综述》，《河南理工大学学报》2018 年第 4 期。

② 夏志强：《公共危机治理多元主体的功能耦合机制探析》，《中国行政管理》2009 年第 5 期。

（三）改善培育环境，塑造社会韧性

一个有韧性的城市离不开治理主体应对应急事件的专业能力培育。加强社会部门应急能力建设、促进行业性组织发挥作用对城市韧性构建有重要意义，有利于提高社会部门在应急管理全过程中的作用[①]，延伸城市韧性能力。

1. 加强社会部门能力建设

第一，加大投入和提供优惠政策，增加购买服务。城市政府应制定相关政策，从设施设备上支持社会部门参与应急管理，使得社会部门的救灾设施设备满足各项工作需求。建立专项的社会部门应急能力建设专项基金，明确规定政府每年对该专项基金的投入金额，持续、长期地对社会部门投入经费援助。通过税收优惠、奖励项目等支持政策鼓励优质社会部门参与应急管理，通过鼓励救灾捐赠促使社会部门投身救灾领域。城市政府应向有资质的社会部门购买应急救灾服务，扩大项目购买范围并指导项目实施。

第二，精准招募高素质人才，提高成员素质技能。城市政府有必要联合部队相关部门，对接到当地社会部门，让救援经验丰富、专业技能对口的部队退役官兵加入社会化应急管理体系中，提高部队退役官兵尤其是消防退役官兵在社会部门中的比例。社会部门定期联系城市政府和武警、消防等应急部门，借用场地设施设备，开展应急响应演练。

2. 行业性组织发挥支持作用

完善城市政府与应急领域行业性组织的互动机制。城市政府建立与社会部门行业性组织的双向沟通机制，赋予行业性组织为同行业社会部门提供服务和管理的职责与使命。行业性组织根据自身优势结合实践经验编写应急预案示范文本和管理指南等文件，建立志愿者有效的培育、反馈和保障机制，代表行业

① 徐家良：《疫情防控中社会组织的优势与作用——以北京市社会组织为例》，《人民论坛》2020年第23期。

内社会部门利益，积极向城市政府部门建言献策。

（四）加快技术转型，升级数字韧性

在信息技术快速发展的数字时代，数字治理能力成为城市韧性的重要组成部分。借助新兴数字技术提高政府与社会部门之间的信息沟通能力，进而提升社会部门针对突发事件的灵敏感知能力和组织协同能力，是提高城市韧性治理水平的有效路径。

1. 建设信息共享数字平台

《中华人民共和国国民经济和社会发展第十四个五年规划和2035年远景目标纲要》提出将数字技术广泛应用于政府管理服务，推动政府治理流程再造和模式优化，不断提高决策科学性和服务效率。面对复杂多元的风险环境，畅通的信息共享平台是韧性治理的“血液”、政社协同的“润滑剂”，有助于城市从恢复型韧性向变革型韧性转型，构建更具韧性的应急管理体系[①]。因此，有必要以信息技术为依托，搭建信息共享数字平台，打破政府部门、社会部门和社会公众之间信息壁垒[②]。应急管理部门有必要建设高效灵活的数字平台，实现信息共享，实现城市政府部门与社会部门的实时互联，保障社会力量及时有效参与应急管理。应急管理部门已有社会部门参与应急救援进行事前登记备案的信息管理系统，后续又拓展物资捐赠统计功能以及生产企业协同管理功能。以现有政社应急协同平台为基础，建设信息共享数字平台，内容包括灾情信息共享平台与社会部门参与应急管理风险系统、志愿者管理系统、救灾物资捐赠管理系统、灾情信息快速和高质量提取分析系统、社会部门网上申报系统等。借由数

① Yongdong Shen，Yuan (Daniel) Cheng，Jianxing Yu，“From Recovery Resilience to Transformative Resilience: How Digital Platforms Reshape Public Service Provision During and Post COVID-19，” Public Management Review, 2022: 1-24.

② 张桂蓉、雷雨、冯伟等:《大数据驱动下应急信息协同机制研究》,《情报杂志》2022年第4期。

字共享平台，政府能够及时传递救灾指引，实现对社会资源的指挥与调配，社会部门也可以及时汇报自身的参与进度，从而配合政府的救灾工作。

2. 加快组织建设数字转型

社会部门需要加快组织信息化建设，运用办公自动化系统、数据库、无代码开发平台等工具完成从传统办公模式向信息化、自动化转型。在此背景下，社会部门积极拥抱数字机遇，向技术支持型企业购买相关服务或建立合作伙伴关系，利用其技术优势实现社会部门在应急管理中的业务整合、流程再造、机构重组，加快组织建设数字转型进程。

参考文献

[1] 边静 . 用慈善力量驱散阴霾温暖人心——腾讯公益慈善基金会支持湖北战疫年度回顾 [N]. 中国社会报，2021-04-15.

[2] 范如国 .“全球风险社会”治理：复杂性范式与中国参与 [J]. 中国社会科学，2017（2）：、65-83.

[3] 何艳玲，周寒 . 全球体系下的城市治理风险：基于城市性的再反思 [J]. 治理研究，2020，36（4）：5-19.

[4] 胡建华，钟刚华 . 跨区域公共危机协同治理的实践考察与创新模式研究 [J]. 地方治理研究，2022（1）：15-32.

[5] 姜长云，姜惠宸 . 新冠肺炎疫情防控对国家应急管理体系和能力的检视 [J]. 管理世界，2020，36（8）：8-18.

[6] 康晓光 . 依附式发展的第三部门 [M]. 社会科学文献出版社，2011.

[7] 孔庆茵，侯玲 . 突发性灾害治理——政府与非营利组织的良性互动 [J]. 北京师范大

学学报（社会科学版），2013（4）：119–126.

[8] 刘霞，向良云 . 我国公共危机网络治理结构——双重整合机制的构建 [J]. 东南学术，2006（3）：23–29.

[9] 刘严萍，何继新 . 突发事件情境中政府与社会组织应急协同研究综述 [J]. 河南理工大学学报（社会科学版），2018，19（4）：34–41.

[10] 陆亚娜 . 重大突发公共事件中政府与第三部门的协调应对研究 [D]. 南京师范大学，2013.

[11] 马海韵，张晓阳 . 非政府组织参与公共危机治理的研究 [J]. 南京工业大学学报（社会科学版），2012，11（2）：77–84.

[12] 马晓东 . 政府、市场与社会合作视角下的灾害协同治理研究 [J]. 经济问题,2021（1）：18–22.

[13] 彭林 . 参与救灾的网上社会力量十年观察 [J]. 中国减灾，2018（12）：48–51.

[14] 彭雄亮，姜洪庆，黄铎，梁伟研 . 粤港澳大湾区城市群适应台风气候的韧性空间策略 [J]. 城市发展研究，2019，26（4）：55–62.

[15] 容志 . 构建卫生安全韧性：应对重大突发公共卫生事件的城市治理创新 [J]. 理论与改革，2021（6）：51–65.

[16] 宋超 . 社会组织参与社会冲突协同治理：功能阻滞与路径选择 [J]. 南通大学学报（社会科学版），2014，30（6）：121–127.

[17] 王东明，祝明 . 我国社会组织参与救灾工作现状调查分析——以芦山地震抗震救灾为例 [J]. 中国应急管理，2015（10）：20–23.

[18] 王光星，许尧，刘亚丽 . 社会力量在应急管理中的作用及其完善——以 2009 年部分城市应对暴雪灾害为例 [J]. 中国行政管理，2010（7）：67–69.

[19] 王名，蔡志鸿 . 以“能力专有性”论政社合作——以两岸防艾社会组织为例 [J]. 中国非营利评论，2019，23（1）：1–33.

[20] 王名，贾西津 . 中国 NGO 的发展分析 [J]. 管理世界，2002（8）：30–43.

[21] 王名 . 日本非营利组织 [M]. 北京大学出版社，2007.

[22] 王娜娜，吴金华 . 国家应急管理体系中政府与民间志愿组织的协作机制研究 [J]. 湖南省社会主义学院学报，2016，17（5）：68–70.

[23] 夏志强 . 公共危机治理多元主体的功能耦合机制探析 [J]. 中国行政管理，2009（5）：122–125.

[24] 徐家良，张煜婕 .“让社会运转起来”：社会组织参与应急管理的功能作用、运行机制与构建路径 [J]. 广西师范大学学报（哲学社会科学版），2022，58（1）：1–8.

[25] 徐家良 . 疫情防控中社会组织的优势与作用——以北京市社会组织为例 [J]. 人民论坛，2020（23）：28–31.

[26] 徐家良，等 . 第三部门概论 [M]. 北京大学出版社，2020.

[27] 许敏 . 论非政府组织参与危机治理的行动逻辑——基于权力分配的视角 [J]. 前沿，2011（23）：39–42.

[28] 张桂蓉，雷雨，冯伟，赵维 . 大数据驱动下应急信息协同机制研究 [J]. 情报杂志，2022（4）：1–6.

[29] 张勤，姜媛媛，汲君 . 公共危机治理的社会组织参与耦合机制探微 [J]. 理论探讨，2010（2）：131–135.

[30] 张守文 . 公共卫生治理现代化：发展法学的视角 [J]. 中外法学，2020，32（3）：590–611.

[31] 赵冬月，施波，陈以琴，陈长坤，雷鹏 . 协同管理对城市韧性增强机制的影响 [J]. 管理评论，2016，28（8）：207–214.

[32] 郑琦 . 美国社会组织如何参与救灾 [J]. 中国党政干部论坛，2013（8）：93–95.

[33] 朱正威，刘莹莹 . 韧性治理：风险与应急管理的新路径 [J]. 行政论坛，2020，27（5）：81–87.

[34] 邹新艳，史云贵．整体性治理视域下社会组织参与韧性社区建设机制研究 [J]. 中国第三部门研究，2021，21（1）：126–143.

[35] Biao Huang, Jianxing Yu. Leading Digital Technologies for Coproduction：the Case of "Visit Once" Administrative Service Reform in Zhejiang Province，China[J]. Journal of Chinese Political Science，2019，24（3）：513–532.

[36] Cutter S L，Burton C G，Emrich C T. Disaster Resilience Indicators for Benchmarking Baseline Conditions[J]. Journal of Homeland Security and Emergency Management，2010，7（1）：1–22.

[37] Himmelman A T. Collaboration for A Change：Definitions，Decision–making Models，Roles，and Collaboration Process Guide[Z]. Minneapolis，MN：Himmelman Consulting，2002.

[38] Salamon L M，Sokolowski S W. Global Civil Society：Dimensions of the Nonprofit Sector[M]. Kumarian Press，1999.

[39] Yongdong Shen，Yuan（Daniel）Cheng，Jianxing Yu. From Recovery Resilience to Transformative Resilience：How Digital Platforms Reshape Public Service Provision during and Post COVID–19 [J].Public Management Review，2022.

专题四

中国城市韧性社区建设报告*

安全是城市治理现代化的基础。城市汇聚了人力、资本、交通、能源等社会发展中的各种要素，是国家政治、经济与文化的中心。当前城市面临着来自传统领域与非传统领域的诸多挑战与威胁，社区作为城市的基本单元，直接承担灾害的损失与应急资源的分配，具有救灾第一地点和基本防线的重要性①。韧性社区代表社区面临灾害风险时能通过对风险的有效抵抗、吸收和适应，保持其基本结构及功能，并能从灾害中恢复。加快建设社区韧性是中国城市社区治

---

* 本专题作者为南开大学周恩来政府管理学院副院长、南开大学中国政府发展联合研究中心研究员吴晓林，南开大学周恩来政府管理学院博士生、南开大学中国政府发展联合研究中心研究助理谭晓琴，南开大学周恩来政府管理学院博士生、南开大学中国政府发展联合研究中心研究助理谢伊云，南开大学周恩来政府管理学院博士生、南开大学中国政府发展联合研究中心研究助理左翔羽。本专题为国家社科基金重大项目“大数据驱动的特大城市治理中的风险防控研究”（批准号 21ZDA069）的一部分。

① 邹清明、肖东生:《基于模糊综合评价的城市社区应急管理脆弱性分析》,《南华大学学报》2013 年第 1 期。

理现代化的重要方向。

南开大学中国政府发展联合研究中心深耕城市社区治理研究多年，为摸清城市社区韧性建设的情况，提出筑牢城市基层安全的建议，团队于2018—2021年连续在全国各类小区实地走访、开展问卷调研，共获得8651份问卷；同时，团队密切关注社区应对新冠疫情等重大突发公共卫生事件的措施，在2020年2月10日至16日在全国发放线上调研问卷，调查社区应对疫情的表现情况，共获得7358份有效问卷。本专题旨在对中国当前的韧性社区建设情况做一个系统梳理。

一、我国城市韧性社区建设的背景与价值

中国是独特的复合型风险社会。我国正处于转型发展的关键时期，风险的复杂性日趋加剧，自然风险与社会风险交叉、常态化风险与非常态化风险融合。作为承受并抵御灾害与风险的基础单元，城市社区的风险抵御与治理工作任重道远，将韧性理念融入我国城市社区减灾实践、推进我国城市减灾型社区建设具有重要意义。

（一）我国城市韧性社区建设的背景

中国的社区数量庞大，韧性社区建设任重道远。民政部数据显示，截至2020年，中国城市社区已达到113089个，据不完全统计，城市各类小区已经超过50万个。一旦遭遇灾害风险，其风险效应是巨大的。本部分将基于国内外风险治理实践，论述中国韧性社区建设的现实背景。

1. 国际层面：建设社区韧性是全球减灾工作的重要战略

国际组织持续呼吁重视社区在城市减灾领域的重要地位。早在1999年，世界减灾大会就提出把社区视为减灾的基本单元。为加强城市社区减灾能力，各

国相继推出建设“减灾型社区”项目，例如，亚洲国家的“风险管理社区”、瑞典的“安全社区”、美国的“减灾型社区”等。2002年，联合国可持续发展峰会首次提出将韧性概念引入城市公共治理领域的倡议；此后，联合国分别通过《兵库行动纲领》《2015—2030年仙台减轻灾害风险框架》，在国际上提出建立和提升社区的灾害韧性。自此，韧性城市、韧性社区的概念应运而生，成为国际城市减灾领域的热门议题。2009年，世界银行发布《气候变化背景下的韧性城市：东亚城市减少气候变化脆弱性及提升灾害风险管理入门读本》，指出要实现城市脆弱性的减弱及韧性的提升；2011年，联合国减灾办公室等机构举办主题为“让城市更具韧性”的第二届世界城市科学发展论坛，再次强调城市韧性对于减灾的重要性；2013年，洛克菲勒基金会举办“全球100韧性城市挑战赛”，鼓励城市在城镇化加速的背景下全面提升自身韧性水平。在一系列国际组织的引导与呼吁下，建设韧性社区成为各国建设现代化城市安全保障体系的基础环节与热门概念。

在风险全球化背景下，中国有必要加速对韧性社区的建设。国外社区减灾工作起步早，一些国家探索了良好的社区减灾经验，成功实现了自下而上的，以企业、政府和社会的伙伴关系为行动基础的社区减灾模式，经历了从“社区灾害管理”到“社区灾害风险管理”与“社区灾害风险减少”的转变，逐渐走上了构建社区韧性的路径。中国社会面临市场化、城市化、信息化高度重合带来的风险复合；不平衡发展的社会情境带来了各类社会矛盾与自然风险，而风险的不均衡分布加剧了发展不均衡。韧性社区不仅强调物质空间和应急管理，更强调结构、过程、能力和文化等维度的社区治理体系和能力建设。当面临同样的灾难冲击时，具有韧性的社区往往比传统社区受到的影响更小，从灾难中恢复得更快。韧性对于社区处理外部冲击时具有重要意义，特别是在正经历大规模城市更新运动的发展中国家。因此，韧性社区建设成为中国应急管理思维结构转变的一个支点，建设有韧性的社区成为国家经济社会建设中的一项重要任务。

2. 国内层面：中国城市社区的减灾能力亟须提升

中国城市社区的风险治理体系还不完善，减灾能力普遍较弱。随着风险不确定性的日益增加，加上权力结构、社会资本、治理机制本身的复杂性、异质性和模糊性，中国城市社区风险治理面临着严峻的挑战。

首先，以城市安全为背景的社区安全理念还未普遍建立。当前，社区建设理念还未上升至韧性社区与城市安全的高度，存在“就社区而言社区治理”的封闭性。一方面，我国在“一案三制”基础上构建的应急管理体系管控色彩浓厚，应急管理工作主要依靠自上而下的行政命令逐级推动，社区被单纯地视作应急管理的对象，社区减灾与城市安全之间缺乏有机协调，社区减灾工作存在“重硬件轻软件”“重救灾轻预防”等现象。另一方面，我国韧性社区建设缺乏相应的顶层设计与政策支持，基层韧性社区建设普遍存在“灾来即补”“灾停即止”现象，“积极防灾”的韧性治理理念亟待实践。

其次，减灾型社区建设的效率与效果难以保证。2006年，中国起步创建“综合减灾示范社区”，逐步形成了成熟的“分级负责、属地管理”的省、市、县级政府统一的三级防灾减灾救灾领导机制。但是，一方面，现行的减灾示范社区减灾标准主要侧重于减灾管理方面，要求过于笼统、不够细致，并且，其主要关注突发性的自然灾害，侧重于物理性的抗灾能力，对于社会风险、社区成员内部的自治力和外部的协同力关注不足。另一方面，虽然减灾示范社区具备相对于普通社区而言较强的减灾治理能力，但是，当前防灾减灾示范社区覆盖面还很小，并且，受制于我国减灾社区管理部门众多，难以统筹协调的尴尬现状，减灾示范社区在减灾治理、社会减灾资源利用等方面还存在一定问题，这导致部分通过减灾示范社区评选的社区面对灾害威胁仍未具备充分的适灾韧性。

最后，社区两委预防与应对灾害风险的能力与精力有限。一方面，随着社区规模的不断扩张，社区居委会普遍处于超负荷工作状态。在一些大型社区，可能是1个社区工作者对应管理1000个居民，这大大超过了社区居委会的治理能力。另一方面，社区居委会被纳入属地化管理体系，要作为基层风险治理的基本单元，负责落实“工作场所安全、交通安全、消防安全、家居安全、老年人安全、涉水安全、司法安全、社会治安、农业防灾减灾环境安全、建筑施工安全、敬老院安全、部队保障工作、学校和儿童安全、疫情防控、燃气安全、电梯安全、井盖安全、防汛检查和准备”等监管职责，但是，社区对于这些工作往往陷入无权力、无资源、无专业性的“三无”困境。尤其是，当重大突发风险暴发时，社区的工作压力更大，除了完成日常管理与风险应对工作，还要处理上级各个部门的表格填写任务，对上级多个部门的暗访、督查、巡查，甚至还要挤出大量时间迎接和陪同考察，这严重挤占了原本就不足的社区精力。行政过度干预与行政任务下沉，也不利于社区应变能力的提高，反而使得社区陷入“高风险、高负荷、高压力”的境地。

上述背景反映了中国韧性社区建设的现实需求，其形势十分紧迫。因此，城市社区运用韧性理念进行减灾能力建设，可进一步整合社区减灾资源，提升社区减灾能力。

（二）我国城市韧性社区建设的价值

“韧性”理念下的城市社区减灾以发挥社区自身能动性为原则，通过优化社区减灾空间、完善社区减灾治理、增强居民减灾意识、增强外部支撑力量等方面措施完善社区减灾建设，从而增强社区自身应对灾害的能力。对于中国而言，韧性社区的建设具有以下两个方面的价值。

1. 社区是韧性城市建设的战略支点

在城市体量不断增大、多种矛盾交织的治理背景下，城市随时可能面临自然灾害、重大事故、社会风险、重大政策变迁等冲击，城市全周期风险防控的每个措施都要通过社区落地，社区成为应对社会风险的“一线阵地”、建设发展韧性城市的战略支点。韧性社区是我国社区建设、城市发展的必然趋势。

国家积极推动社区韧性建设，有助于分担政府在灾害治理中的责任与压力，不断增强城市防灾减灾能力以及城市系统的整体韧性。基于中国国情，社区减灾存在“行政”色彩，社会动员、居民组织能力不足，城市基层灾害治理的能力仍然薄弱。相较单一领域的风险应对，韧性社区规划更强调综合性和能动性，是以社区共同行动为基础，能够连接内外资源、有效抵御灾害与风险，并从有害影响中恢复，保持可持续发展的能动社区。具体而言，韧性社区具有主体韧性（社区成员应对风险的能动性）、制度韧性（应急管理体系）、过程韧性（弹性的规划工具，提升社区应急决策、公共资源使用的灵活性）和能力韧性（社区共同体的学习与适应）等综合指向，能够推动社区中的个人或组织通过制度化或非制度化的调适来适应风险的复杂性和不确定性。

近年来，城市安全管理越来越强调社区的共同行动和资源互动。因此，引入韧性社区的治理思维，将使社区以更加主动的姿态投入风险控制和灾害准备中，通过持续的学习和转化，社区将在预防和革新中达到新的均衡，推动韧性城市的提质升级。从社区减灾防灾到韧性社区规划，将实现社区应对风险类型从单一自然灾害到多元系统风险的拓展，应对方式从被动适应到主动预防的转变，促进了从单项社区管理目标到综合社区治理的系统转型[①]。

---

① 钟晓华:《纽约的韧性社区规划实践及若干讨论》,《国际城市规划》2021 年第 6 期。

2. 提供全球灾害治理的中国经验

灾害治理是各国政府的共同责任，风险全球化构建了防灾减灾救灾的人类命运共同体。人类社会面临灾害频发的共同挑战，对各国的公共治理能力提出很高要求。有效减轻灾害风险，实现人与自然和谐共处，需要国际社会共同努力，也需要各个国家总结、分享与交流先进的灾害治理经验，实现全球性的灾害治理合作。

相对于发达国家的经验而言，中国的社区减灾工作具有特殊性。在中国，坚持中国共产党的领导，发挥社会主义制度的优越性，是中国做好防灾减灾救灾工作的根本保证。长期以来，中国政府坚持人民至上的理念，特别是党的十八大以来，习近平总书记就做好防灾减灾工作提出一系列新理念新思路新论断，为新时代中国“以人为本、生命至上”的防灾减灾事业指明了前进方向。近年来，中国政府开展了一系列防灾减灾救灾工作，取得了一定成效。根据《2020 年全球自然灾害评估报告》，2020 年，中国自然灾害死亡人口在全球处于较低水平，直接经济损失占比处于全球中等偏上位置，基本匹配经济发展水平。因此，中国的灾害治理经验有助于推进全球灾害治理。中国在学习借鉴国际先进减灾理念与实践的基础上，加速韧性社区的建设，分享和传播中国防灾减灾经验，向全球输送中国灾害治理经验，对于提升人类社会应对灾害能力和水平，开创国际防灾减灾救灾新局面，进一步提升全球抵御灾害的综合防范能力具有重要意义。并且，中国韧性社区建设的成功经验也有助于为其他发展中国家提供可供参考的韧性社区建设范式。

二、我国城市韧性社区建设的政策环境

在 2006 年以后，中国的社区减灾工作被提升到国家政策的高度。在实践

历程中，指导政策日趋完善，政策遵循理念由单一防灾减灾建设转向整体韧性建设。

（一）我国韧性社区建设的中央政策演变（见表 4-1）

“十一五”期间，社区防灾减灾工作被确定为我国防灾体系建设的重要组成部分。2006 年，国务院印发《国务院关于加强和改进社区服务工作的意见》，明确将社区定位为中国减灾防灾救灾体系建设的重要方向，社区减灾首次得到了政策层面的认同。经过不断地试点与推进“减灾进社区”活动，2007 年 8 月，国务院发布《国家综合减灾“十一五”规划》，首次提出开展“综合减灾示范社区”创建活动，要求于“十一五”期间建立 1000 个综合减灾示范社区。2007 年 9 月，民政部下发《民政部关于印发“减灾示范社区”标准的通知》，提出创建示范社区的基本条件和主要内容，标志着该工作在中国各省份正式推行。国家减灾委员会于 2010 年对原“减灾示范社区”标准进行修订完善，制定了《全国综合减灾示范社区标准》，强调培育城乡社区居民防灾减灾意识和避灾自救能力。

“十二五”期间，我国持续推进基层防灾减灾机制建设。国务院办公厅于 2011 年发布《国家综合防灾减灾规划（2011—2015 年）》，提出扶持基层社区建立防灾减灾志愿者队伍，健全城乡基层防灾减灾体制机制，完善乡镇、街道自然灾害应急预案并适时组织演练、加强预警信息发布能力建设等要求。同年，国家减灾委员会发布《国家减灾委员会关于加强城乡社区综合减灾工作的指导意见》，提出 5 年内在全国范围内建成 5000 个以上“全国综合减灾示范社区”的目标。

“十三五”期间，社区防灾减灾机制进一步完善。国务院办公厅于 2016 年发布《国家综合防灾减灾规划（2016—2020 年）》，提出编制社区灾害风险图，开展全国综合减灾示范县（市、区）创建试点工作，推动制定家庭防灾、减灾、救灾与应急物资储备指南和标准，鼓励和支持以家庭为单元储备灾害应急物品等新要求。同年发布的《中共中央 国务院关于推进防灾减灾救灾体制机制改革的意见》进一步提出深入创建综合减灾示范社区，要求定期开展社区防灾减灾宣传教育活动、组织居民开展应急救护技能培训和逃生避险演练、增强风险防范意识，提升公众应急避险和自救互救技能。2018 年初，中共中央办公厅、国务院办公厅印发《关于推进城市安全发展的意见》，要求统筹城市安全建设，争取在 2035 年形成系统性、现代化的城市安全保障体系。

“十四五”期间，韧性概念被首次提出，并被纳入国家战略规划。要坚持以人民为中心的发展思想，坚持从社会全面进步和人的全面发展出发，在生态文明思想和总体国家安全观指导下制定城市发展规划，打造宜居城市、韧性城市、智能城市，建立高质量的城市生态系统和安全系统。2020 年，党的十九届五中全会审议通过的《中共中央关于制定国民经济和社会发展第十四个五年规划和二〇三五年远景目标的建议》，提出要建设宜居、创新、智慧、绿色、人文、韧性城市。首次在国家战略层面提出建设韧性城市。

表4–1　我国韧性社区建设的中央政策演变

时间	政策名称	主要内容
2006年	《国务院关于加强和改进社区服务工作的意见》	明确将社区定位为中国减灾防灾救灾体系建设的重要方向
2007年	《国家综合减灾“十一五”规划》	首次提出开展“综合减灾示范社区”创建活动，要求于“十一五”期间建立1000个综合减灾示范社区
2007年	《民政部关于印发“减灾示范社区”标准的通知》	提出创建示范社区的基本条件和主要内容
2010年	《全国综合减灾示范社区标准》	强调培育城乡社区居民防灾减灾意识和避灾自救能力
2011年	《国家综合防灾减灾规划（2011—2015年）》	提出扶持基层社区建立防灾减灾志愿者队伍，健全城乡基层防灾减灾体制机制

续表

时间	政策名称	主要内容
2011年	《国家减灾委员会关于加强城乡社区综合减灾工作的指导意见》	提出5年内在全国范围内建成5000个以上“全国综合减灾示范社区”的目标
2016年	《国家综合防灾减灾规划（2016—2020年）》	提出编制社区灾害风险图，开展全国综合减灾示范县（市、区）创建试点工作，推动制定家庭防灾、减灾、救灾与应急物资储备指南和标准，鼓励和支持以家庭为单元储备灾害应急物品等新要求
2016年	《中共中央 国务院关于推进防灾减灾救灾体制机制改革的意见》	深入创建综合减灾示范社区，定期开展社区防灾减灾宣传教育活动、组织居民开展应急救护技能培训和逃生避险演练，增强风险防范意识，提升公众应急避险和自救互救技能
2018年	《关于推进城市安全发展的意见》	要求统筹城市安全建设，争取在2035年形成系统性、现代化的城市安全保障体系
2020年	《中共中央关于制定国民经济和社会发展第十四个五年规划和二〇三五年远景目标的建议》	提出要建设宜居、创新、智慧、绿色、人文、韧性城市

资料来源：作者自制。

（二）我国韧性社区建设的地方政策概览（见表 4-2）

在韧性城市建设被写入“十四五”规划之前，部分城市已经开始韧性建设的探索。2011 年成都市市长会议提出“让城市更有韧性十项标准的宣言”，是该领域最早的实践之一。随后，上海市于 2016 年发布《上海市城市总体规划（2016—2040）》，将韧性纳入城市规划的审批内容。2018 年 1 月发布的《上海市城市总体规划（2017—2035 年）》则提出建设可持续的韧性生态之城，要求有效应对全球气候变化、全面提升生态品质、显著改善环境质量、完善城市安全保障。广州市于 2019 年出台《广州市国土空间总体规划（2018—2035 年）》，提出建设安全韧性城市，健全地质灾害防治体系，强化地质成果支撑服务城乡规划建设，全面具备抵御不低于 6 级地震灾害能力，优化用水结构，严控用水总量，优化能源结构，稳步推进海绵城市建设。北京市于 2017 年发布的《北京城市总体规划（2016年—2035年）》提出加强城市防灾减灾能力，提高城市韧性，具体要求构建城市防灾空间格局、构建京津冀广域防灾体系、建设统一的灾害风险评估和监测预警体系、加强灾害易损点段管理。

在“十四五”规划出台之后，各地加快出台韧性城市建设的政策。如安徽省2021年的政府工作报告提出建设海绵城市、韧性城市，推进城市大脑建设，提高城市治理管理现代化水平。同年，安徽省住房和城乡建设厅印发《2021年全省城市建设工作要点》，提出要推进城市安全韧性建设，保障城市高效运行，要求设立包括水域流动、天气变化、基础设施、人群集聚在内的城市运行数据系统、完整的城市运行系统模拟平台。成都市于2020年12月31日发布《中共成都市委关于制定成都市国民经济和社会发展第十四个五年规划和二〇三五年远景目标的建议》，其中专章提出提升城市智慧韧性安全水平，推动超大城市治理体系和治理能力现代化；坚决贯彻总体国家安全观，树立全周期管理意识，把安全发展贯穿城市发展各领域和全过程，努力走出一条符合超大城市特点和规律的治理新路。2021年7月23日，成都市委十三届九次全会审议通过的《中共成都市委关于高质量建设践行新发展理念的公园城市示范区高水平创造新时代幸福美好生活的决定》全文发布，提出建设以安全为新特质的公园城市，努力构筑智慧韧性有序的平安家园。此外，北京市于2021年11月出台《关于加快推进韧性城市建设的指导意见》，计划到2025年建成50个韧性社区、韧性街区或韧性项目。

表4-2　我国韧性社区建设的地方政策概览

地区	时间	政策文件	主要内容
上海市	2016年	《上海市城市总体规划（2016—2040）》	将韧性纳入城市规划的审批内容
	2018年	《上海市城市总体规划（2017—2035年）》	提出建设可持续的韧性生态之城

续表

地区	时间	政策文件	主要内容
广州市	2019年	《广州市国土空间总体规划（2018—2035年）》	建设安全韧性城市
北京市	2017年	《北京城市总体规划（2016—2035年）》	加强城市防灾减灾能力，提高城市韧性
	2021年	《关于加快推进韧性城市建设的指导意见》	计划到2025年建成50个韧性社区、韧性街区或韧性项目
成都市	2020年	《中共成都市委关于制定成都市国民经济和社会发展第十四个五年规划和二〇三五年远景目标的建议》	提升城市智慧韧性安全水平，推动超大城市治理体系和治理能力现代化
	2021年	《中共成都市委关于高质量建设践行新发展理念的公园城市示范区高水平创造新时代幸福美好生活的决定》	建设以安全为新特质的公园城市，努力构筑智慧韧性有序的平安家园
安徽省	2021年	政府工作报告	建设海绵城市、韧性城市，推进城市大脑建设，提高城市治理管理现代化水平
	2021年	《2021年全省城市建设工作要点》	推进城市安全韧性建设，保障城市高效运行

资料来源：作者自制。

三、我国城市社区的“脆弱性”调查

结合多次问卷调查、大数据收集的分析结果，本部分从空间、组织、社会3个方面剖析我国城市社区面临的风险脆弱性。

（一）我国城市社区的“空间脆弱性”

其一，规模扩张与人口集聚导致城市社区各类风险频发。20世纪90年代以来，我国大中城市陆续出现一批超大型社区，这些社区往往在面积上超过20公顷，居住人口超过3万人，据不完全统计，全国居住在超大型社区的人口达8000万人左右。有限空间内的大量人口集聚导致社区居住空间立体化、拥挤化。一方面，社区空间的立体化表现为楼栋高度不断拔高，在导致容积率高、楼间距小等问题的同时，也导致居民日常出行对电梯的依赖，根据2018年以来在全国开展的调查显示，35.3%的社区居民表示自己曾遭遇过电梯事故。另一方面，社区空间拥堵化带来的风险主要表现为公共资源、服务的紧缺，如停车位不足、休憩娱乐场所不足等，同时也表现为日常生活中的“摩擦”，如盗窃、交通事故、打架斗殴等。据调查，社区居民住处遭遇偷盗的比例达到16.9%，遭遇交通事故（包括撞人或被撞、剐蹭）的比例达到16.6%，在小区内受到威胁和打架（含物业、邻居等）的居民比例达到10.9%（见图4–1）。

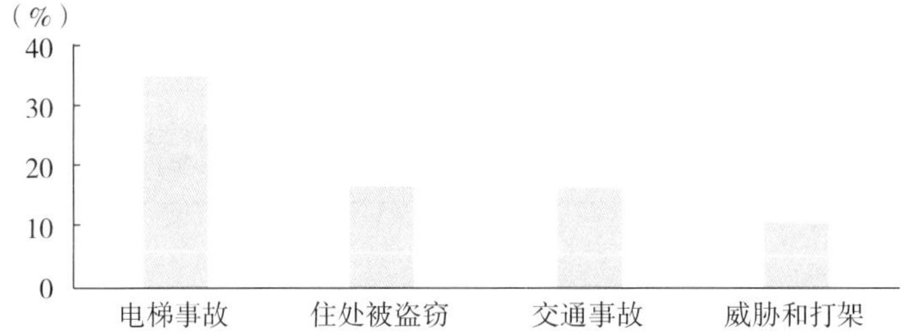

图4–1　社区居民遭遇安全风险情况

资料来源：作者根据自2018年以来在全国开展的问卷调查结果整理所得。

其二，城市社区硬件设施风险突出。住房商品化改革已经超过30年，全国住宅小区的硬件设施存在普遍的安全隐患风险。对2019—2021年全国小区安全事件的大数据分析发现，小区内有52%的事件为硬件设施故障，具体包括电梯事故、爆炸火灾、坍塌下陷、漏电触电等事件（见图4–2）。并且，小区硬件设施的隐患在自然灾害中更是放大了社区脆弱性，例如，我们对郑州“7·20”

特大暴雨灾害的大数据分析发现，7.30% 的信息集中在反映小区居民的车辆因排水设施老化，被淹没于小区道路以及车库。

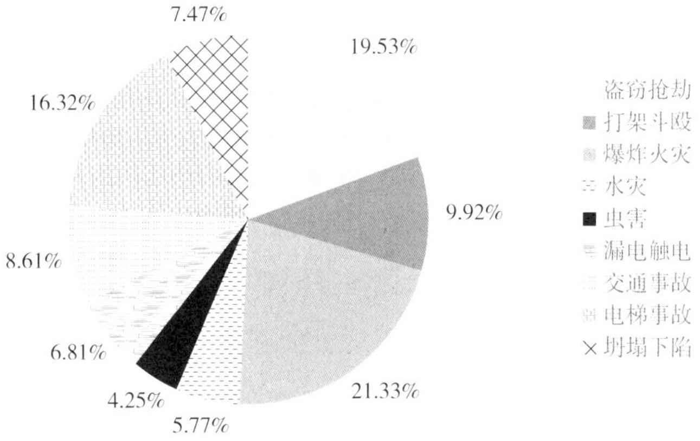

图 4-2　2019—2021 年全国小区安全事件类型图

资料来源：作者根据相关新闻整理所得。

（二）我国城市社区的“组织脆弱性”

其一，我国城市小区应急管理组织力量不足。随着社区规模的不断扩张，社区居委会普遍处于超负荷工作状态。根据我们开展的社区防疫调查显示，基层社区面临上级部门的多重压力，社区要完成日常管理工作与防疫工作，每日还需处理表格填写任务，94.7% 的受访者表示要向上级部门上报疫情信息，其中，63.2% 的受访者表示需上报 3 个部门以上，社区工作人员还要应对上级多个部门的暗访、督查、巡查，正常防疫秩序被打乱。此外，社区人手不够，工作压力极大。

其二，我国城市小区应急管理机制建设不足。基于 7358 份有效问卷以及大数据分析发现，社区的应急管理机制存在较多短板。首先，社区缺乏处置突发事件的应急预案，42.53% 的受访者表示社区无应急预案，有的社区尽管制定了应急预案，但大多照搬上级政策文件，忽视本地差异与实际情况。其次，社区应急队伍培育不足，社区工作者缺乏应急知识与风险识别、管控和事后救治的能力。再次，社区防灾应急物资储备有限。最后，居民对社区的风险隐患知晓度不高，自救、互救的知识不足。

（三）我国城市社区的“社会脆弱性”

其一，小区物业纠纷问题已经成为普遍的社会风险。笔者在全国 9 个城市针对物业管理情况的调查显示，85.4% 的业主遭遇过各种物业纠纷。2021 年的物业服务报告调查显示，91.31% 的受访者都想换掉自家的物业公司。此外，投诉物业已经成为基层的主要投诉事项，2021 年 1—5 月，北京市涉及小区物业管理的“接诉即办”案件数量上升至 24 万多件，平均每天 650 多件。2018 年上海市浦东新区的一次调查统计，12345 市民服务热线投诉的工单近七成来自小区物业管理问题。基于成都市蹲点调研的报告显示，基层反映的小区治理问题中，有 21.46% 的人是物业公司履约投诉。

其二，社区的居民组织能力不足。针对 2020 年天津疫情防控的调查结果显示，首先，居民力量有限参与。部分社区缺乏“线上 + 线下”群众抗疫的平台，没有专门组建以小区或楼栋为单位的微信工作群，不少社区工作者试图加入居民微信群，但居民接受度低、效果不佳。其次，社区未有效组织、整合居民骨干，仅有 5.97% 的居民参与了社区防疫，也未能充分发挥社会组织的专业性。大多社区依靠工作人员和上级下派干部。甚至有社区工作者反映，大部分下沉干部缺乏群众工作经验，定位不清，与基层干部对接不畅，作用有限且徒增基层负担。最后，居民对社区的风险隐患知晓度不高，自救、互救的知识不足。

其三，城市社区风险治理的社会动员能力不足。首先，部分社区难以将常态化下活跃的自组织转化成疫情防控的有力参与主体。其次，社区在使用市场机制方面也很薄弱。问卷调查显示，社区调动市场参与的得分均值仅为 1.35 分

（最大值为 2 分）。最后，社区面临薄弱的社会组织力量，一些社会组织缺乏必要的引导和制约，导致基层治理出现“社会失灵”的现象，社区多中心风险治理网络难以构建。

四、我国城市韧性社区建设的困境

面对我国城市社区的脆弱性问题，我国开展了一批城市韧性社区建设活动。但是，多年的实践经验表明，韧性社区营造存在多方面的困境与问题。

（一）韧性社区建设的专项财政支持力度弱

韧性社区建设面临有政策倡导但专项财政支持力度弱的困境。相关建设项目呈现多线并进的局面，其牵线部门既包含民政局，也包含应急管理局、公安局等单位。这些牵线部门与社区之间的合作关系通常由“共同责任”来界定，专有事权划分不明确，例如社区与职能部门之间如何进行社区调研、举办安全宣传活动等。在财力缺乏的地区，牵线部门无力或不想履行某些职能时，出现“职能外溢”现象，职能部门、基层政府将任务下压至社区，但是又缺乏必要的人力、财力资源。

部分地区韧性社区建设以社区募集为主要资金来源，但社区发展差异、权责义务不对等导致募资缺乏可持续性。首先，部分地区职能部门以及基层政府的财政收入无力承担其辖区内韧性社区的建设任务，以某西部副省级城市主城区为例，该区民政局 2020 年获得灾害防治以及应急管理方面拨款仅 10 万元，占当年公共预算的 0.14%，但辖区有 110 个社区以及 2368 个院落。其次，在专项资金缺乏的情形下，面临上级考核以及评优示范等绩效压力，社区往往通过募集或成立社区基金等方式，获取韧性社区建设资源，如部分地区在相关文件中强调鼓励引导社会资金投向社区服务领域，成立“社区基金（会）”，为社区治理和发展提供源头活水，动员更多社区资源和力量参与社区服务。但是，不同地区商贸发展状况、社会资本水平等方面存在差异，社区可获取的资源存量不同，并且由于行政力量过于强势，社区与公益捐赠者之间权利义务不对等，“公益捐赠”演变为“筹集工作经费”，公私合作缺乏可持续性。专项资金保障不足是目前韧性社区建设的主要问题。

（二）社区韧性治理体系与社区韧性理念不连贯

社区韧性治理体系缺乏整体性。首先，城市社区应急资源“孤岛化”。《国家突发公共事件总体应急预案》将应急资源分为人力资源、财力保障、基本生活保障、医疗卫生保障、交通运输保障、通信保障、公共设施等多个方面。不同类型的应急资源分属不同职能部门管理，社区层面保有的应急资源储备有限，通常仅包括监控录像、消防安全设施等，在公共事件发生后，应急资源需要跨部门统筹调动。但是，资源调动的层级审批流程烦琐、需求沟通机制缺乏，社区的应急物资使用需求无法得到迅速响应，往往导致应急失灵。另外，跨区域协同不足，面对外溢性风险时，不同社区、组织各自为政，缺乏沟通与协作，如经营场所防疫扫码由市场监管局与街道、社区共同监管，但在实际过程中往往无人监管。

其次，社区韧性建设缺乏长效性。社区韧性建设通常是阶段性工作，普遍存在“灾停即止”现象，缺乏灾后的学习、反思、吸纳程序。社区虽动用了大力气应对突发公共事件，但一旦危机解除，社区又恢复到原本的治理状态。既有的韧性社区建设工作通常由社区遵循政策文本完成指标，接受上级减灾部门的核查、检验，该工作逐渐呈现行政化特征。

（三）韧性社区建设重硬件建设轻软件建设

目前韧性社区建设主要聚焦于物理领域。基础设施改造通常为韧性社区建设的第一步。根据各地出台的政策文件，与韧性社区相关的规划布局主要集中于水电等基础设施方面，如北京市出台的《关于加快推进韧性城市建设的指导意见》，着重从避难空间建设、建筑防灾性能、城市生命线、灾害防御工程等方面提升城市的空间韧性以及工程韧性。

对心理韧性的培育缺乏重视。通常而言，受灾群体的心理恢复对灾后重建工作的开展具有重要影响。但是，我国城市化进程中产生的“陌生人社区”导致了居民社区归属感水平低、邻里信任程度不足等问题。社会资本、社区认同等心理韧性的不足加剧了居民的危机恐慌感，根据笔者在疫情防控期间发放的问卷结果来看，23% 的受访者表现出对本社区的疫情防控情况的担忧。焦虑、不安的情绪往往是谣言产生的心理基础，导致舆情等次生风险的产生。但是，就目前各地出台的韧性社区建设文件来看，少有地区重视社区社会资本的培育。

（四）韧性社区实践行政主导大于社会参与

韧性社区建设过度依赖行政力量。其一，项目建设主要依靠职能部门推动，如民政部门的防灾减灾示范社区，政法综治部门的安全社区、平安社区等建设。但是，不同部门的任务、要求、标准不同，没有形成“一盘棋”统筹推进。数量繁多的项目创建活动徒增基层工作负担，具体工作往往落实不到位，相关工作停留于纸质表格、申报材料上。其二，社会力量参与面临“两难困境”。一方面，社区异质化导致社会资本缺乏，居民、社会组织难以采取集体行动，主动参与相关的创建活动；另一方面，行政力量主导下的“政府在场”，形成政社关系权责不对等的局面，进一步削弱社会力量参与的积极性。例如，一些社区与部分商家签订合同，要求在突发事件发生时，征用其经营场地作为应急避难场所并给予一定补偿，但是，事后补偿的标准、程序等却没有说明，因此商家在合作过程中往往缺乏积极性。

（五）社区专业性落后于韧性社区技术建设

对数字技术认识不足，导致韧性建设中的技术治理“悬浮化”。近年来，不少地区引入数字技术来推动韧性社区建设。但是，对数字技术的认识不足往往导致治理技术“悬浮化”的困境，例如数字应用仅仅停留在初级应用层面，无法完成具有强技术性、高替代性的任务，也无法在社区层面实现信息资源的整合以及组织关系的连接。因此，新技术的引入非但没有赋能社区的韧性治理，反而在一定程度上加大社区工作人员的工作负担。在有限精力以及指标压力下，社区工作人员往往选择策略性应对，如自己先制造风险隐患，再将其上传，以此来完成当日指标。

社区应急演练形式化严重，缺乏专业指导。其一，演练内容千篇一律。社区演练项目主要有防汛、防震、防火等，演练内容基本为指挥和救援，一年1～3次，参与者数量不多，一般10～20人，多数是社区工作人员、民兵、志愿者，居民参与人数有限。其二，演练过程形式化，大多数社区的应急演练提前设置好情节，再安排相关人员完成整个流程，缺乏对社区安全隐患、合理逃生路线的考量。其三，演练专业性不足，社区工作人员应急管理方面的素质相对薄弱。由于普遍缺乏应对各种灾害的专业知识和手段，社区在进行演练设计时存在不规范、不科学现象，自行组织的应急培训知识都来自网上，准确性不高。

（六）韧性社区建设缺乏顶层设计

目前我国缺乏国家战略层面的韧性社区建设议程。作为城市治理基础单元的社区，在韧性建设方面却缺乏国家层面的政策支持。这导致地方政策忽视了社区层面的韧性建设，社区工作人员也对韧性社区的重要性认识不足。根据笔者的访谈，部分社区工作者认为，单个社区或多个社区韧性建设投入不大，防灾减灾工作仍需从城市整体进行布局。这反映了地方政府、基层单位对韧性城市、韧性社区两者缺乏必要的区分。实际上，韧性城市更关注城市的物理韧性、组织韧性构建，在社区层面、社会心理层面的韧性培育是一个重要环节，即重视政府培育、社区赋权在社会资本营造中具有关键作用。

韧性社区建设缺乏合理的政策指标与评估体系。由于缺乏国家层面的政策支持，目前地方的韧性社区建设主要处于“摸着石头过河”阶段，韧性社区建设标准不统一，评估体系不健全。从相关政策文本来看，不同地区的韧性社区标准各异。建设标准的缺失也导致评估体系的不健全，进而对韧性社区建设形成激励错配。例如，有的社区为了更快速、低成本地达到分数要求，会选择投入成本较小的工作，这导致部分社区自评虽然达标，但社区灾害治理能力没有很好地改善。另外，有的指标设计脱离了社区工作的实际情况，例如，有的地区要求社区组织的培训、演练等活动参与率达到85%，但实际工作中，很多社区减灾活动的参与者多以老人、小孩为主，中青年人难以参与到日常的社区活动中，难以达到政策规定的要求。

五、我国城市韧性社区建设的实践探索

整体上看，我国城市韧性社区建设处于转型阶段。本部分在总结综合减灾示范社区实践经验的基础上，介绍珠海市、张家港市、成都市、杭州市的相关实践经验。

（一）综合减灾示范社区的实践评估

1. 部门整合，推动综合管理

在综合减灾示范社区的管理机制方面，经历了单部门管理向综合管理的转变。2005年国家减灾委成立，将社区减灾任务主要交由民政部层层下沉，综合减灾社区的创建工作主要由民政部管理，每一层级的减灾办都设立在民政部门

内，该层级减灾委员会主任通常是同级政府的领导。党的十八大以后，国务院于 2016 年 12 月发布《中共中央 国务院关于推进防灾减灾救灾体制机制改革的意见》，提出要加强减灾资源和力量统筹，深入创建综合减灾示范社区。随即，2018 年 3 月中共中央印发《深化党和国家机构改革方案》，明确提出将以前的“单灾种”“各自为政”的管理部门的职责整合，组建应急管理部门，社区减灾工作从民政部转移至更具综合性、协调性的部门管理。这反映了中国综合减灾社区的相关工作将更具有专业性、综合性与协调性。

2. 央地合力，调动社区积极性

中国综合减灾示范社区政策的规划与实施是自上而下的。首先，国家减灾委制定宏观规划，每 5 年提出一个创建全国减灾示范社区数量的总目标，民政部将相关的资金分配到每个省份，并联合中国地震局与中国气象局对各省份的社区减灾工作进行组织和指导。其次，各省、市、县的减灾办公室将逐级制定各自的规划和目标，带动社区参与到减灾工作中。例如，为了扩大管辖区域的社区减灾工作的普及范围，有的省级政府出台了省级综合减灾示范社区的政策，并将这一部分创建成功的社区作为国家级综合减灾示范社区的预备队伍，由政府从中推荐社区申报成为国家级综合减灾示范社区。在政策层层下沉的过程中，地方政府主要负责政策的落实。自上而下的、刚性的数量目标表明，政策制定者期望通过增加示范社区的数量来提高各社区对减灾工作的重视度与参与积极性，从而整体提高城市社区的防灾减灾能力。

3. 标准统一，规范申报流程

国家每年进行一次综合减灾示范社区的命名。按政策规范要求，有意愿申请国家综合减灾示范社区称号的社区应当根据标准对社区的减灾工作进行系统的准备，以符合政策对综合减灾示范社区的标准要求，同时，根据标准对本社区进行自评。标准包含 10 个维度以及 71 个具体的指标，涵盖了对社区组织能力、风险意识、社会参与、脆弱性、应急反应能力、社区资源、学习能力和创新能力的评估。政策制定者根据他们理解的每个指标对社区减灾工作的重要程度，对指标赋权。社区减灾工作基于标准开展，如果社区满足9个基本条件，且对标准的指标执行自评分数超过80分，则可以在线填报申请表，向县级减灾办公室提出申请。该申报社区将逐级由县级、市级、省级和国家减灾办公室核查与验收，通过验收的社区将由国家减灾委确定与公示名单，为期15天的公示期无异议，国家减灾委将为新的国家综合减灾示范社区授权与颁奖。

（二）珠海市吉大街道：专业规划布局韧性社区

1. 引入规划师制

根据《珠海市香洲区吉大片区未来韧性社区建设规划（2025年）》，珠海市香洲区计划在2025年前推动17个社区的韧性建设。在借鉴北京、上海社区规划师的优秀案例后，珠海创新引入社区规划师制度，结合韧性社区工作计划，以社区行政区划为基础，划分社区规划师责任片区，明确社区规划师的主要任务和职责分工，辅导居民参与社区建设和管理，更好地推进韧性社区行动方案落地。

2. 社区“韧性体检”

规划师在1年时间里，对吉大街道下辖的17个社区进行“韧性体检”。通过现场调研、社区走访和与街道办事处、物业公司、居民代表开展座谈，利用移动大数据分析，全面摸查吉大街道各社区人口、社会经济、公共设施配置、社区治理现状，从日常维度和应急维度分别对吉大街道片区设施配置、管理服务水平进行评估。例如，在日常生活设施方面，按照吉大街道现状，初中仍存在设施缺口，按照单个设施服务承载，部分幼儿园、小学、初中和社区广场存在超负荷情况，从韧性的角度还需进一步完善设施配置。在安全应急方面，吉大街道有一处特勤消防中队，接警5分钟可达整个吉大片区任何地点，但部分社区的应急避难场所较少，存在应急避难场所空间、物资保障设施分布不均的问题。

（三）张家港市：安全文化建构韧性社区

1. 政府主导安全文化创建

政府主导，打造社区制度韧性。张家港市应急管理局积极谋篇布局，统筹推进社区整体安全水平提升，推动韧性社区建设纳入安全文化示范社区建设，并融入安全发展示范城市总体规划。成立社区安全督导组，指导督促基层社区成立社区安全宣传工作机构，建立健全社区安全文化建设相关工作制度，开展社区安全文化创建活动。同时结合社区综合治理及网格化管理工作，实现社区网格化覆盖率 100%，提升社区安全治理的制度保障。

2. 多元参与安全文化塑造

多元参与，打造社区韧性。在深入开展安全宣传进社区活动的同时，张家港市应急管理局通过政策鼓励，吸收和引导社区多元化力量参与社区安全韧性建设，积极动员社区内物业单位、社会团体、志愿服务团队等共同参与社区安全建设。同时，鼓励并支持社区创建全国综合减灾示范社区，通过示范引领、榜样带头作用，不断提升社区自我管理、自我救助综合能力，打造邻里守望、互相扶持的社区安全治理共同体。

3. 自治互助安全意识培养

自治互助，打造社区个体韧性。张家港市应急管理局以提升社区居民应急避险和自救互救能力为出发点，围绕生产安全、消防安全、防灾减灾、交通安全、居家安全等内容，组织志愿服务队开展社区安全建设赋能公益行动。2020 年，全市组织开展“安全宣传进社区”活动 400 余场，发放宣传资料 40000 余份，设置宣传横幅 1700 余条，张贴宣传海报 13000 余份，覆盖了全市 9 个区镇，200 多个社区，引导社区居民安全理念实现从“要我安全”到“我要安全”的根本转变。

4. 平台促进安全文化教育

共建共享，打造社区环境韧性。张家港市应急管理局以创促建，统筹打造了如云盘社区消防安全体验馆、汤联社区综合减灾教育馆、金都社区应急科普教育馆等一批社区安全场馆，补齐了基层安全教育的设施短板，并依托社区原有的微型消防站，完善社区应急物资配备。此外，还积极协调相关职能部门，共同派出专业力量，协助社区开展人防设施、应急疏散点位设置等专项检查，提升基层社区安全环境。

（四）成都市金牛区：多元参与构筑韧性社区

1. 项目引领科学规划

金牛区人民政府将韧性社区建设纳入本区“百千万”工程，并通过多方论证，选择试点社区。金牛区为提升社区治理效能，创新社区治理模式，于 2017 年推出社区发展治理“百千万”工程，即在 2017—2020 年评选 100 个治理示范院落、建设 1000 支示范院落骨干队伍、实施 10000 个群众参与的院落“微治理”示范项目。2020 年，韧性社区建设项目入选院落“微治理”示范项目。为了确保项目施行兼具效用性与科学性，在项目筹划阶段，金牛区民政局联同成都市大同社会工作服务中心、四川大学公共管理学院韧性社区研究团队进行项目协商与讨论，并基于对相关文献梳理、专家论证与实地考察，确定了以行动研究为理论支持，以诊断、行动规划、服务介入、评估、经验总结与推广为实施框架的韧性社区创建策略，并选择金牛区九里堤街道北路社区和西华街道府河新居社区为试点。

2. 资源整合组织协同

社区资源整合、组织力量协同是金牛区韧性社区建设的关键所在。在项目开展早期，项目团队需要把脉社区韧性现状，因此对试点社区的亲密程度、拥有资源、发展潜力、灾难管理、信息沟通5个维度进行社区韧性的基线调查，但调研过程极易出现居民信任度低、社区工作人员不配合等困境。因此，试点社区整合多方力量，组建了“社区两委 + 网格员 + 居民小组长 + 社工 + 志愿者”的调研团队，发挥了社区“两委”的统筹优势，网格员、居民小组长的动员优势，社工的专业优势以及志愿者团队的在地优势，实现多方联动、协调配合，有效地保障了调研工作的推进。此外，在项目推进阶段，两个试点社区组建社区行动联盟，整合社区“两委”、辖区社会组织、院落党支部、商家企业、医疗机构、高校等多方力量，建立联席会议等协作机制，推动行动联盟成员单位间的互动交流，制作联盟行动手册，规范各方责任义务，颁发证书、进行宣誓，构筑社区协作文化，多方面推进力量整合。

（五）杭州市未来社区：技术赋能韧性社区建设

1. 大数据技术实现精细化管理

基于既有数字化基础，杭州市积极推动未来社区智慧服务平台与城市大脑联通，实现信息归集，推动精细化管理。根据浙江省2019年发布的《浙江省未来社区建设试点工作方案》要求，未来社区需建成“1+N”社区数字系统构架，即统一的社区数字系统以及多个场景应用板块。社区数字系统与城市大脑联通，接入社区居民基础信息、网格化管理、计划生育、综合治疗等数据，同时归集高清摄像头、人脸识别系统等物联设备数据，既实现对社区日常动态的精准监测，又能在突发事件发生时，有效调动资源，迅速进行处理。例如，部分未来社区建成的“健康大脑”应用系统，为社区老年居民建立健康档案，连接智能手环、智能床垫等物联设备数据，对居民健康突发情况进行监测，并派遣家庭医生进行及时应对，守护老年居民身体健康。

2. 治理机制创新提升管理效能

在引入新技术的同时，杭州市也在积极推动治理机制创新。在政府工作机制方面，推进“小脑＋手脚”基层治理模式，以街道社会治理综合指挥中心为中轴，综合数据处理、任务指派、流转督办、绩效评估等功能，对辖区内政法部门联合执法队伍以及综管队员进行统筹调度，提升对社会安全事件的应急处理能力。在居民参与机制方面，创建服务积分机制，通过“服务换积分”的方式，鼓励居民在应急管理过程中为社区提供共享化的公益服务或者有偿的低价服务，提升居民自助能力。

六、加快我国城市韧性社区建设的政策建议

韧性理念对于我国城市社区防灾减灾建设有重要的启发意义。一系列重大突发公共安全事件的发生暴露了社区灾害治理的短板和不足，在全面建成小康社会的基础上，有必要将韧性社区建设纳入国家治理现代化发展的战略中，充分发挥中国应急管理体制机制优势，注重基础设施、安全文化、制度层次的构建，依靠科技力量、积极推进相关立法、鼓励社会广泛参与、加强人才队伍培养。

（一）发挥党建引领社区韧性建设的组织优势

党组织是基层治理的核心力量，为建设韧性社区共建共治共享的共同体起到标杆示范作用，是建设韧性社区的重要保障。因此，加快韧性社区建设需要加强并创新党建引领下的社区组织韧性。

其一，在社区形成以党组织为核心、其他各类组织相互配合的良性组织结构。基层党组织要做好社区治理中的“主心骨”，引领社区优化组织网络。一方面，基层党组织和工作应有效覆盖到各类社区组织，构建起基层党组织领导下的业委会、物业公司协调联动机制；另一方面，基层党组织要积极协调居委会与居民自治组织之间的沟通交流、责任划分等，形成各类组织之间的合力。此

外，基层党建要支持社区整合各类组织资源，打破相互封闭的运行状态，推动区域内组织结构向科学化、规范化发展。

其二，社区要充分将党组织的“神经末梢”向小区延伸。小区党支部具有自治共治的天然基础，在小区内搭建“小区党支部—楼栋党小组—党员中心户”的组织架构，实现社区党组织的全面覆盖，有助于激发居民主体在韧性社区的责任感、认同感和使命感。小区党支部应积极链接各类公共资源，在小区开展各类服务活动、救助工作，使人们感受到党组织的关心、关爱、关怀，增强小区凝聚力及向心力，帮助居民回归“熟人社会”，从而实现更广大居民共同参与韧性社区建设，并发挥共同监督与共同管理效应，促进韧性社区共同体的实现。

其三，坚持党建引领下的社区还权赋能。各级党组织要成为韧性社区的积极推手。一方面，地方党委政府应承担起完善韧性社区顶层设计的重任，提供一个支持韧性社区建设的地方政治环境，为社区韧性建设匹配必要的人财物资源支持，并避免自上而下对基层工作的过度干扰。另一方面，基层党组织应对社区工作进行评估和监督，适时动态地评估上述关系的存量和增量，引导韧性社区建设有方向、有步骤地开展，提高社区的独立治理能力。总之，韧性社区的培育是一个长期过程，在一定时期内，党建引领下的政府培育、社区赋能、社会共建是韧性理论发展和实践应用必不可少的关键环节。

（二）将韧性社区建设列入城市治理整体规划

韧性社区建设应当成为城市发展的重要战略之一，实现城市治理与社区韧性建设的整体联动。

一方面，将建设韧性社区纳入城市整体规划的蓝图。其一，将建设韧性社区的目标融入城市整体发展战略，注重将社区治理创新、老旧小区改造、智慧社区和海绵城市建设等工作与社区韧性建设相融合，形成物质与社会、技术与情感相互促进的韧性发展体系，深入贯彻落实总体国家安全观。其二，把建设韧性社区的具体措施纳入城市发展工作安排，有序、合法引导韧性社区构建。着重在社区应急发展战略制定、中长期规划编制、法律制度建设、专业社会力量培育等方面投入精力与资源，不断修正、完善和优化现有减灾基本法，出台针对公共安全事件等社区重大突发公共事件的韧性社区应急预案法律法规，为社区应急工作开展提供可操作性强的合法依据，加强社区应对巨灾的适灾韧性。其三，将韧性社区的规划作为城市总体规划的一项配套工程，除了抗震工程、消防工程、防洪工程、人防工程等工程性措施，一些具有实质性和可操作性的减灾策略，诸如减灾管理系统、减灾信息系统、应急物资储备、居民教育培训等非工程性措施需要加快补齐、完善；明确城市减灾韧性目标并对各项减灾内容提出要求，在文本、图纸、说明书等成果形式中充分表达城市整体韧性规划相关内容，以地块或社区为单元对总体规划中确定的减灾规划内容进行进一步落实与调整。

另一方面，推动适应韧性城市发展的职责体系建设。其一，将城市减灾体系调整为三级结构。各级政府应在现有二级减灾规划体系的基础上，增设一级由国家指定的减灾部门（如消防部门、地震部门、水务部门、医疗部门等减灾相关部门）制定的与本部门业务内容相关的减灾工作规划，各层级减灾部门所制定的减灾工作规划应以本部门所承担的减灾任务为主要规划内容，各部门间彼此协调配合，提升工作配合效率，促进减灾资源共享，并形成国家层面减灾基本规划、减灾部门层面的减灾工作规划及地区层面的地区减灾规划三级规划体系。从而保障韧性社区减灾主体多元化的需求，实现救灾工作“自上而下”的领导与“自下而上”的反馈相结合的联动化防灾减灾过程。其二，加速建构韧性社区的权责体系，将以往“单灾种导向”“分门别类、各负其责”的部门协调融入应急管理组织架构中，拟定综合应急管理体系工作职责，细化各主体在基层应急中的职责清单与合作机制，对韧性社区建设的主体地位、部门权责、

（四）加快社区向“耐灾”性全周期治理升级

加强物质投入，可以增强韧性社区灾害治理的冗余性和稳健性。韧性社区基础设施建设主要包括硬性的固定基础设施设备和软性的公共卫生医疗产品设备等。

其一，地方应引入“社区生活圈”的概念，建设社区应对风险的多样性“依附空间”，增加提升社区应急能力的器物投入，注重采用新技术、新材料、新设备等，配置新能源设施，提高社区内的工程韧性。其二，根据突发公共卫生事件的等级和危害程度，打造功能混合的多样性社区公共空间，包括物资储备空间、避灾避难空间等。其三，储备必要的急救、医疗、食品等应急资源，保障关系民生的交通、能源、米袋子、菜篮子等生命线畅通，维持社区在防疫、防灾期间的通信、能源等基本运营能力，以此确保风险发生初期有相应的“抗逆力”①。其四，地方政府应关注弱势社区，提供必要的资源供给与治理指导，提供社区合作互助平台，促进社区间的平等竞优关系。其五，需要加强社区公共卫生医疗条件，扩大卫生部门的规模经营，改善供应链管理中基本医疗和药品的可及性和可用性，增加社区获得和接受护理服务、药物和疫苗的覆盖面。其六，重视韧性社区中成员的心理韧性建设，韧性社区建设应当注重灾后受损人员的心理疏导价值，对受灾人员开展心理重建、辅导、疏导和救助。

（五）增加社区韧性建设的基础物质投入

社区社会资本与社区主体韧性、能力韧性息息相关。政府应充分意识到韧性社区建设过程中社区社会组织、居民自组织等主体的重要作用。

一方面，基于社区厚培灾害自治文化。通过开展灾害预防演练、相关主题的自组织活动、吸纳非正规教育工作者等常态化学习方式，持续增强风险灾害

① 吴晓林：《城市社区如何变得更有韧性》，《人民论坛》2020 年第 29 期。

自治的文化输出；培育对话、讨论、反思和学习的社会环境，构建社区组织协调、居民积极参与、彼此联结、共同工作、风险共担的社区共识；激发社区居民参与应急的内在动能，提升居民的应急能力，推动其有效参与社区韧性建设与重大公共卫生事件的处置决策，实现自我服务。

另一方面，将社会工作、社会自组织纳入国家重大突发公共事件治理体系，作为激活社区韧性的重要力量。第一，重视培育社区社会组织，提升社会工作者参与能力。引入专业社会工作者、社区规划师等进驻社区，将社区工作与专业力量联结，加强社区成员对社区需求和资源的自我认知，通过拓宽信任范围、重构社会关系等行动提升社区社会资本。第二，吸纳多元利益相关者参与社区建设。充分认可与支持社区居民、志愿者、社区党员、社会组织等主体在社区韧性建设中的内源性力量，建立多元主体参与可持续的激励机制；充分重视物业企业、业主委员会在基层社会治理中的作用，将其纳入基层社会治理体系。第三，丰富社会力量的资源投入。政府应主动为社会组织提供政策资源、物质资源以及技术支持，降低企业与社会组织等参与社区建设的准入门槛，引导社会资本和公益资源关注社区发展治理、风险治理，基于党建引领机制，借助社会力量推动社区多元发展。

（六）开展韧性建设的社区营造工作

信息数据是社区治理的生命细胞。首先，应大力推动社区信息技术建设，提高社区治理手段的现代化水平。社区要加大对信息管理系统、网络平台建设的投入，构建数字化的社区风险动态识别预警平台。通过将人工智能、物联网、大数据、5G 网络等新兴技术融入社区工作，实现社区智能化终端覆盖，全面感知社区风险点并进行智能化分析，实现社区安全的动态监测和实时预警。同时，应当要求社区管理者熟练应用大数据和互联网技术，高效解决诸如社区人口流动、社区交通管理、物流供应、公共信息不对称、人员健康管理等现代治理难题，为提升社区韧性注入新能量。

其次，社区要依托大数据治理平台实现灾害治理的智能化与精准化。一方面，依托信息技术，盘活数据资源，支撑灾害风险信息的跨部门、跨区域流转与协同；利用大数据提高应急物资调度效率，根据社区的资源存量、种类、特性等，自动分析危机情景，实时生成应急资源调配的最优方案，提升资源利用效能[①]。另一方面，构建智慧化监测预警机制，有效定位与追踪受灾人员所在地理位置，实现数据共享分析和数据挖掘分析，为应急处置提供更精准的科学决策支持，更加灵活精准地处置各类重大突发公共事件，避免产生复合危机事件。

① 王东杰、谢川豫、王旭东:《韧性治理：城市社区应急管理新向度》,《江淮论坛》2020 年第 6 期。

专题五

物理韧性：基础设施韧性的提升*

一、引言

习近平总书记2020年4月10日在中央财经委员会第七次会议上发表重要讲话《国家中长期经济社会发展战略若干重大问题》①，其中强调要打造宜居城市、韧性城市、智能城市，建立高质量的城市生态系统和安全系统。这标志着作为应对突发事件重要理念的韧性城市，在我国已由学术层面讨论正式上升为国家战略。

韧性城市是当前公共安全科学的前沿理念，并在实践中逐步充实、不断推广。2013年3月联合国减灾办公室正式提出报告，呼吁通过打造韧性城市来

---

* 本专题作者为中国水利水电科学研究院教授级高级工程师程晓陶，中国水利水电科学研究院高级工程师俞茜。

① 习近平：《国家中长期经济社会发展战略若干重大问题》，《求是》2020年第21期。

应对自然灾害。2015年在日本仙台举行的第三次联合国世界减灾大会通过了《2015—2030年仙台减轻灾害风险框架》，这是《兵库行动纲领》以来在韧性城市规划建设方面一个重要的里程碑。城市是一个复杂的大系统，一般认为，韧性城市建设涉及物理、经济、组织、社会和自然5个维度。例如，日本京都大学提出的面向城市气候灾害韧性评估指标体系就涉及这5个维度，共25个指标（见图5–1）。从图中可见，“物理指标”指的是城市基础设施以及房屋和土地利用。有研究则认为，我国城市韧性评价指标由经济、社会、环境、社区、基础设施与组织等6个方面构成，权重排序前三的依次为基础设施韧性、经济韧性与组织韧性。本专题中的“物理韧性”就是以基础设施为对象，阐述韧性基础设施的基本理念与模式。由于不同规模、不同发展阶段的城市，基础设施建设的状况不同、韧性建设需求与关注点不一，作为发展中国家，更需要从自身状况与需求出发，探讨基础设施韧性提升的策略与措施。

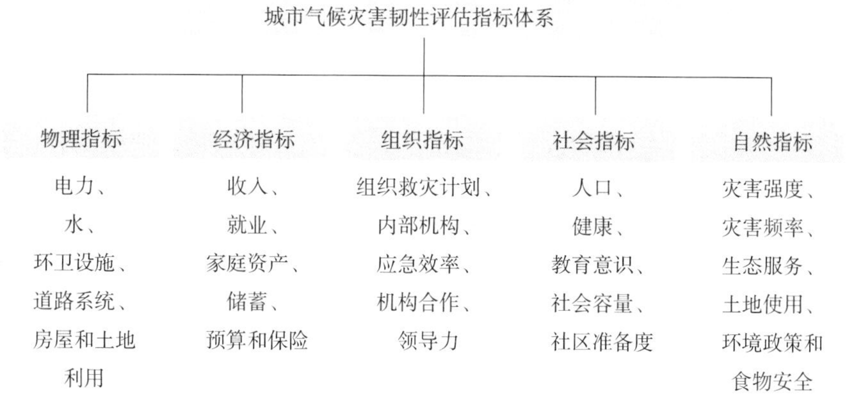

图5–1　日本京都大学城市气候灾害韧性评估指标体系

资料来源：Climat Disaster Resilience: Focus on Coastal Urban Cities in Asia. United Nations Economic Social Commission for Asia & the Pacific.

在现代城市建设中，基础设施建设占据重要的地位。随着城市人口的增长，财富的聚集，城区的扩张，以及人员、物质、资源、能源及信息等各种流通量的激增，要维持城市基本功能的正常运转，改善城市的生存环境，提升城市的生活质量，降低城市的灾害风险，必然对城市的基础设施建设提出更高的要求。这些基础设施，既包括以支撑城市发展为主的供水、供电、供气、供油、交通、通信、互联网络等生命线系统，也包括保障城市及生态环境安全的防洪、排水、治涝、消防、抗震以及垃圾与污水处理等防治体系。现代城市的正常运转不仅极大依赖于各类基础设施，而且这些至关重要的基础设施之间也存在着广泛且紧密的相互依赖的关系。基础设施建设若严重滞后于城市的发展，或因建设不协调、不配套而存在显著短板，必然导致城市生存环境的恶化、功能运转的低效。同时，城市基础设施面对巨灾威胁日益凸显的脆弱性，也必将影响到城市的健康、平稳与可持续发展。

建立高质量的城市生态系统和安全系统，离不开城市基础设施的保障。在韧性城市建设中，基础设施的韧性提升至关重要，必须引起高度重视。21 世纪前 20 年中，全球变暖趋势加快，平均气温再次升高约 0.5℃，天气系统紊乱引发极端灾害事件的可能性与不确定性大增；同时全球人口城镇化率持续提升，整体超过了 60%，发达国家超过了 75%，而现阶段提升最快的是亚洲发展中国家。21 世纪初，全球人口超千万的城市只有 26 座，至 2025 年，仅亚洲就将达 37 座。城市聚集了人口与财富，也聚集了风险。随着城市不断向自然灾害风险更高的区域扩张，城市基础设施安全防护的压力与难度倍增，城市面对各种自然和人为灾害就变得更为脆弱，尤其在快速城镇化进程中的发展中国家，基础设施建设滞后的问题更为突出。基础设施中的任一系统，一旦运营中某些关键部位或某一重要子系统因灾受损而不能及时恢复，在系统内部或生命线系统之间就可能产生灾难性的连锁反应；一旦灾害规模超出了城市的设防能力，基础设施因灾而大范围瘫痪，就会出现损失激增的现象，不仅影响范围远远超出受灾范围，而且间接损失甚至超出直接损失。

为了应对全球变暖和高速城镇化带来的日趋增长的风险，不仅需要针对致灾因子提升抵御和调控灾害的能力，而且需要针对承灾体的暴露度提升对环境变化的适应能力，以及针对承灾体的脆弱性提升其自身的灾害承受能力与灾后的恢复重建能力。承灾体本身所具备的这些能力，被看作是承灾体的韧性；为增强承灾体韧性所采取的措施，被看作是韧性建设。以城市作为承灾体，为提升城市抵御、承受灾害打击的能力，适应灾害性环境要素变化的能力，以及灾后快速恢复重建的能力，统称为韧性城市建设。城市基础设施是体现城市韧性最重要、最基础的要素。基础设施的韧性提升，是韧性城市建设的重中之重。

基础设施的韧性提升，要求基础设施在规划、设计、建造与运维中不仅考虑其基本功能的实现，而且要具备更高的安全防护标准、冗余度与可靠性，由此往往会涉及更多的资金投入、更高的技术要求、更好的员工素质和更强的管理能力。然而，经济社会发展处于不同的阶段，基础设施建设亦将面临不同的压力与难题，对韧性建设的理解与需求也难免存在着一定的差异。目前国际上对韧性的研究日趋活跃，为将理念落地到实践，从工程、技术与管理等不同角度也提出了各种对策措施，这些大多是在发达国家背景下针对发达国家应对气候变化潜在风险和可持续发展的需求而提出的。作为发展中国家，在基础设施建设相对滞后、相对薄弱的情况下，要支撑经济社会发展不断迈上新台阶，面对的是大量亟待解决的现实问题与人才、资金、技术短缺的实际困难。因此，在引进国际上先进理念与经验时，更需要因地制宜考虑自身的特点与难点，做到目标引领、需求驱动、问题导向，分轻重缓急，统筹推进基础设施的韧性提升。

基于上述基本认识，本专题首先在文献综述的基础上，结合发展中国家特点阐述韧性基础设施的基本理念，探讨基础设施灾害风险构成的适宜表述方式与韧性评价体系，以及在基础设施风险管理中，灾害威胁、系统脆弱性、受灾后果与韧性的内在联系。其次，基于灾害风险管理的理念，以洪涝灾害为主，重点对水利基础设施和各类生命线系统的脆弱性进行成因分析；进而从基本国情出发，探讨基础设施强韧性的策略与措施。最后，给出了本专题的结论和建议。

二、基础设施韧性的基本理念

2022 年 4 月 26 日，中央财经委员会第十一次会议上专门研究了全面加强基础设施建设问题，为构建现代化基础设施体系指明方向。全面加强基础设施建设，对保障国家安全，畅通国内大循环、促进国内国际双循环，扩大内需，推动高质量发展，都具有重大意义。基础设施是经济社会发展的重要支撑，要统筹发展和安全，优化基础设施布局、结构、功能和发展模式，调动全社会力量，实现经济效益、社会效益、生态效益、安全效益相统一，服务国家重大战略，支持经济社会发展，构建现代化基础设施体系，为全面建设社会主义现代化国家打下坚实基础。会议对加强基础设施建设提出的目标与要求，充分表明基础设施韧性提升的必要性和紧迫性。

作为经济社会发展重要支撑的基础设施，要统筹发展和安全，不仅在于其布局合理，功能协调，能够为国民经济的快速、平稳、持续发展提供基础的支撑和安全保障，而且其自身在自然或人为灾难性因素袭扰下的安全可靠性也是不容小觑的重大问题。如何通过韧性建设提升基础设施防范、抵御、规避、承受与快速修复的能力，需要从灾害风险特性、韧性评估指标体系等方面对韧性基础设施的基本理念有深刻的认识，尤其需要从发展中国家的视角来认清基础设施韧性提升面临的压力与挑战。

（一）基础设施的灾害风险构成

认清基础设施的灾害风险特性与构成，是制定基础设施韧性提升策略的基本要求。如果基础设施在规划、设计、施工建设与运营管理的任何环节中，留下了安全隐患，或致灾外力强度超出了系统的设防标准，那么一旦在自然灾害或人为灾难中基础设施遭受损毁、陷入瘫痪，损失的往往不仅是其自身，而且会因系统内部与系统之间灾难性的连锁反应，使得灾害影响范围远远超出因灾受损的范围，从而导致灾害损失的急剧上升。例如电力系统因灾跳闸，可能引发大范围的停电，导致泵站和水厂停运，造成城区停水和交通瘫痪，等等。因此，要从基础设施的风险特性出发，选择适宜的风险评估方法，为制定基础设施韧性提升策略提供基本的依据。

风险的定义及其评估方法有很多，以下对 3 种常见的方法加以比较。

方法一：风险的大小取决于致灾事件发生的概率及其可能造成的损失，即致灾事件发生的概率越大、损失越重，则风险越大。然而，有些在特定区域内长期反复发生的致灾事件，灾害量级与对应的发生概率成反比。例如洪水，流域中越是严重的大洪水，越是小概率的稀遇事件。常遇洪水一年中发生概率较大，但造成的损失相对较小；稀遇洪水发生的概率小，但造成的损失很大，即使概率乘以损失所得的风险值相当，但风险的可承受性却完全不同。为了刻画此类致灾事件的风险，需对各重现期致灾事件发生概率与可能造成损失的乘积进行积分，所得为年期望损失 EAD（Expected Annual Damage），如式 5-1 所示：

$$EAD=\int_0^\infty D(q)p(q)dq \qquad (5\text{-}1)$$

式中：$D(q)$ 为致灾事件 q 造成的损失；$p(q)$ 为致灾事件 q 的发生概率（重现期）。实际应用中，式 5-1 可以对应不同重现期进行离散化后求解。

方法一主要着眼于致灾事件规模、概率与可能造成损失的分析，对于了解基础设施所在区域致灾外力危险性的大小是有帮助的。基础设施受损的概率，既与致灾外力发生的概率有关，也与自身安全监管、维护的水平有关；而损毁状况则不仅取决于致灾外力的强度，而且与设施受灾的部位及其脆弱性相关，进而涉及基础设施受损后可能波及的范围、对象及可能导致后果的严重性。然而，对于基础设施而言，要确定致灾事件发生的概率，并非易事。对于地震、台风等自然灾害，很难用概率来表示其发生的可能性；而对于暴雨、洪水，虽然通过有时间序列的观测资料可以对某些特征变量（如雨量、雨强，洪峰水位与流量等）进行重现期的分析，但是，在变化环境下这些特征变量往往表现为非平稳的随机过程，且基础设施分布广泛，与暴雨洪水相关的时间序列变量空间分布的统计特征差异显著。因此，对于基础设施，特别是其中生命线系统的风险，很难用致灾事件发生的概率及其可能造成后果的乘积来度量。

方法二：风险的大小涉及致灾因子危险性 H（Hazard）、承灾体暴露度 E（Exposure）与承灾体脆弱性 V（Vulnerability），三者构成的三角形，任一条边的伸长或缩短，都会改变三角形的面积，即风险增大或减小了（见图 5-2）。致灾因子危险性 H，由表征致灾外力强度的因子构成，强度越大，危害性越大。对于不同类型的灾害，表征致灾因子强度的指标各有不同，如地震的烈度，台风的风力，洪水的水深、流速与淹没历时等。承灾体的暴露度 E，指在灾害危险区域以及影响区域中受灾害威胁对象的类型、数量与时空分布。承灾体的脆弱性 V，表现为受灾害威胁的对象缺乏风险意识与应对灾害的经验、防灾准备不足，且自身状态虚弱或存在薄弱点，应急响应与恢复重建行动迟缓，因此，面对灾害显得更为脆弱，经不起灾害打击，也难以从灾难或灾害性影响中及时恢复。

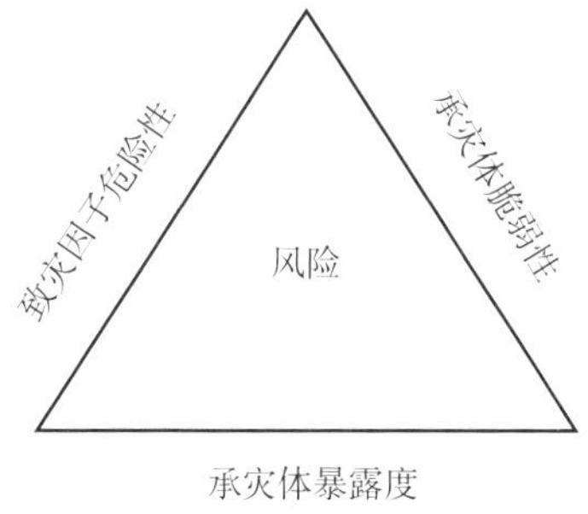

图 5-2 风险三角形

资料来源：Flood Risk=Hazard Values Vulnerability.

方法二同时考虑了致灾因子危险性与承灾体的暴露性和脆弱性，因此在灾害管理和风险评估中获得了广泛的应用。然而，基础设施被致灾外力损毁后，不仅自身功能可能丧失，而且可能引发连锁反应的严重后果。以洪灾为例，危险区域为可能受淹的区域，但在受淹区域中未受淹的高层建筑居民，以及在受淹区域之外的居民，也会因供电、供水等基础设施损毁而受到停电、停水的危害性影响。因此，就基础设施的风险评价而言，方法二也有其局限性。

方法三：风险被定义为 3 个元素的函数即承灾体面对的威胁、承灾体的脆弱性以及承灾体受损后可能产生的后果（见图 5-3）。其中，威胁来自自然或人为的灾害事件或事故，其具有危及生命安全、资产安全、环境安全、信息安全等可能性；脆弱性是使承灾体易于受到特定威胁影响的物理特征或运营属性；后果是事件或事故造成的损害及其产生的影响。显然，这一定义是以承灾体为中心而设立的。

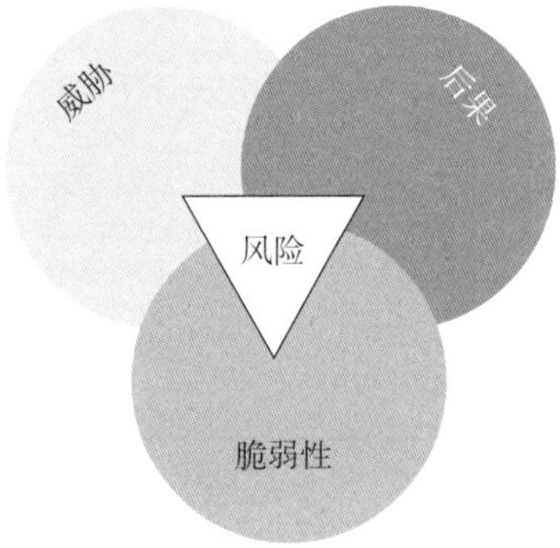

图 5-3　风险三元素

资料来源：Resilience Measurement Index：An Indicator of Critical Infrastructure Resilience.

将这一定义用于基础设施，承灾体可以是任何一类基础设施或其子单元，也可以是任何一类生命线系统中的子系统或元部件。威胁来自自然或人为的致灾外力；脆弱性体现为基础设施或生命线系统中在致灾外力作用下或因自身操作失误而易于损毁且导致系统功能丧失的薄弱环节或要害点；后果则不仅在于基础设施本身的损毁，而且在于其功能因灾瘫痪或部分停止发挥正常作用后对公共健康与安全、经济、心理与治理等方面造成的不利影响及其严重性。显然，这一定义能更好地反映基础设施的风险特征。

（二）基础设施风险要素和韧性的内在联系

韧性提升的本质是增强防范、调控、抵御、承受与适应风险，以及从灾难中快速恢复、重建的能力。基础设施的风险，取决于威胁、脆弱性及其后果。在基础设施的风险管理中，韧性提升重点是针对基础设施各系统本身的脆弱性及其受损带来的后果的改善方案。其理念构架如图 5-4 所示。

图 5-4 显示了威胁、脆弱性、后果和韧性在风险管理过程中如何结合在一起，而其关注的重点，一方面是基础设施自身的脆弱性与可能采取的预防、保

护和减灾措施；另一方面是其受损后可能导致的灾难性后果与灾后可采取的减灾措施、应急响应和恢复重建措施。在基础设施韧性评价指标中，保护措施指数 PMI（Protective Measures Index）为某一特定设施面对来自人类或自然的威胁所采取的保护措施；韧性测量指数 RMI（Resilience Measurement Index）用于量测关键基础设施韧性；后果测量指数 CMI（Consequences Measurement Index）描述了基础设施受损后可能产生的最大后果，据此制定灾中、灾后的减灾措施，其考虑的对象，包括公共卫生与安全、经济、心理，以及对治理和任务的影响等。

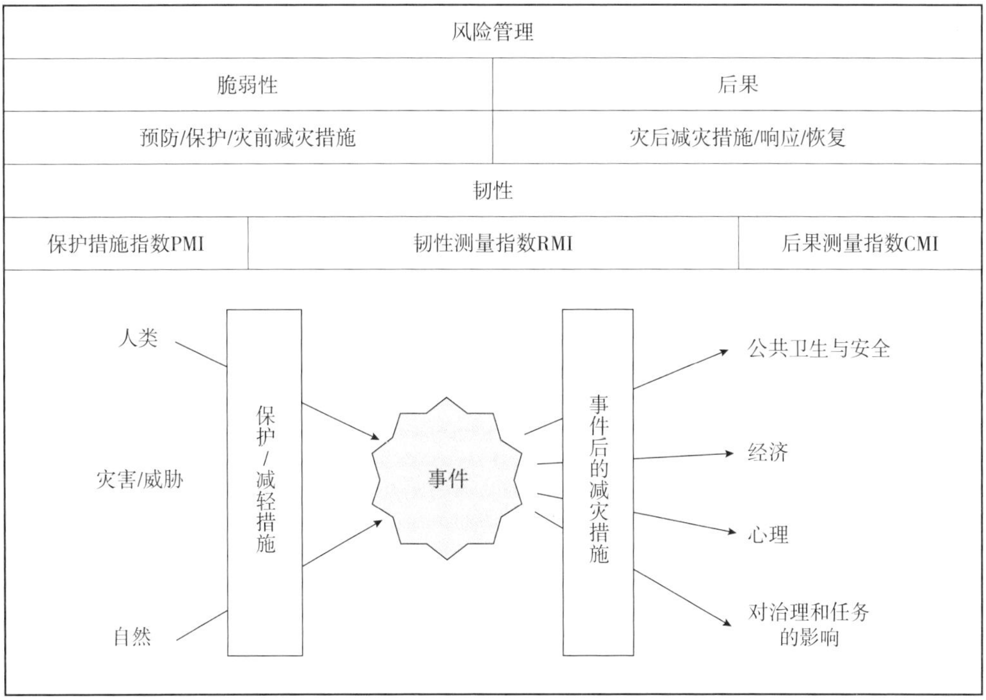

图 5-4　基础设施风险管理理念构架图

资料来源：美国能源部阿贡国家实验室。

资源配合、处置流程、预案方案设计等进行明确的法律规定，形成相应的法律法规措施办法。

（三）各级政府加速韧性社区的制度建设

有必要将社区置于更大的社会风险情境中，树立以“耐灾”为核心的韧性城市治理思路，动态、全过程引导韧性社区的发展，推动综合减灾示范社区向韧性社区升级。

地方应鼓励社区加快出台全周期灾害治理方案。韧性理论强调从风险防范、应急处置再到事后恢复的全过程进行管理，这一理念有助于社区应急管理理念从被动单一的救灾理念关口前移，重视主动的风险监测与预警。要构建全周期管理机制，就应构建社区风险评估、监测和预警体系，通过社区自身和第三方评估形成风险地图，摸清社区内资源禀赋、人口结构、空间布局等情况，通过大数据和“吹哨人”等方式持续收集、监测社区风险；分类制定并实施社区风险防控策略和预案，遇到风险迅速形成风险响应工作网络、启动应急预案，根据风险严重程度转入不同的应急状态[①]。

此外，不能忽视个体和家庭层面的韧性理念转变。社区要注重培育在地居民全周期的安全意识和风险意识，加强灾害危机知识的普及与培训，增强应急技能提高与自救互救能力。多维度提高社区居民的预防能力，推出多样化空间建筑标准、推行灾害保险、制定应急预案、建立预警系统、成立应急中心、进行救援培训、开展应急演练等具体政策。变社区居民被动的应急响应为主动的社区参与，变静态的资源配置为动态的能力提升，推动社区整体在平时生活与战时状态间实现良性转换。

---

① 吴晓林:《城市社区如何变得更有韧性》,《人民论坛》2020 年第 29 期。

从图 5-4 所包含的信息来看，图中的基础设施应属于支撑发展类的基础设施，因此只需要认清威胁的来源及威胁的方式与量级，制定有效的防范与保护措施。而对于既支撑发展又保护安全类的基础设施，则不仅要考虑如何应对威胁，而且还要提升其削弱、化解威胁的能力。

（三）基础设施的韧性评价体系

提升关键基础设施的韧性，是降低灾害风险的有效措施。基础设施规划、建设、管理与运营单位需要确定基础设施抵御特定威胁的能力，采取有效减少潜在不利影响的措施，并在基础设施遭到破坏时能够快速恢复运行。为了推进基础设施韧性提升，需要建立韧性评估指标体系和方法，对关键基础设施系统和资产进行全面评估——从威胁、脆弱性到后果，以支持风险管理、灾难响应和业务连续性的决策。为此，国内外都开展了相关的研究，其中比较系统的成果是美国阿贡国家实验室的基础设施保障中心与美国国土安全部（DHS）的保护安全协调部门为描述关键基础设施韧性而合作开发的一个指数，即韧性测量指数 RMI。RMI 为风险管理、灾难响应和维护业务连续性提供决策支持，其主要目标是衡量关键基础设施减轻灾难事件危害和缩短修复时间的能力。RMI 基于多属性效用理论和决策分析原理。对于关键基础设施而言，韧性可以被认为是设施或资产预防、抵抗、吸收、响应、适应和从干扰中恢复的能力。这 6 个要素汇总成 4 个主要（一级）组成部分，即预防准备、减灾措施、响应能力和恢复机制（见图 5-5）。

预防准备是指一个实体为预防可能受到的威胁或危害及其可能产生的后果所进行的准备活动。在 RMI 中，预防准备被分为两个二级和 6 个三级组成部分（见图 5-6）。

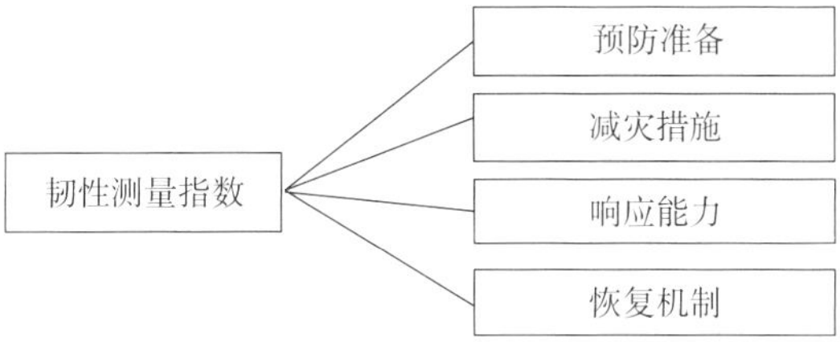

图 5-5 韧性测量指数的一级组成部分

资料来源：Resilience Measurement Index：An Indicator of Critical Infrastructure Resilience.

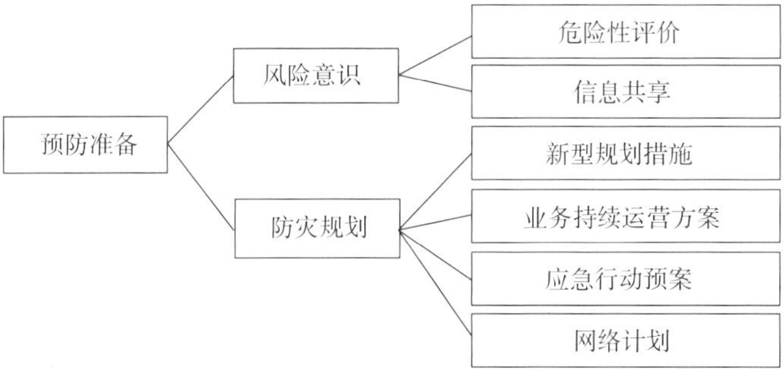

图 5-6 RMI 的二级和三级组成部分对预防准备的贡献

资料来源：Resilience Measurement Index：An Indicator of Critical Infrastructure Resilience.

二级指标中的风险意识，指对基础设施的风险应有所认识并保持警觉，包括对自然与人为致灾因素的危险性评价，以及为认识风险和制定韧性提升规划所必须建立的信息共享机制等具体行动。由于基础设施风险构成因素复杂，所涉及的相关信息往往分别掌握在不同的部门手中。没有基本的信息共享机制，风险辨识、防控与制定韧性提升规划的具体行动，很可能是流于形式的。

二级指标中与规划有关的活动包括为减灾而采取的新型风险防范规划措施、应急预案以及在灾害冲击下为保障生命线系统持续运营和网络畅通而制订的行动方案。对于每一种类型的计划，RMI 的这一部分阐述了其基本特点（例如开发和批准的水平），计划中定义的演练和培训的类型及其内容，等等。

减灾措施是指设施抵御威胁 / 危害或承受威胁 / 危害后果的能力。减灾措施包括在事件发生之前为减轻危害的严重性或后果而采取的行动。这项指标旨在了解设施的拥有者或运营者是否认识到设施可能易于遭受某些危险，且已确定了可能产生的后果或影响，并已努力采取措施来减轻这些危害可能对设施造成的负面影响。在 RMI 中，减灾措施被细分为 3 个二级和 12 个三级组成部分（见图 5–7）。

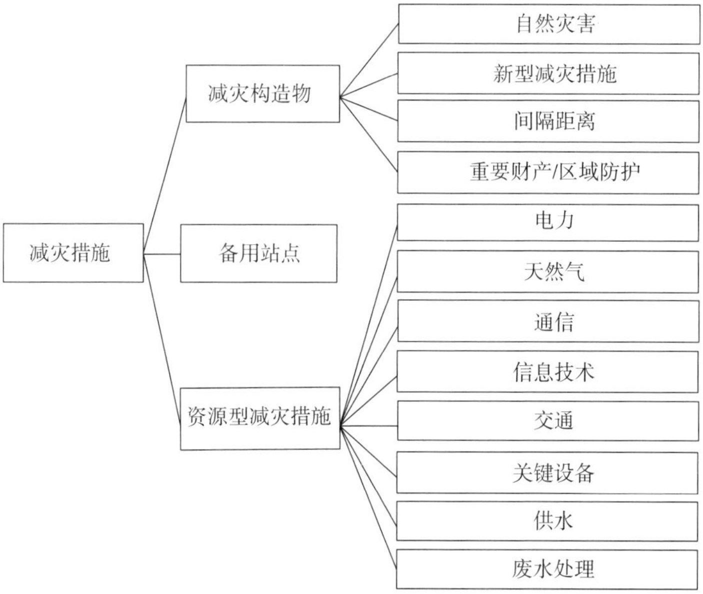

图 5–7　RMI 的二级和三级组成部分对减灾措施的贡献

资料来源：Resilience Measurement Index：An Indicator of Critical Infrastructure Resilience.

减灾构造物包括那些为抵御自然灾害事件构建的防护性工程。例如为减轻自然灾害的不利影响而对关键部位采取的长期的或临时的结构性保护措施，一些新型减灾措施（如基础设施升级、提高关键设施冗余度等），设置安全间隔距离，以及对重要资产或区域的韧性提升措施。

构建备用站点也是重要的减灾措施。在重要基础设施因灾停运的情况下，希望有备用站点可以及时启用。备用站点应能完全或在一定水平上维持重要设施的基本功能。

资源型减灾措施涉及某一基础设施为发挥其核心功能而对外部资源的依赖性，如电力、天然气、通信、信息技术、交通、关键设备、供水与废水处理等。要了解基础设施对这些关键性资源的依赖程度，并向相关部门了解关键性资源在灾害环境下供给的可靠性，以及有无替代资源和备份的情况等。要考虑在致灾外力影响下一旦资源断供而可能采取的必要的保障措施，如自备应急电源、关键易损部件的备份等。

响应能力是针对事件的不利影响而即时和持续开展响应行动，执行任务、计划和协调相关系统的功能。在 RMI 中，响应能力被细分为 3 个二级和 7 个三级组成部分（见图 5-8）。

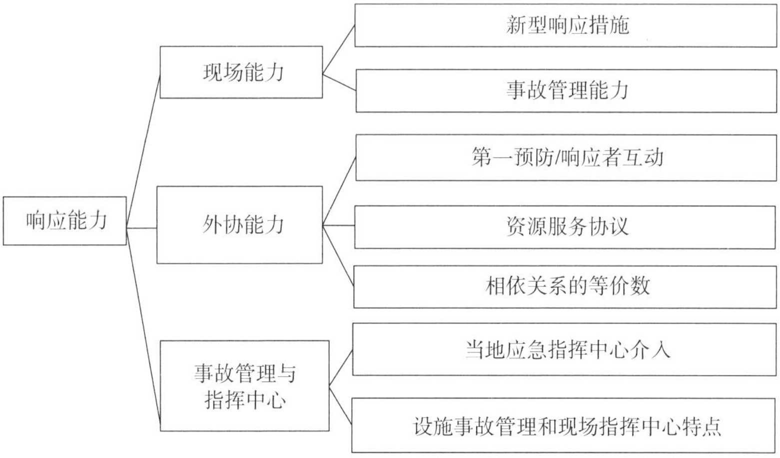

图 5-8　RMI 的二级和三级组成部分对响应能力的贡献

资料来源：Resilience Measurement Index：An Indicator of Critical Infrastructure Resilience.

现场能力涉及保安、安全与应急管理等方面，体现为一个设施在无需管理人员处置的情况下对事故监控信息自动迅速反应的能力，以及现场安全责任人员在无外援情况下对紧急事故或事件作出第一响应的处置能力。这些事故与事件包括有毒工业化学品 / 危险物质释放、火情、爆炸威胁、恐怖袭击、抗拒执法和医疗急救等 6 种特定的类型。

外协能力体现的是危机事故或事件处置中与相关应急服务部门互动及部门间相互协作的能力。这部分包括了现场预防和应急处置人员与相关部门间的信息传送与沟通以及根据应急预案相关部门提供的现场支援；基础设施主管单位与相关资源提供方签订的保供协议与谅解备忘录（如供电、供气等）以及对设备提供定向检测的条款等；一个系统，与外部签订的服务协议越多，对外的依赖性越大，即反映出系统自保自救的能力越差；相依关系的等价数，可以表示为一旦某一特定资源断供，系统正常功能退化的百分比。

事故管理与指挥中心需具备灾难事件发生时及时获取基础设施各组成部分相关信息、分类研判、有效组织应急响应活动、保持与快速恢复系统运行的能力；设施事故管理和现场指挥中心应体现针对事故或事件特性和应对需求而设立的特点。

恢复机制部分包括旨在将操作条件高效恢复到实体可接受水平的活动和方案。在 RMI 中，恢复机制类别被细分为两个二级和 4 个三级组成部分（见图 5–9）。

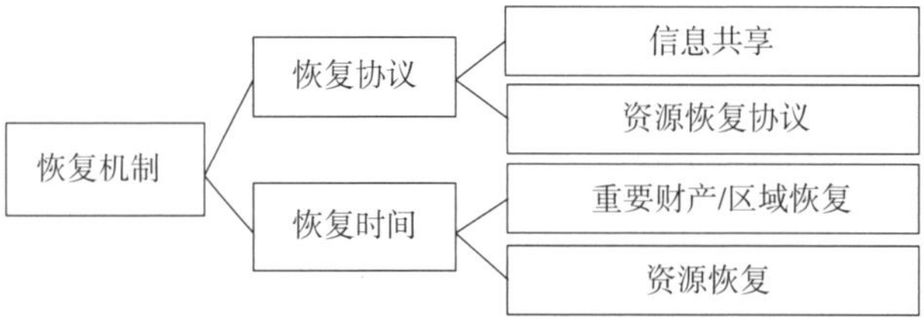

图 5–9　RMI 的二级和三级组成部分对恢复机制的贡献

资料来源：Resilience Measurement Index：An Indicator of Critical Infrastructure Resilience.

恢复协议关注与有关机构签订的谅解备忘录和议定书中的相关职责信息，以及支持系统恢复的规程与设备。这一环节将获取系统在应急响应中参与共享的信息，并与有关机构和恢复资源协议结合起来，例如在失去资源供应情况下优先恢复供电、供气、供水、交通、通信、关键产品、污水处理等计划。

恢复时间关注基础设施在其重要组件损毁后恢复全部运行功能所需的时间。该环节既要考虑重要资产或要害区域受灾后全面恢复可运行状态所需的时间，以及此过程对专门材料或设备的需求，也要考虑当系统外部服务恢复后才能全面恢复运行所需的时间。

（四）韧性基础设施的基本特征

明确韧性基础设施应具备的基本特征和构建原则，对于促进基础设施的韧性提升具有导向意义。Sara Meerow 和 Melissa Stults 基于大量文献分析，归纳了表述韧性的 16 种特征（见表 5-1）。表中指标可以直接或间接地运用于表征基础设施的韧性特征。

表5-1 基于文献归纳的16种韧性特征

特征	定义
稳健性	确保全市范围的基础设施和组织能够承受外部冲击，并迅速恢复到此前的运行状态
冗余度	有备用的系统、基础设施、机构和代理等
多样性	确保多样化的经济、基础设施和资源基础（例如不依赖单一的操作模式、解决方案或代理机构）
整体性	确保计划和行动进行跨多个部门和外部组织的整合
包容性	确保所有居民都能获得市政基础设施和服务，包括为所有人提供参与决策的机会
公平性	确保整个城市都能公平地感受到与行动相关的利益和影响
迭进过程	建立一个反馈和吸取经验教训的过程，并不断用于告诫未来的行动
分散化	分散服务、资源和治理（例如采用太阳能或风能，加强地方治理）

续表

特征	定义
反馈机制	建立便于将信息迅速反馈给决策者或系统操作员的机制
环境保护	保护自然系统和自然资产
透明度	确保所有市政流程和运作公开透明
灵活性	使市政运作和计划在需要时具有灵活性和开放性
超前思维	将有关未来情况（如人口、经济、天气）的资料纳入社区规划和决策
适应能力	确保所有居民都有适应气候变化的能力
可预见性	在设计中确保系统故障的发生是可预测的、安全的方式
效率	提高政府对外运作的效率

资料来源：作者根据文献整理所得。

值得一提的是，为了解这16项特征的重要性排序和从业人员的认可度，研究人员与3个非营利组织宜可城——地方政府可持续发展协会（ICLEI）、城市可持续发展主管网络（USDN）和国家城市联盟（NLC）合作开展了在线调查。结果显示，16个韧性特征的重要性得到了普遍认可，且受访者除个别人外都没有建议给出更多其他的特征指标，统计后的平均韧性特征重要性评级排序如图5-10所示。但由图5-11可见，参与者对各项韧性特征重要性的认知存在明显差异。分析表明，差异存在于学者与政府管理实践者之间。例如学术文献中最常被引用的多样性、冗余度、灵活性、分散化和适应能力，并未在地方政府受访者中得到最高评价。而实践者强调稳健性的重要性，但在文献中对其普遍可取性尚存在争论。还有其他在文献中经常提到的特性，但是实践者并没有关注，包括可预见性、迭进过程、反馈机制、透明度。学者和地方政府受访者似乎都同意支持环保、公平性和整体性的重要性。

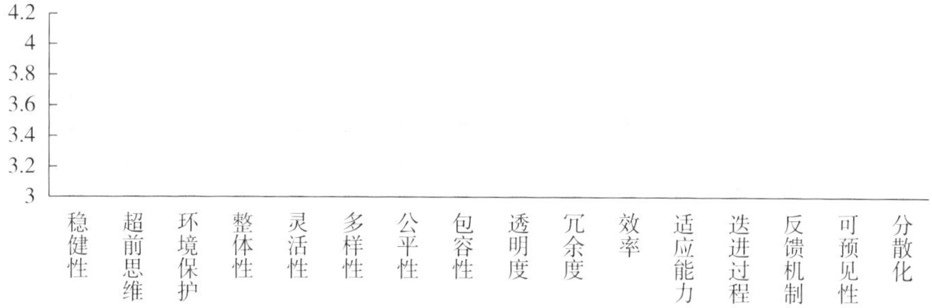

图 5-10　平均韧性特征重要性评级排序

资料来源：Comparing Conceptualizations of Urban Climate Resilience in Theory and Practice.

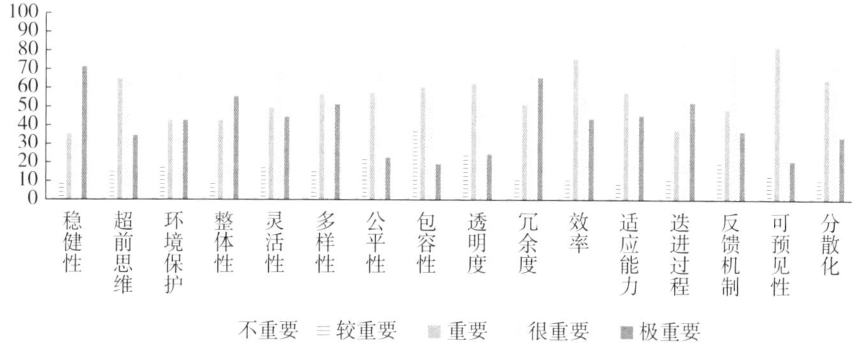

图 5-11　韧性特征重要性评级的分布

资料来源：Comparing Conceptualizations of Urban Climate Resilience in Theory and Practice.

三、基础设施韧性的分析与评估方法

从基础设施的风险特性出发，韧性分析与评估首先要设定最大可能与最不利的情景，了解基础设施可能受到的灾害威胁；其次根据威胁的类型及其致灾因子的量级，判断系统可能受损的部位、部件与受损的程度，分析受损可能导致的后果及其严重性，是否在系统内部或生命线系统之间产生连锁反应等；最后，评估受损部位和部件的可防护性与可快速恢复性。显然，基础设施易于受损的部位越多，损毁后可能导致的后果越严重，越难以防护，且受损后越难以快速恢复，脆弱性越大。以下基于现代社会中巨灾风险的演变机理对各类基础设施面对不同灾种的脆弱性探讨分析与评估的方法。

（一）认识韧性与脆弱性的区别

自韧性广泛应用于灾害风险管理以来，其往往被认为是脆弱性的对立面。从前文可见，无论风险三角形还是风险三元素的定义中，脆弱性都是风险三要素之一，也是与韧性最为密切的概念。国际组织机构从不同角度给出了各自对于脆弱性的定义，例如，联合国减灾办公室认为脆弱性是由自然、社会、经济和环境因素或过程所决定的，其增加了个人、社区、资产或系统对灾害影响的敏感性；联合国政府间气候变化专门委员会认为脆弱性是反映系统易受到气候变化不利影响的程度，取决于系统外在气候变化的特征、强度及被暴露的系统自身的敏感性与适应性。由定义可知，脆弱性是承灾体（可以是个体，也可以是系统，或者是区域）的自身属性，表现为承灾体经受打击与恢复的能力。一方面，脆弱的物体在外力打击下更容易被破坏、被损毁，且修复难度大、成本高，甚至是不可逆的过程。另一方面，承灾体的脆弱性也与致灾外力的特征、强度相关，例如假设承灾体为杯子，其中玻璃杯怕震不怕淹，而纸杯则怕淹不怕震。以基础设施为承灾体，脆弱性分析显然也要从这两方面考虑自身脆弱属性和致灾外力的特征与强度。

如果韧性仅仅被看作是脆弱性的对立面，表示一个承灾体、社区或者系统在遭受冲击时，具有抵御、应对和从灾害冲击下快速恢复与重建的能力，那么恢复重建后仍难免回到脆弱的和暴露在灾害环境中的状态。为此韧性被整合进了更为主动、高效的应对冲击，更为理性与高标准的恢复重建，以及更具预期的适应性安排等理念，即韧性不仅表现为对外力打击的承受能力，而且表现为面对打击的应变能力、遭受破坏性打击之后高效恢复和更高水平的重建能力，以及基于未来预见的适应能力。显然，大灾之后基础设施的韧性提升是对其脆弱性的补强过程，是更好满足支撑发展与保障安全需求的高层次的恢复重建过程，而不是简单地恢复原样。

据此，具有韧性的基础设施主要包括 3 个方面特征：能够及时有效地防范、抵御、化解、容忍、规避和承受灾害的冲击性影响；能够吸取教训、持续改进，再次面对相似量级的灾害时可以减轻以至避免其损害后果；具有应对未来巨灾可能性与不确定性的适应能力。

第一个特征表明，脆弱性分析与评估是制订韧性提升计划的基础。针对致灾外力超出区域或系统设防能力的可能性，为了减轻灾害的损失与不利影响，需要分析可能威胁到基础设施的灾害类型与强度，排查其薄弱环节和易损点，制定并采取必要的防范、补强措施与有效应对、快速修复的应急预案，从而在灾难可以避免的情况下，将灾害风险减轻到可承受的限度之内。

第二个特征表明，基础设施的韧性提升，既要在自身灾后恢复重建规划与实施过程中，认真分析灾损成因，总结受灾教训，按更好满足发展与安全的要求制订计划，提出改进的措施；又要善于从其他巨灾事件基础设施的受损情况与重建方式中，学习经验、吸取教训，从而提升应对灾害的能力。

第三个特征表明，在全球气候变暖与人类活动加剧的影响下，未来灾害的强度和特征可能超出既往经验认知的范畴。为此，基础设施在规划设计、施工建设与运营管理各环节上要预见到可能出现的最不利情况，采取必要的适应环境变化的措施，提升系统的韧性。

因此，韧性提升策略可以从两方面入手，一方面从降低灾害风险的角度出发，基于基础设施的脆弱性分析与评估结果，针对存在的薄弱环节和易损点提出韧性提升措施；另一方面加强“经验学习”，基于典型灾害事件的教训，通过反思、学习和反馈过程提供必要的信息，以便吸取经验教训，降低未来灾害不确定性的不利影响。

（二）城市基础设施韧性量化评估方法概述

1. 城市基础设施韧性评估指标

基础设施韧性是指城市基础设施对灾害的应对和恢复能力，如基础设施与生命线的保障能力等。联合国减灾办公室、国际标准化组织、世界银行等国际组织机构分别提出了基础设施的韧性评估指标。表 5-2 从“以支撑城市发展为主要目的”的基础设施和“以保障城市与生态系统安全为主要目的”的基础设施两方面梳理了目前国际上主流的城市基础设施韧性评估指标。

表5-2　基础设施韧性评估指标

以支撑城市发展为主要目的	
供水系统	
1	国际标准化组织：提供5%以上总供水量的不同水源数量
2	国际标准化组织：72小时内能提供多种饮用水的人口占城市人口的百分比
3	联合国减灾办公室：停水风险及停水后的损失率（研究区域预计恢复正常供水所需的天数 × 受影响的用户百分比）
4	联合国减灾办公室：由于停水造成的特定关键资产（例如医院服务或其他关键资产）服务中断风险及中断后的损失率（研究区域预计恢复正常供水所需的天数 × 受影响的关键资产百分比）
5	联合国减灾办公室：恢复正常供应所需支出
能源电力系统	
1	国际标准化组织/世界银行/联合国减灾办公室：提供至少5%总能源供应/发电能力的不同能源/电源数量
2	国际标准化组织：电力供应能力占电力需求分值的百分比
3	联合国减灾办公室：停电风险及停电后的损失率
4	联合国减灾办公室：由于停电造成的特定关键资产服务中断风险及其损失率
5	联合国减灾办公室：恢复正常供应所需支出

续表

能源供气系统	
1	联合国减灾办公室：气体燃料供应系统的安全性和完整性；在地震区和洪水区，使用防折气体输送管道，且有自动切断功能
2	联合国减灾办公室：停气风险及停气后损失率
3	联合国减灾办公室：由于停气造成的特定关键资产服务中断风险及其中断后损失率
4	联合国减灾办公室：恢复正常公共服务所需支出
交通道路	
1	国际标准化组织：按预定行程运行的公共交通百分比
2	国际标准化组织：每十万人可用的疏散路线数
3	联合国减灾办公室：道路停运风险及其损失率
4	联合国减灾办公室：道路剩余关键通路及疏散路线及道路关键资产损失率
5	联合国减灾办公室：铁路/地铁停运风险及停运后损失率
6	联合国减灾办公室：恢复服务的成本（所有交通运输路线）
通信网络系统	
1	国际标准化组织：灾害期间配备专业通信技术的应急响应人员百分比
2	国际标准化组织：接受应急准备和降低灾害风险的通信人口百分比
3	联合国减灾办公室：通信中断风险及中断后损失率
4	联合国减灾办公室：由于通信中断造成的特定关键资产服务中断风险
5	联合国减灾办公室：恢复服务的成本
以保障城市与生态系统安全为主要目的	
水利工程等防灾减灾设施	
1	联合国减灾办公室：是否有足够的防护性基础设施
2	联合国减灾办公室：是否定期对防护性基础设施进行维护
安全相关非工程措施，预警系统，预案等	
1	国际标准化组织：多灾害早期预警系统覆盖人口百分比
2	国际标准化组织：接受灾害影响训练的应急响应人员百分比
3	国际标准化组织：年城市收到国家发布的地方危险警告的百分比
污水废水处理系统	
1	国际标准化组织：采用分散式废水处理方式处理城市废水的百分比

资料来源：作者整理所得。

2. 评估方法概述

总体来说，城市基础设施韧性评估方法主要分为指标体系综合评分法和系统动力学法。

指标体系综合评分法 / 打分法是目前被广泛应用于基础设施韧性评估的方法。首先构建评估指标体系；其次采用专家打分法等定性方法或者公式计算等定量方法为每项指标赋分；最后通过加权求和或者直接求和等方法计算得到基础设施的韧性。例如，联合国减灾办公室从提高基础设施韧性、理解并加强社会韧性等 10 个维度构建了“让城市更具韧性的十项要素”评价指标体系。其中，基础设施韧性又根据不同类别的设施下设三级评价指标，每一项指标均设置 0 ~ 5 分的打分项。以供水系统韧性指标的量化评估方法为例，采用停水风险、由于停水造成的特定关键资产（例如，医院服务或其他关键资产）服务中断风险和恢复正常供应所需支出 3 项指标进行评价（见表 5–3）。

系统动力学法是通过系统机能曲线的变化来描述基础设施在面对地震、洪涝灾害时所呈现的状态。Ouyang 等学者在基础设施机能反应过程曲线的基础上，建立了“三阶段”韧性分析框架，可以分别评估灾害预防、损失承受以及灾后恢复 3 个阶段。

表5–3　供水系统韧性指标评估示例

序号	指标	指标释义	评价标准
1	停水风险	“停水损失率”，假设a=预计该市恢复正常供水所需的天数，b=该市受影响的用户百分比，那么，停水损失率=a × b。例如，1.5天停水 × 10%的该市居民受的影响=15%的停水损失率；50%的该市居民受到3天停水的影响=150%的停水损失率	5分：即使在“危害最严重”场景下，也不会停水； 4分：即使在“最可能发生”场景下，也不会停水； 3分：在“最可能发生”场景下，损失率为1% ~ 25%； 2分：在“最可能发生”场景下，损失率为25% ~ 100%； 1分：在“最可能发生”场景下，损失率为100% ~ 200%； 0分：在“最可能发生”场景下，损失率大于200%

续表

序号	指标	指标释义	评价标准
2	由于停水造成的特定关键资产（例如，医院服务或其他关键资产）服务中断风险	“停水关键资产损失率（WCA）”，假设a=预计该市恢复正常供水所需的天数，b=该市受影响的关键资产百分比，那么，WCA=a×b。例如，该市10%的关键资产受到1.5天停水影响=15%停水关键资产损失率；该市50%的关键资产受到3天停水的影响=150%停水关键资产损失率	5分：即使在“危害最严重”场景下，也不会停水； 4分：即使在“最可能发生”场景下，也不会停水； 3分：在“最可能发生”场景下，损失率为1%～25%； 2分：在“最可能发生”场景下，损失率为25%～100%； 1分：在“最可能发生”场景下，损失率为100%～200%； 0分：在“最可能发生”场景下，损失率大于200%
3	恢复正常供应所需支出	停水和重新恢复的损失占该服务年收益的百分比	5分：没有任何损失； 4分：损失占年收益的10%以下； 3分：损失占年收益的10%～15%； 2分：损失占年收益的15%～25%； 1分：损失占年收益的25%～50%； 0分：损失超过年收益的50%

资源来源：作者整理所得。

当承灾体受到自然灾害的冲击时，以洪水为例，单一承灾体或系统的洪水韧性可由图 5-12 中的阴影区域的面积来表示。在分析基础设施应对洪水灾害的韧性时，可以通过基础设施的脆弱性曲线和恢复能力曲线来评估。

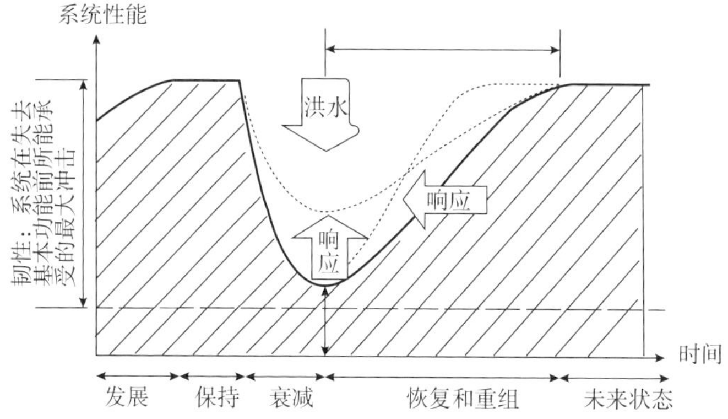

图 5-12 单一承灾体或系统的洪水韧性计算示意图

资源来源：作者自绘。

（三）不同灾种下基础设施的脆弱性分析与评估

地震、暴雨洪涝、飓风等自然灾害会对不同的基础设施单体造成不同程度的损害，而单个节点的损害或者失效可能会造成系统级联失效，从而引起严重的后果，特别是对城市交通、通信、电力、燃气、供水系统等支撑城市运行与发展的基础设施系统。在易于形成灾害链的孕灾环境下，基础设施的韧性分析变得更为复杂。以地震—滑坡—洪水灾害链为例（见图 5-13），在地震波的冲击下，设防烈度低于实际震级的基础设施，可能直接就损毁了；达到设防烈度的基础设施，也可能因局部受损而降低了抗灾性能；在随后发生的滑坡、泥石流与洪水灾害中，暴露出更多的脆弱性。为了应对这种极端不利的情景，在基础设施韧性评估中，通过脆弱性分析找出基础设施面对不同灾害的薄弱环节与易损点，进而评估灾害可能造成的后果，确定恢复重建的适宜方式与投入需求，是关键的环节。

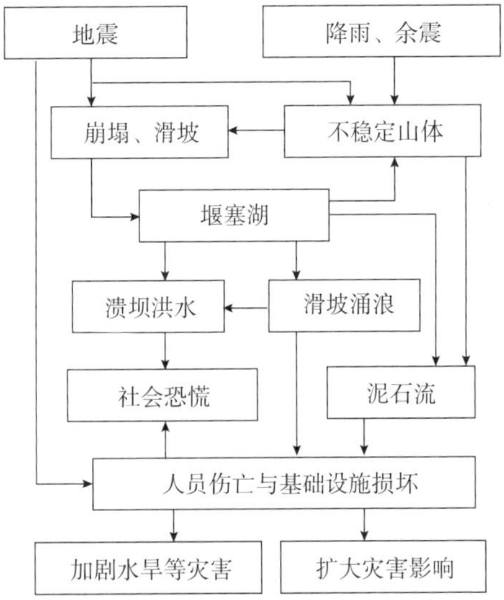

图 5-13　地震—滑坡—洪水灾害链

资料来源：作者自绘。

脆弱性与韧性是一组相关的概念，都被认为是系统的内在属性，对于两者的评估与判断，不仅涉及对风险的变化认知过程，还涉及经济、社会和行为等各个方面。脆弱性作为风险评价的一部分，是风险评价的基础。就来自自然灾害的威胁而言，不同区域孕灾环境的差异，决定了区域中可能发生的灾害类型，及其时空分布特征和可能达到的规模与强度。体现到承灾体的脆弱性上，就表现为对各类灾害不同致灾因子的应对能力，如对地震的抗震性能，对台风的抗风性能，对洪水的抗冲和耐淹性能等。显然，基础设施的脆弱性分析必须考虑不同灾种致灾特性的差异。

一般情况下，可以采用历史灾害调研、理论分析、物理实验、数据统计分析等多种互补手段，开展承灾体的脆弱性研究。本节以应用最广泛的指标体系法和脆弱性曲线法为例进行讨论。

1. 指标体系法

对于自然灾害，基础设施脆弱性影响因素不是单一的。城市基础设施韧性的定量评估方法最初源于地震工程学。建筑物的地震脆弱性涉及众多影响因素，如结构类型、建筑材料、构造设计、建造质量、建造年代、设防烈度、基础类型、地基状况、临近建筑物以及建筑物的功能用途等。而面对洪水灾害时，建筑材料、结构类型、建造年代、楼层数等直接影响其抵抗洪水灾害的能力大小。例如土木结构的旧平房比钢筋混凝土结构的新楼房更容易受到洪水的破坏。

同等强度自然灾害的外力作用下，不同的基础设施受损度不一样，同一基础设施遭受不同强度自然灾害作用，其损失程度也不一样，这取决于不同基础设施脆弱性的差异。而在开展脆弱性分析时，影响因素选择过多，可能抓不住重点；选择过少，又可能忽略了重点。制定一套简单的指标体系，对基础设施脆弱性统一进行多灾种的综合分析与评价，难以保证所得结果的客观性与实用性。因此，基础设施的脆弱性指标体系构建与评估，是专业性很强的一项工作，要根据具体对象、具体灾种逐一分析，抓住主要矛盾和矛盾的主要方面。

首先应针对不同的灾种分开分析，逐一排查单一基础设施在遭受某一灾种时，从结构、材料、建造年代、功能等方面排查其可能存在的薄弱环节和易损点。其次从相对独立的角度筛选指标，指标的选择原则包括 3 个方面：指标应具有完备性，即能反映该基础设施在遭受某一灾害冲击时的脆弱性；指标应含义明确，且便于获得和应用；指标应尽量可定量化或者半定量化，能够反映基础设施的抗灾能力。最后针对基础设施对于该灾种的脆弱性进行评估。

2. 脆弱性曲线法

脆弱性曲线，又称损失率曲线，是不同灾种强度与不同基础设施损害程度之间的关系描述，用以衡量不同灾害对承灾体造成的损害。最常用的方法是历史灾害调查法，即通过对研究区域的历史实际灾情调查和数据收集等，采用曲线拟合等数学方法建立致灾因子与承灾体损害之间的关系。通过开展物理模型试验等，建立脆弱性曲线。其他方法还包括系统调查法、数学模型法等。

洪涝灾害对基础设施的作用通常可以用淹没水深、流速、持续时间等来表征，因此脆弱性曲线通常由洪水强度—基础设施损失率来描述。部分基础设施的水深—损失率关系用于反映不同基础设施的抗淹能力。

地震可以采用无参数的地震强度等级、峰值地面加速度、地表位移等来表征，图 5-14 是 FEMA Hazus-MH 提出的地震造成大型污水处理厂不同程度破坏的脆弱性曲线。

滑坡、泥石流等可以采用掩埋深度、掩埋面积等来描述灾害强度，不同基础设施的脆弱性可以由其抗掩埋强度来表征。台风、飓风等可以采用最大风速等描述灾害强度，不同基础设施的脆弱性可以由其抗风强度来表征。

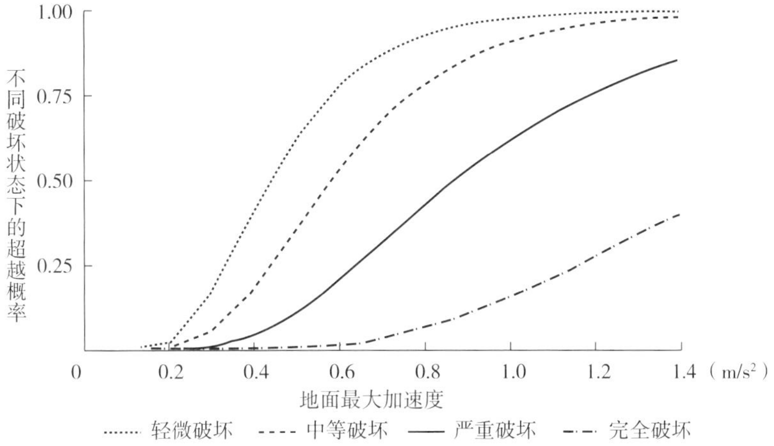

图 5-14 地震—大型污水处理厂脆弱性曲线（FEMA Hazus-MH）

资料来源：作者翻译文献所得。

就来自自然灾害的威胁而言，基础设施的脆弱性分析也需要考虑不同灾种致灾特性的差异。有些灾种不具备可调控性，如地震、台风等，基础设施只能靠提升自我的抗震能力和抗风能力来应对，因此基础设施在设计阶段就需要针对所在区域的地震烈度和风力强度，确定抗震、抗风的设计标准；如洪涝，具备一定的可调控性，但是流域/区域防洪排涝系统的构建，是专业部门的事情，基础设施运营与管理单位只能是对超出防御标准的残余风险做好自身的防护，而对于基础设施因灾受损引发的次生灾害后果，需在更大范围和更多层级上采取应对措施。因此，对于基础设施的规划、设计、建设、管理与运营维护单位来说，更多是要认清可能面对的威胁类型、量级和时空分布特性，针对自身脆弱性做好韧性提升的工作，尽快斩断次生灾害链的源头。

（四）水利基础设施的脆弱性分析与评估

在我国的自然地理和社会经济条件下，健全的水利工程体系既是支撑发展、保障安全的重要基础设施，也是实现人与自然和谐共处的基本前提。在年复一年与洪水的抗衡中，水利工程体系不仅是赖以依托的防洪屏障与调控手段，而且是大洪水中首当其冲的承灾体和全力抢护的重要对象。一旦因险情扩展而导致工程失事，难免造成严重后果。为此对于水利基础设施的韧性提升，尤其需要对其风险特征有更为深入细致的认识，并将可能导致严重后果的脆弱性，作为分析与评估的重点。

1. 水利基础设施的风险特征

水利工程体系本身作为承灾体，其风险分析适宜采用风险三角形的构架，而作为保障安全的基础设施，不仅要考虑工程自身水毁的损失和修复的代价，而且要考虑工程失事带来的严重后果，故其风险构成又适宜采用风险三要素的框架（见图 5–15）。其威胁可能来自其调控对象洪水，一旦洪水规模超出其设防标准，则对工程本身安全构成了威胁；威胁也可能来自其他自然灾害，如地震、滑坡等造成的破坏，降低了工程的承灾能力，增大了脆弱性；还可能来自人为事故或恶意破坏。显然，水利基础设施既需要针对其保护区域的风险全面加强对致灾因子的调控与防范能力，又特别需要针对系统自身薄弱环节面临各种威胁的脆弱性推进韧性提升策略。

就洪水而言，水利工程面对的威胁是超出其设计防御标准的洪水。面对超标准洪水，防洪工程体系防洪调度与应急处置的决策，往往是“两害相权取其轻”的风险决策。为了使水利工程体系充分发挥好除害兴利、化害为利的功能，提升水利工程体系承受超标洪水压力的韧性，并具备快速查险、排险、抢险与快速水毁修复的能力，对工程规划、设计、建造、运营、管理以及应急处置各环节都提出了更高的要求。针对水库或者堤防等单体建筑物，可以采用指标体系法或脆弱性曲线法分析其脆弱性；针对由水库、堤防、涵闸、蓄滞洪区等组成的防洪减灾工程体系，则需以流域为单元，针对不同规模洪水采用指标体系法来开展脆弱性分析，并权衡利弊作出综合评估。

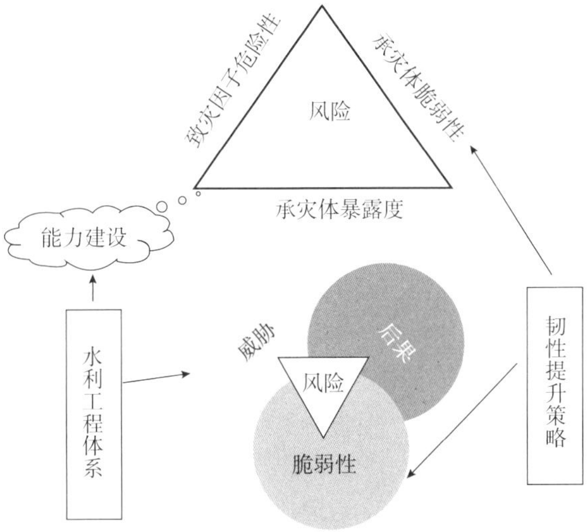

图 5-15　水利基础设施的风险元素

资料来源：作者自绘。

2. 单一水利工程脆弱性分析与评估

指标体系法。首先通过系统梳理水利基础设施可能存在的薄弱环节和易损点，构建脆弱性评估指标体系，然后通过数据分析、现场勘查等方式对每一项指标赋分，最后采用加权求和等方法得到单一水利基础设施的脆弱性，为下一步提升水利基础设施的韧性提供数据支撑。

任何水利工程都有建设的设计标准和一定的使用年限，工程在设计、施工过程中也可能存在一定的隐患，这些隐患往往在遭遇超标准洪水时会显露出来，发现不及时或处置不当，就可能导致工程失事，造成恶劣后果。因此，水利工程的风险辨识中，要考虑最大可能与最不利的情景，隐患排查、监测与安全评价需制度化。

针对薄弱环节排查，尤需重视对人为加重风险的隐患排查。以郑州市郭家咀水库为例，该水库是位于郑州市金水河上游的一座以防洪为主、兼顾生态及涵养地下水等综合利用的小（I）型水库，2010 年已经完成了除险加固，并通过验收。2018 年郑州市南四环高架施工，溢洪道被施工临时便道堵塞，不仅一直未按要求疏通，反而还在桥下堆满弃土弃渣，成为水库安全的重大隐患。郑州“7・20”特大暴雨灾害中，库水位猛涨但无法通过溢洪道有效泄洪，尽管抢挖了临时溢洪槽，仍然发生了水库漫顶的恶性事故。土石坝漫顶溃坝是大概率事件。郭家咀水库漫而未溃，说明 2010 年的除险加固，质量是过关的。然而，作为超标准洪水发生时保障大坝安全的溢洪道被堵，就构成了威胁大坝安全的严重隐患。国务院调查报告指出，根据调洪演算结果，若溢洪道正常运行，库水位最高 161.1 米，尚低于坝顶高程 2.4 米，不会出现漫坝。认定这是一起因道路建设和施工单位侵占毁坏水工程、有关部门监管不力导致溢洪道堵塞，极端暴雨引发水库漫坝重大险情的违法事件。

针对评估指标体系，以蓄滞洪区为例，蓄滞洪区脆弱性评估可以从蓄洪工程不达标率、安全建设不达标率、工程建设模式适宜性、预警与组织转移时效性以及管理机构是否健全等方面筛选指标，构建脆弱性评价指标体系。

脆弱性曲线法。在地震等自然灾害作用下，水库、堤防等水利基础设施可能被破坏且造成巨大的损失。可以通过历史灾害调查或者开展物理模型试验等，构建地震烈度与水库大坝、堤防等水利工程的损失率曲线，进而评估单一水利工程的脆弱性。

3. 防洪减灾工程体系脆弱性分析与评估

水库、堤防、涵闸和蓄滞洪区等单一水利基础设施组成了以流域为单元的防洪减灾工程体系。防洪减灾工程体系的建设标准，在流域中不同区域随保护对象的重要性而有所差异，并随经济社会的发展而提升。在遭遇超标准洪水的情况下，要通过科学调度，在保障工程安全的前提下最大限度发挥防洪减灾工程体系调控洪水的作用，并做到有守有弃，适时启用蓄滞洪区。因此，防洪减灾工程体系的脆弱性，可以从江河堤防不达标率、病险水库未除险加固率、中小河流治理不达标率、城市防洪排涝不达标率、城市低影响开发措施实施率、蓄滞洪区工程与安全建设不达标率，以及监测、预报、预警和调度等方面构建防洪减灾工程体系脆弱性评估指标体系，查找堤防、水库、蓄滞洪区等工程建设方面的薄弱环节和易损点，以便有针对性地提出提升防洪减灾工程体系韧性的具体措施和建议。

四、提升基础设施韧性的策略与措施

我国基础设施同国家发展和安全保障需要还不相匹配，全面加强基础设施建设，对保障国家安全，畅通国内大循环、促进国内国际双循环，扩大内需，推动高质量发展，都具有重大意义。显然，作为发展中的大国，我国基础设施建设底子更薄，要求更高，任务更为紧迫、繁重，也面对更大的压力与挑战。加大基础设施的建设力度，既要考虑如何为满足国家发展和安全保障的需求补短板，也要考虑如何提升基础设施各系统自身应对巨灾风险的韧性，增强在灾难环境下抗击干扰、维持运转、减少损失及快速修复的能力。因此，按照国家治理体系与治理能力现代化的发展需求，基础设施的韧性提升，需要对现代社会中巨灾风险的特征及其演变机理有更为清醒的认识，从基本国情及国家发展和安全保障需要出发，积极探讨基础设施韧性提升的基本策略和主要措施。

（一）现代社会中巨灾风险特征及其演变机理

在全球气候变暖与经济社会发展、高速城镇化的背景下，超出设防标准的灾害事件发生的可能性与不确定性均在上升，而随着社会发展形态和经济发展模式的改变，灾害的威胁对象、致灾机理、成灾模式、损失构成与风险特征正在发生着显著变化。

表 5-4 虽以洪劳灾害为例，其分析结果表明，现代社会中巨灾风险的演变机理，呈现出连锁性、突变性与传递性等新特点，也基本适用于其他灾种。

表5-4　现代社会中洪涝灾害特征的变化

	传统农业社会	现代城市化、产业化社会
威胁对象（承灾体）	受淹区内的城乡人口、房屋与财产，农林牧渔业和道路、水利等基础设施（A）	（A）+ 供电、供水、供气、供油、交通、通信等生命线网络系统，机动车辆等；中小企业与种植业、养殖业集约化经营者往往成为重灾户，城市地下空间成为重灾场所；受灾与受影响对象超出受淹范围
致灾机理（灾害系统构成及互动关系）	致灾因子以自然外力为主，人畜伤亡和财产损失主要与受淹水深、流速和持续时间成正比（B）	（B）+ 孕灾环境被人为改良或恶化，致灾外力被人为放大或削弱；承灾体的暴露度与脆弱性成为灾情加重或减轻的要因；生命线系统瘫痪、生产链或资金链断裂加剧次生、衍生灾害；水质恶化加重洪涝危害
成灾模式（基本、典型的灾害样式）	人畜伤亡、资产损失、水毁基础设施及并发的瘟疫与饥荒，灾害影响持续多年（C）	（C）+ 洪涝规模一旦超出防灾能力，水灾损失急剧上升；借贷经营者灾后可能成为巨额债民；应急处置能力与成效对成灾过程及灾害后果有重大影响；灾难的可承受度与恢复重建速度、损失分担方式等密切关联
损失构成（直接、间接损失）	以人员伤亡、农林牧渔减产、房屋与财产损毁、工商业产品损失及基础设施损坏等直接经济损失为主，间接损失比重较小（D）	（D）+ 次生、衍生灾害造成的间接损失占比大增；无形的信息产品因水灾丧失，损害甚至远大于储存信息的实体硬件；城镇受淹后各色垃圾数量激增，处置不及时会对人体健康和生态环境造成恶劣影响
风险特征（危险性、暴露性、脆弱性）	洪涝规模越大，可能造成的损失越大；洪水高风险区及受淹后果凭经验可作大致的判断；救灾不力可能引发社会动荡	受灾后资产可能归负，难以承受的风险加大；风险的时空分布与可能后果的不确定性大为增加；决策风险增大，决策失误可能影响社会安定；承灾体的暴露性与脆弱性成为抑制洪涝风险增长需考虑的重要方面

资料来源：《变化环境下洪涝风险的演变特征与城市韧性提升策略》。

灾害连锁性。现代社会的正常运转高度依赖于各类基础设施与生命线系统。这些系统在关键点或面上一旦因灾受损，会在系统内部及系统之间形成连锁反应，以致灾害影响范围远远超出灾害发生的区域，间接损失甚至超出直接损失，其不利影响的消除取决于生命线系统的修复时间。

损失突变性。随着防洪保护区内人口资产密度不断提高，一旦灾害规模超出防控能力，而风险管理与应急处置又不得力，那么由于承灾体自身的脆弱性及生命线系统的瘫痪等原因，就会出现灾害损失与不利影响激增的突变现象，损失可能不是高达一两倍，而是跃增一两个数量级。

风险传递性。现代社会中经济体系运营所形成的产业链、供给链更为广泛且紧密，远在灾区之外的企业，存在因上游企业受灾停产而无法正常运营的可能性，即为自上游企业传递来的风险。而处于产业链上端受灾严重的企业，短期内若难以恢复生产，也担心下家企业等不及，一旦找了其他的货源，就算自己恢复了生产，产品又无法卖出。所以风险的传递性，对于受灾企业而言，很可能因此陷入雪上加霜的困境。应对风险的传递性，需要引入保险机制，构建更具韧性的经营模式。而企业受灾的严重程度和灾后恢复的速度，相当程度上也受着生命线系统等基础设施灾损与恢复状况的制约。

由于城市生产、生活的高效运转极大依赖于生命线系统等基础设施与密切关联的产业链，以及城市各子系统之间、城市与周边环境之间的广泛依存性，上述灾害风险特征的变化凸显出城市巨灾的复杂性。在传统农业社会中，水旱灾害事件等级的高低，取决于致灾因子规模的大小。例如年降水量一般呈正态分布，对应着特大干旱或特大洪涝的年降水量极少或极多的年份，是小概率事件。在气候变化背景下，极端天气事件的概率有所增加，但也达不到频发的程度。然而，由于威胁对象、致灾机理、成灾模式与损失构成的变化，规模超出设防能力的灾害事件体现出的连锁性、突变性和传递性，促使风险要素由正态分布向幂律分布转化，而形成“肥尾效应”，即超出原定设防标准灾害事件发生的概率会比预想的高出许多，后果也会严重许多，这是当今灾害风险管理中韧性提升备受重视的根本原因。

（二）基础设施韧性提升基本概念的再认识

为了应对气候变化背景下极端重大灾害事件对经济社会平稳、可持续发展的冲击性影响，21 世纪以来，针对暴露于危险中的系统、社区或社会，国际社会日趋重视提升其及时有效抵御、规避、承受、适应、分担巨灾打击和从灾难性影响中快速恢复的能力，并将推动韧性城市建设作为提高城市可持续发展能力的重要举措。基础设施的韧性可以理解为灾害发生时抵御灾害、承受损失并及时恢复至正常运行状态的能力。针对承灾体的暴露度与脆弱性，推进适应性和强韧性策略，已成为抑制灾害风险增长需考虑的重要方面，促使防灾减灾从减少灾害损失向减轻灾害风险转变。

以洪水灾害为例。大洪水事件发生的时间是系统已经进入平稳运行阶段之后，而恢复也只需要达到灾前水平即可。然而，作为尚在快速城镇化进程之中的发展中国家，“先地上、后地下”“重面子、轻里子”现象普遍存在，基础设施建设起点更低，且往往处于明显滞后状态，补短板的压力很大。为此，图 5-16 根据图 5-12 重新作出调整。点划线①为洪水发生前系统的状态，起点更低，且尚未进入平衡态。此外，大灾之后，人们不仅希望快速恢复重建，而且希望系统能够达到更高、更安全的水平，以满足经济社会发展的需求（如图点划线②所示），以免下次暴雨来临重蹈覆辙。对于尚在快速爬坡进程中的发展中国家，韧性提升需求，不是仅仅为了应对未来气候变化带来的潜在风险，而是要在现实中统筹好发展与安全。“只求发展不顾安全”或“为确保安全而阻碍发展”的极端模式，最终都会付出得不偿失的代价。因此，在两个极端间谋求均衡点，是韧性提升亟待解决的问题。

为此，基于洪水的风险分析与评价，流域的防洪减灾与水安全保障方略，既需要针对洪水的危险性，推行适宜的调控性策略；也要针对承灾体的暴露度，推行必要的适应性策略；以及针对承灾体的脆弱性，推行使经济社会更具承受灾害不利影响、快速恢复重建的强韧性策略。而实施这些策略，就需要全面加强洪水风险管理与应急管理的能力建设，形成与经济发展水平相适应的、更为强有力的防洪安全保障体系。

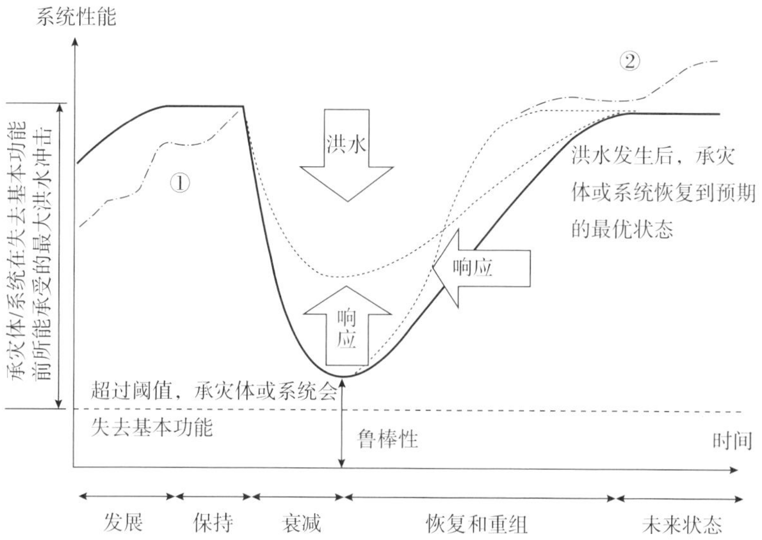

图 5-16　单一承灾体或系统的洪水韧性示意图（根据图 5-12 改绘）

资料来源：《变化环境下洪涝风险的演变特征与城市韧性提升策略》。

（三）基础设施韧性提升的基本策略

基础设施韧性提升，为城市韧性建设提供全面的支撑，但其内在子系统众多、结构复杂且相互关联，在遭受自然灾害和人为灾害的冲击时，会对维持城市功能的正常运转及灾后快速恢复重建构成致命影响。城市中的各类基础设施，有的提供付费服务，实施企业化管理；有的提供公益性服务，由政府的财政收入提供建设与维护资金，在韧性提升上必然会有不同的推进策略。因此，必须从系统性、复杂性、适应性等角度看待基础设施的灾害风险，有针对性地提升其韧性。

变化环境中，超出基础设施承受能力的极端灾害事件，发生的可能性与不确定性均在增大。要预见到所有可能发生的情况，并提前做好应对的准备，是不现实的。一方面，总有意想不到的情况可能发生；另一方面，对于小概率的极端事件即使提出消除风险的万全之策，在财力、物力、技术实力和管理能力上做不到，也沦为空谈。有文献指出，韧性策略强调基础设施工程自身的能力建设，关注在灾害发生时和发生后，工程如何能够承受灾害的冲击并适应环境与条件的变化，从而保持或尽快恢复基本的功能，并在此基础上提出了5条具体的策略：

缓冲性策略，是通过特定的结构设计或防护措施以增强基础设施对灾害冲击的承受能力，来降低基础设施受灾后的破坏程度，尽可能保持其基本功能。例如，对于防洪工程若通过关键易损部位的结构设计与防护措施做到冲而不垮、溢而不溃，将会显著提升全系统的承灾韧性。

多功能性策略，强调把多重功能集于一个基础设施工程之上，意在通过功能的交织、结合和叠加来提升整体基础设施系统对灾害冲击的适应能力。例如，将单一功能的排涝泵站，改造成能引能排的双向运行泵站，兼具排涝、供水、治污功能，既可有效提升系统的建设标准，又提高了投资—效益的合理性。

冗余性策略，是通过增加备用系统来提升韧性，当基础设施工程受到灾害冲击而出现问题时，可启用备用系统，从而确保功能的正常发挥或尽快恢复。对于城市暴雨洪涝中各类基础设施易损的关键部件，应准备可快速启用的备用系统或零部件；为降低成本，坚持“一方有难八方支援”，亦有利于韧性提升。

多样性策略，要求规划者和设计者具有系统思维，设计不同方式来保证基础设施重要功能的不间断运行，形成具有多样性的工程体系。就城市的水安全保障体系建设而言，许多问题不是在城市内部可以有效解决的，必须以流域为单元进行统筹规划，以蓝—绿—灰结合的多样性手段实现综合治水的目标，满足韧性城市的水安全保障需求，是至关重要的策略。

自适应策略，强调系统应具有灵活性，通过“以变应变”和“从实践中学习”来提升自身的生存和适应能力以自动适应环境的变化，尤其是适应消极的变化。客观而言，社会对极端事件的适应能力是有限度的。而受灾区域中，达到极端量级的范围也是有限的。如果社会整体适应灾变的能力得以提升，灾害抢险救援与恢复重建的压力就能有所缓解，使有限资源能够更为集中用于重灾区中。

有文献提出了一个城市基础设施韧性分析的三阶段框架，对于每个阶段，都强调了一系列基于韧性的提升策略，并确定了韧性的适当相关因素，然后将其结合起来，以建立适合各单一灾害和多类灾害并发的期望年度韧性指标（见表 5–5）。文献以美国得克萨斯州哈里斯县输电网为例，将原电网模型与几种假设的韧性改进模型进行比较，以量化其在不同站点的有效性。结果表明，在资源有限的情况下，恢复的顺序在提升系统韧性方面起着至关重要的作用。电网年预期韧性增加 0.034%，每年即可节省数百万美元的运营和维护费用。

表5–5　三阶段基础设施系统韧性提升策略举例

阶段	衡量韧性的相关因子	韧性提升策略（示例）
第一阶段（抵御能力）	灾害频次，初始破坏水平	运用风险管理的方法分辨并加固关键部件
		运用事故模型从已发生的灾难事件中吸取教训，改进提高
		基于可视化模型技术实时感知、监测和更新基础设施系统状态
		完善决策支持平台、员工培训和企业文化，增强态势感知能力
第二阶段（承灾能力）	最重受灾影响水平	调整基础设施系统的拓扑结构
		系统的冗余设计
		增加基础设施系统自我修复、自适应的响应机制
第三阶段（恢复能力）	恢复时间，重建成本	为快速恢复响应，建立有效的沟通渠道和协调机制
		完善决策支持平台，快速准确地确定可行的恢复策略

资料来源：A Three-Stage Resilience Analysis Framework for Urban Infrastructure Sustens.

洪水韧性针对的是现代社会中承灾体面临洪水所显露出的日趋敏感的脆弱

性，表现为承灾体在应急响应、规避危险、承受打击与恢复重建等能力上的差异。洪水强韧性策略旨在提升承灾体风险防范、应急处置、化解损失至可承受限度之内的能力，以及按水安全保障的更高要求进行恢复重建，使承灾体达到更具耐淹韧性的水平。

应对不同类型的风险，需采取不同的策略。在洪水风险中，不同类别承灾体的脆弱性，有不同的成因和关联性表现，并提出多样性的安全保障需求。例如，水利工程如何革除重建轻管的积弊，确保水利工程安全度汛，面对超标准洪水能够做到溢而不溃、冲而不垮，发生水毁后能获得快速修复的资金与技术保障，是强韧性策略中需要攻关的难题。现代社会中供电、供水、供气、供油、通信、网络等生命线网络系统，机动车辆等在暴雨洪涝中更易显现出脆弱性。为了避免社会的正常运转因洪涝停电、停水及交通、通信中断等而陷入瘫痪，如何构建更具洪涝韧性的各类基础设施与生命线系统，在受淹情况下仍能保持正常运营、一旦受损能够尽快修复，就成为降低洪灾连锁反应风险的关键。

值得指出的是，目前防灾减灾领域谈及较多的韧性城市建设，对韧性赋予了广义的概念，即以区域整体为对象，综合考虑了脆弱性与适应性，以及区域防灾体系对致灾外力的抵御和承受能力，以从整体上推进综合性的风险防范与减灾战略。由于广义的韧性中，一般不考虑区域内同类承灾体中脆弱性的差异，因此，对于实际处于洪水风险区中的各类基础设施，统筹考虑适应性策略与强韧性策略，更具有现实的指导意义。总之，韧性，既有刚性的一面，克服了脆弱的短板；又有柔性的一面，增强了适应的能力；实际是二者的有机结合，体现出刚柔并济的特征。

（四）基础设施韧性提升的主要措施

基础设施的韧性提升，不等于基础设施建设，是发展理念的转变，既有长期的防护性措施，也有临时的应急性措施。韧性提升措施的推行，面对传统观念、现行体制以及经济、技术条件等多方面的制约，要统筹经济社会协调发展与提升安全保障水平的需求，必须将风险管理与应急管理两条主线有机结合起来，也必然涉及实施目标的优化分解，实施方案的优化比选，实施顺序的优化安排，实施力量的优化组合。因此，韧性提升措施，并非只是单纯的工程措施或技术措施，而是需要综合运用法规、行政、经济、工程、技术、教育与宣传等手段。以下重点以保障防洪抗旱安全与供水安全的水利基础设施为例，从6个方面探讨韧性提升的措施。

风险辨识与预防。水利工程体系的规划设计，总是基于水文序列资料对流量、水位、水量等特征指标按一定形式的概率分布进行重现期的统计分析，再根据保护与供水对象的重要性，选定建设项目的设计标准，并确定了调度运用中应予以控制的各种特征水位与流量。然而在自然与人为因素的影响下，流域汇流及河道洪水演进条件发生着显著变化，流域内的水文特征与水动力特征会发生显著变化，使得水文序列体现出非平稳的特征，流域中洪水与干旱风险的时空分布特征发生了显著变化，极端水旱灾害事件发生的可能性与不确定性均在增大。为此，需要针对变化环境，增强辨识灾害链及超标准洪水等对水利工程造成重大威胁的能力，识别最大可能与最不利情景下的薄弱点，判别工程失事或失效可能危及的范围及其可能造成的后果。

危险感知与预警。水利工程体系的科学调度应用，特别是当重大水旱灾害临近发生时，能否及时捕捉到灾害来临的前兆信息，并对灾害危险等级、时空分布及险情、灾情作出快速研判，为防汛抗旱指挥决策提供基本的依据，是至关重要的。因此，作为韧性提升的基本措施，改进洪水、干旱及其伴生或诱发灾害的监测、预报、预警系统，熟悉不同等级危险临近的前兆，具备对多源信息及工程险情进行快速、综合研判与推演的能力，明确分级预警信息发布的范围、对象与送达方式，不仅关系到水利工程体系能否在应对重大水旱灾害事件中充分发挥自身作用，并保障好自身安全，而且也关系到各个生命线系统运营管理部门能否及时获取预警信息，采取有效的安全保障措施。

防汛抗洪与抢险。在重大洪水灾害肆虐的过程中，防洪工程体系难免发生不同类型、不同等级的险情。有些险情的隐患，只有在特大洪水的外力下才会显现出来。为了提升工程体系的承灾韧性，必须具备隐患探测的能力并使定期检测和评估制度化；培养具备险情类别、等级与紧迫性判别能力的专业人才队伍，以及快速制定合理可行的抢险方案并高效组织实施的能力；在实际发生的超标准特大洪水中，工程主体也要具备溢而不溃、冲而不垮的韧性。由于汛期一条江河可能形成多个洪水过程，一旦发生重大险情，为避免溃坝决堤导致的恶性后果，必须建立群专结合的排险、抢险组织体系，进行必要的培训与演练，关键时刻，能充分发挥重要作用。

应急救援与恢复。在极端不利情况下，防汛指挥决策往往是“两害相权取其轻”的风险决策，例如水库为保坝而不得不转入紧急泄洪状态，蓄滞洪区不得不临危启用，圩区也可能不得不根据洪水规模有所放弃。为此必须增强应急处置的能力建设，基于风险评估编制针对性强且具备可操作性的应急预案，为预案的及时启动和有效实施进行必要的人员培训和演练，并做好预案实施的物资准备。在重灾区中大量基础设施受损严重的情况下，快速修复往往超出了受灾区域各类基础设施运营管理单位自身的能力，为此特别需要发扬“一方有难八方支援”的优良传统，在人员、装备与技术上组织跨区域的对口援助。

灾损承受与分担。在灾害损失难以避免的情况下，需要通过损失分担等措施，提高水利工程体系对灾害损失的承受能力。如针对最大可能的灾难情景积极采取减轻风险、减少损失的防范性措施。针对最不利情景建立水利工程体系的保险机制，使巨灾风险在时空上得以分担。

韧性重建与提升。大灾之后要综合研判灾难成因，深入追究灾中暴露的薄弱环节与短板，以利于在重建中吸取教训，探讨可行的、有助于提升基础设施系统韧性的改进措施，使重建后的基础设施能够更好地支撑发展再上新台阶，并能够提供更高水平的安全保障。然而，更高水平、更具韧性的基础设施重建，或许会受到资金、技术与人才及管理体制等因素的制约，因此需要分轻重缓急，统筹兼顾，尽可能选择基于自然的解决方案，以保证措施的可持续性，并避免盲目的风险转移。

五、提升基础设施韧性的政策建议

我国已明确指出，基础设施是经济社会发展的重要支撑，要统筹发展和安全，优化基础设施布局、结构、功能和发展模式，构建现代化基础设施体系，为全面建设社会主义现代化国家打下坚实基础。目前我国正处于发展再上新台阶的关键时期，现代城市的正常运转，对基础设施的依赖日益提高。基础设施的风险特性，决定其一旦因灾受损瘫痪，损失的不仅是系统本身，还会引起一系列灾难性后果的连锁反应。基础设施的韧性提升，对于降低灾害风险是至关重要的有效措施。为此，各类基础设施规划、建设、管理与运营单位都需要确定相关基础系统抵御特定威胁的能力，采取有效减少潜在不利影响的措施，并在系统遭到破坏时能够快速恢复运行。

一般认为，基础设施的韧性，体现为在面对自然或人为致灾外力冲击时，具有一定的适应能力，能够承受或消纳一部分冲击能量，并能尽快恢复至可运行状态的能力。而作为处于快速城镇化、工业化发展阶段的发展中国家，基础设施建设往往前期欠账太多，后期压力还将持续增大。为满足支撑与保障经济发展再上新台阶的需求，要缓解基础设施因灾受损给经济社会快速平稳发展与安全保障带来的不利影响，不仅迫切需要提升基础设施承灾能力与灾后快速恢复基本功能，而且常常将灾后重建看作基础设施建设补短板与再上新台阶的重要机遇。

基础设施韧性提升，对于发达国家，一般被认为是应对气候变化带来的潜在风险，增强城市承受未来巨灾冲击能力的有效手段。而在发展中国家，韧性提升不仅是为了适应未来的变化，更重要的是为支撑当前发展和保障安全而重构新的平衡。我国作为快速城镇化进程中的发展中国家，韧性城市建设不仅是为了防灾，而且是谋求能够统筹发展与安全的规划、设计、建设、管理与运营模式，实现更为安全和可持续的发展。这也是国家治理体系与治理能力现代化的基本要求和重要体现。因此，我国在基础设施韧性提升的努力中，需要重点考虑发展中国家的特点与要求。

发展不均衡，是我国现阶段的基本特征。在沿海城市及一些重要城市高速城镇化的进程中，许多三四线城市人口甚至在减少，尤以东北部、中西部为甚。不同规模、不同发展特征的城市，对基础设施建设需求的差异也是很大的，投入能力与管理水平也相差很大。国外文献中，对城市韧性及城市基础设施韧性已经开展了大量的研究，并提出了一些评价的指标体系与量化评估的方法。这些对我国建设韧性城市和制定基础设施韧性提升策略与措施，有很好的借鉴意义。但在学习与推广的过程中，也必须注意到经济社会发展模式与水平的差异，避免脱离实际、千城一面的追求。发展相对滞后的区域，全面提升城市基础设施韧性指标，如冗余度、多样性等，经济实力上未必合理可行。因此，要继续发扬“一方有难八方支援”的优良传统，充分体现社会主义制度的优越性，增强重灾区基础设施快速、高水平恢复重建的能力。

防洪治涝工程体系是城市水安全保障最为重要的基础设施。建成、完善防洪治涝工程体系，科学地进行调度运用，最大限度发挥工程体系整体调控洪水的功能，提高防洪治涝标准，减轻洪水危害，是行之有效的基本措施，也是实现人水和谐共处的基本前提。我国防洪治涝工程体系规划设计的标准，与经济地位的重要性、常住人口及经济规模等相关联。然而，在城镇化的高速发展阶段，防洪排涝体系建设往往呈滞后状态，在巨灾面前，防洪工程也往往显露出脆弱的一面，决堤溃坝时有发生；随着建成区面积的不断扩张，河流行洪与排涝的矛盾也在加剧。在灾后重建中，人们普遍希望大幅提高防洪排涝工程的建设标准。同时，大灾之后，通过灾种暴露的问题，易于认清系统中的薄弱环节，治水方案也较为容易获得公众的理解和各级政府的支持。因此城市防洪治涝体系达标升级建设，要将灾后重建作为城市韧性提升的重要机遇期。而非重灾区中的城市，也需要从中吸取经验和教训，做好不同规模超标准洪涝灾害事件发生的情景分析，通过变化环境下的风险辨识，预见可能存在的薄弱环节，整合相关规划与多方的力量，形成生态环境友好、韧性逐步提升的运作机制和行动方案。

参考文献

[1] 程晓陶，刘昌军，李昌志，等 . 变化环境下洪涝风险的演变特征与城市韧性提升策略 [J]. 水利学报，2022，53（7）：757–768.

[2] 程晓陶 . 2021 年郑州“7・20”特大暴雨洪涝灾害郭家咀水库案例的教训与反思 [J]. 中国防汛抗旱，2022，32（3）：32–36.

[3] 华智亚 . 韧性思维、韧性基础设施与城市运行安全 [J]. 上海城市管理，2021（1）.

[4] 李亚，翟国方，顾福妹 . 城市基础设施韧性的定量评估方法研究综述 [J]. 城市安全，2016，23（6）：113–121.

[5] 李亚，翟国方 . 我国城市灾害韧性评估及其提升策略研究 [J]. 规划师，2017，33（8）：5-11.

[6] 翟国芳，何仲禹，顾福妹 . 韧性城市规划理论与实践 [M]. 中国建材工业出版社，2021.

[7] 周利敏，原伟麒 . 迈向韧性城市的灾害管理——基于多案例研究 [J]. 经济社会体制比较，2017（5）：22-33.

[8] 朱法君 . 从“菲特”“烟花”两场台风对比总结城市洪涝治理的“余姚模式”[J]. 中国水利，2021（21）：54，65-67.

[9] Andre S，Slobodan P. Simonovic & Howard T. Use of Quantitative Resilience in Managing Urban Infrastructure Response to Natural Hazards [J]. Saafety and Security Engineering，2018.

[10] Bruneau M，Chang S E，Eguchi R T，et al. A Framework to Quantitatively Assess and Enhance the Seismic Resilience of Communities [J]. Earthq Spectra，2006，19（4）：737-738.

[11] Graveline M H，Germain D. Disaster Risk Resilience：Conceptual Evolution，Key Issues，and Opportunities [J]. Int J Disaster Risk Sci，2022（13）：330-341.

[12] IPCC . Climate change 2007：Impacts，Adaptation and Vulnerability. Fourth Assessment Report of Working Group Ⅱ [R]. Cambridge，UK：Cambridge University Press，2007.

[13] Kron W. Flood Risk = Hazard Values Vulnerability [J]. Water International，2005，30（1）：58-68.

[14] Linnenluecke M，Griffiths A. Beyond Adaptation：Resilience for Business in Light of Climate Change and Weather Extremes [J]. Business & Society Founded at Roosevelt University，2010，49（3）：477-511.

[15] Ouyang M, Dueflab–O L, Min X. A Three–stage Resilience Analysis Framework for Urban Infrastructure Systems [J]. Structural Safety, 2012（36）: 23–31.

[16] Petit F D, Bassett G W, Black R, et al. Resilience Measurement Index: An Indicator of Critical Infrastructure Resilience [R]. Argonne National Laboratory, 2013.

[17] Sara M, Melissa S. Comparing Conceptualizations of Urban Climate Resilience in Theory and Practice [J]. Sustainability, 2016.

[18] Shaw R, Team I. Climate Disaster Resilience: Focus on Coastal Urban Cities in Asia. United Nations Economic & Social Commission for Asia & the Pacific, 2009.

[19] United Nations Office for Disaster Risk Reduction. Sendai Framework for Disaster Risk reduction 2015— 2030.

[20] United Nations, Department of Economic and Social Affairs. World Urbanization Prospect, 2007.

[21] United Nations, Department of Economic and Social Affairs. World Urbanization Prospect, 2018.

[22] Yu Q, Wang Y, Li N. Extreme Flood Disaster: Comprehensive Impact and Assessment [J]. Water, 2022, 14.

专题六

数字技术赋能韧性城市建设*

一、引言

极端天气事件、自然灾害、事故灾害以及公共卫生事件的频繁发生，严重威胁到人类社会的安全和可持续发展。同时，快速城镇化建设导致人口、经济和基础设施等要素不断向城市集聚，城市系统面临更加复杂的风险。伴随人类社会的发展与进步，自然灾害、事故灾害与公共卫生事件频发，导致人民群众的生命财产安全和社会经济的有序发展受到严重威胁[①②]。面对各类风险和干扰，传统被动、刚性的防灾方法难以满足现阶段的城市建设需求[③]，科学有效地进行

---

* 本专题作者为南京大学建筑与城市规划学院博士后鲁钰雯，南京大学城市安全发展研究中心主任、南京大学建筑与城市规划学院教授翟国方。

① Pellin M，"The Vulnerability of cities，" 2003.

② Henderson L J，"Emergency and Disaster：Pervasive Risk and Nations，" Public Organization Review：A Global Journal，4（2004）：103–119.

③ 翟国方、黄弘、冷红等：《科学规划 增强韧性》，《城市规划》2022 年第 3 期。

城市韧性建设与管理工作，提高城市系统面对不确定性因素的抵抗、响应、适应与恢复能力十分重要[①②]。

韧性理念致力于处理复杂社会—生态系统中的动态与可持续发展问题，该理念的引入为城市提供了一种应对灾害风险和协调城市发展目标及城市安全底线的新视角。联合国减灾办公室认为韧性是指面临灾害的系统、社区或社会及时有效地抵抗、吸收、容纳、适应、改造和从灾害影响中恢复的能力，包括通过风险管理维护和恢复其基本结构和功能。城市韧性代表城市无论其经历何种危机（经济、健康、环境等）都能继续运行，以确保其社区（尤其是其最脆弱的成员）能够生存和繁荣的能力。

然而，韧性是一种复杂的宏观问题和属性，灾害风险具有较大的不确定性，再加上数据精细度和分析手段的限制，传统的量化和优化方法难以解决城市韧性研究及韧性建设中的不确定性、非线性和复杂性问题[③]。因此，亟待引入一种能够解决复杂系统问题的方法。信息技术的进步推动了数据研究和复杂计算的快速发展，结合大数据、互联网等不断演进的新型智能技术，对各类学科的发展产生重大影响[④]。在信息技术和数据共享环境下，数字技术（Digital Technologies，DTs）的提出和发展能够为城市研究和规划实践提供理论引导和技术支撑，提高韧性规划管理过程中的信息技术水平。

2021 年 3 月，《中华人民共和国国民经济和社会发展第十四个五年规划和 2035 年远景目标纲要》（简称“十四五”规划纲要）发布，明确指出完善城市信息模型平台和运行管理服务平台，构建城市数据资源体系，推进城市数据大

① 翟国方、夏陈红：《我国韧性国土空间建设的战略重点》，《城市规划》2021 年第 2 期。

② 翟国方：《规划，让城市更安全》，《国际城市规划》2011 年第 4 期。

③ 鲁钰雯、翟国方：《人工智能技术在城市灾害管理中的应用与探索》，《国际城市规划》2021 年第 2 期。

④ 迈克尔·巴蒂：《Pelling 创造未来城市》，徐蜀辰，等译，北京：中信出版社，2020。

脑建设，探索建设数字孪生城市，为数字技术赋能城市建设营造了良好的发展环境。数字技术在应对和适应气候变化、增强抗灾能力以及增强环境可持续性方面的作用越来越得到认可。数字技术的战略性和有效使用——结合以改革为导向的思维、必要的技能、制度结构和能力、适当的商业模式以及政策和监管环境，可以促进关键部门快速有效地提供公共服务。作为一种发展工具，数字技术可以促进经济和社会进步并增强其效果，有助于实现韧性发展目标。

随着时代的进步和科技的发展，城市韧性提升及韧性建设的重点正逐步从硬件建设转变到综合科技手段在实际韧性治理情景中的应用，进而转变到基于实时多方位监测、科学量化评估与优化。利用数据技术驱动和决策模型来指导韧性城市建设和国土空间韧性发展，能够让城市韧性建设更智能、响应决策更科学。

二、数字技术的发展及其在城市建设中的应用

（一）数字技术的概念

数字技术伴随着互联网发展，是信息科学应经济社会发展之需进行创新的结果[①]。数字技术凭借自身的技术优势与经济社会连接和融合，从而创造具有价值的技术生产力，对社会关系进行变革，最终实现促进经济社会发展。数字技术可以理解为借助一定的设备将各种信息转化为电子计算机能识别的二进制数字后进行运算、加工、存储、传送、传播、还原的技术，可以泛指包括移动互联网、物联网、大数据、云计算和人工智能等在内的诸多技术。数字技术与各产业的深入融合能够有力推动各产业智能化发展进程，成为信息化时代产业变革的强大助力。数字技术的使用增大了获取信息的范围和速度，改变了传统的

① 何玉、长王伟:《数字生产力的性质与应用》,《学术月刊》2021 年第 7 期。

城市运作方式并催生出新的城市发展模式。

（二）数字技术的发展阶段

数字技术不是简单指某种数字技术化的工具，而是以大数据为基础，包括物联网、云计算、区块链、人工智能等综合作用的技术体系，这个体系的基本构成要素需要以海量数据为基础，以云计算和计算机的算法为载体，才能展现其技术化的属性。数字技术的发展可分为 3 个阶段（见图 6–1）。

第一阶段主要为网络、卫星图像、地理信息系统、遥感影像、移动电话和数据库等数字技术，其已经存在几十年，是所有数字技术的基础，能够为用户提供基本的信息、通信和搜索能力。

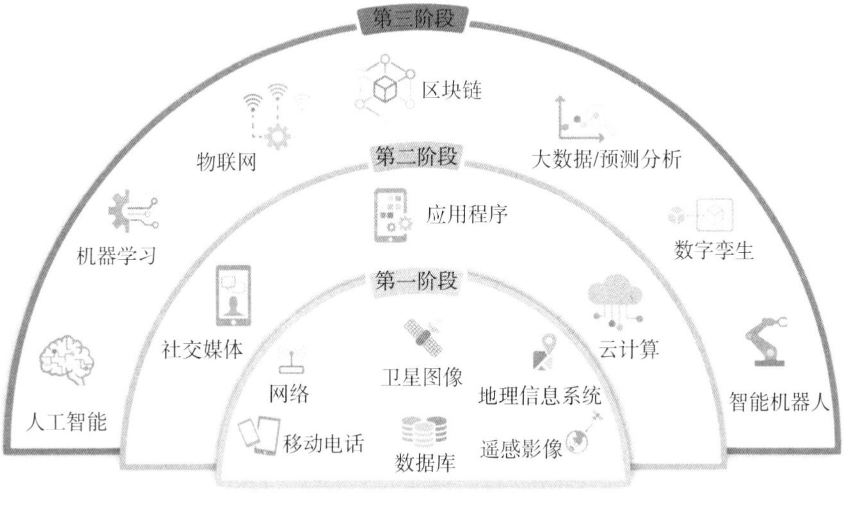

图 6–1 数字技术生态系统及发展阶段

资料来源：亚洲开发银行。

第二阶段主要为社交媒体、应用程序和云计算技术。第二阶段技术已经存在多年，包括即时通信和协作以及文件的即时共享和存储，其中社交媒体是在虚拟社区和网络中创建、共享或交换信息的平台。第二阶段的所有技术都建立在第一阶段技术之上，没有第一阶段的互联网或移动电话技术，就不会有应用程序、社交媒体或云计算技术。

第三阶段主要为人工智能、机器学习、物联网、区块链、大数据 / 预测分析、数字孪生和智能机器人等技术。第三阶段技术的重点是取代甚至放大人类能力，也就是人工智能。人工智能是计算机科学领域的一个分支。1950 年，艾伦 · 图灵在《计算机器与智能》一书中开始探索人工智能。1955 年，“人工智能之父”约翰·麦卡锡提出人工智能的概念[①]，随后将其定义为“制造智能机器，特别是智能计算机程序的科学和工程”[②]。1956 年达特茅斯会议通过了人工智能一词，标志着人工智能领域的诞生[③]。从广义上讲，人工智能是一种使机器或设备执行人类思想功能的方法，研究开发可以模拟和扩展人类智能的技术手段与应用系统[④]。人工智能研究包含各种知识任务和不同领域的研究方向，涉及机器学习、语音识别、图像识别、自然语言处理和专家系统等多个子领域和不同的研究算法。

作为一种新兴的研究范式和技术方法，人工智能越来越受到重视，AI 技术在计算机科学、信息安全学、物理学、气象学、地理学、灾害学以及城乡规划学等多个学科和领域的研究中都得到了不同程度的应用。当前人工智能子领域包括机器学习、专家系统、自然语言处理、语音识别、计算机视觉、计算机图形学、多媒体技术、人机交互技术、机器人、数据库技术、可视化技术、数据挖掘等。

随着科技进步，人工智能的蓬勃发展为我国灾害风险管理工作提供了一种新的发展思路和强有力的技术支撑。随着图像识别、自然语言处理、机器学习、

① Mccarthy J，Minsky M，Rochester N，et al，“ A Proposal for the Dartmouth Summer Research Project on Artificial，” 1955.

② Mccarthy J，“ What is Artificial Intelligence?” Computer Science Department，Stanford University，2007.

③ RAY S，History of AI.

④ Mellit A，Kalogirou S A，“Artificial Intelligence Techniques for Photovoltaic Applications：A Review，” Progress in Energy and Combustion Science，5（2008）：574-632.

专家系统与机器人等人工智能技术的快速发展与进步，人工智能已成为一种灾害风险管理技术，并在防灾、减灾、救灾过程中起到积极作用[①]。在大数据、云计算和物联网环境下，基于人工智能技术的数据挖掘和风险评估技术能快速高效地作出响应，凸显人工智能技术能够处理不确定性和复杂性的优势[②]。2017年国务院发布《新一代人工智能发展规划》，强调要利用人工智能提升公共安全保障能力，运用人工智能技术强化对地震灾害、地质灾害、气象灾害、水旱灾害和海洋灾害等自然灾害的监测能力，构建智能化监测预警和综合应对平台。因此，研究如何充分发挥人工智能技术的优势，寻找其与灾害风险领域的结合点和突破点，提高灾害风险管控过程的智能化，对提升城市灾害风险抵御和应急响应能力、促进城市韧性发展具有重要意义[③]。

（三）数字技术在城市建设中的应用

近年来，随着技术的进步和发展，数字技术在城市领域的应用进入了探索实践阶段。数字技术赋能城市规划建设契合了当前为产业转型升级赋能的战略需求，是城市在物理空间、社会空间、数字空间融合发展的基础技术手段。数字技术是城市建设与发展的一个“触发装置”，是能够通过知识和资源的整合及共享为公民提供高效、低成本和透明服务的催化剂[④]。数字技术赋能城市建设，主要途径是以数字化方式将城市物理实体映射到计算机虚拟空间，借助历史数据、实时数据、空间数据以及智能算法模型等，通过模拟仿真、预测、交互、

① National Research Council. The Indian Ocean Tsunami Disaster: Implications for U.S. and Global Disaster Reduction and Preparedness Washington，DC: The National Academies Press，2006.

② Alexander D E，“ Social Media in Disaster Risk Reduction and Crisis Management，” Science & engineering ethics，3（2014）: 717-733.

③ 鲁钰雯、翟国方:《人工智能技术在城市灾害风险管理中的应用与探索》,《国际城市规划》2021年第2期。

④ Janowski T，“ Digital Government Evolution: From Transformation to Contextualization，” Government Information Quarterly，2015.

控制城市物理实体全生命周期的技术手段，实现城市物理空间和社会空间中物理实体对象以及关系、活动等在数字空间的多维映射和连接。

目前，数字技术在城市建设中的应用集中体现在3个方面，也是基于城市建设的阶段进行分类，即初始阶段的城市空间信息数据采集、中期阶段的城市大数据计算与智能分析、后期阶段的数字城市建设与治理。其中，在城市空间数据采集方面，数字化技术主要应用在空间数据的智能采集和存储中，包括网络开源数据、地理信息系统平台的数据采集以及其他基于编程技术的开放大数据获取等，不仅大幅提升了数据采集规模，同时也提高了数据采集的效率和精确度。还有学者基于传感器和穿戴设备进行数据收集，提高了城市数据来源的多样性，主要数据包括基础数据、空间数据、业务数据和专题数据。在大数据计算与智能分析方面，数字技术主要应对的是因数据信息急剧增加而带来的数据计算与分析难度问题，其核心技术包括数据统计方法、智能算法模型及对计算结果的校验3方面内容。数字城市建设和治理是在前两种技术的基础上构建的治理体系和管理平台，是对前两类技术分析数据所得结果的呈现。数字城市建设和治理可分为宏观层级城市建设变革趋势、各级政府的协作创新治理；中观层面对智慧城市、数字城市、城市大脑等概念、阶段和实施方式进行研究；微观层面利用特定创新驱动因素，如大数据、政府网站、自媒体、手机短信等赋能城市治理。

数字技术赋能城市规划及建设主要以城市信息模型为基座，以物理实体映射出的数字孪生体为对象，将城市大数据作为对象的属性进行叠加。数字孪生城市不仅囊括传统测绘数据、新型测绘数据等常规地理信息系统（GIS）数据类型，与传统智慧城市相比，更新增了基于倾斜摄影、建筑信息模型（BIM）、激光点云的三维模型数据，基于互联网技术的地理位置数据、基于物联网技术的实时感知数据，以及非结构化的视频、图片、文档等。数字技术赋能城市建设的核心平台、核心技术和应用场景如表6-1所示。

表6-1　数字技术赋能城市建设的核心平台、核心技术及应用场景

	名称	主要内容
核心平台	泛在感知与智能设施管理平台	1. 接入管理； 2. 数据管理； 3. 设备管理与反向控制
	城市大数据平台	1. 融合处理基础数据； 2. 对外提供各层次数据服务； 3. 建设城市级大数据平台
	城市信息模型平台	1. 采集多源模型数据； 2. 构建模型平台； 3. 数据呈现与模型渲染
	共性技术赋能与应用支撑平台	1. 为上层的数字孪生应用提供底层技术支撑、元数据集、城市元部件模型等资源； 2. 面向应用场景的信息模型服务； 3. 基于底层数据的共性应用服务
核心技术	新型测绘技术	1. 高端采集装备； 2. 倾斜摄影测量技术； 3. 三维建模技术； 4. 多源数据融合技术； 5. 移动互联、动态众包数据更新技术
	标识感知技术	1. 物体全域标识； 2. 物联感知技术； 3. 设备安全防护技术
	协同计算技术	1. 云边协同计算； 2. 边缘计算与GIS技术融合
	全要素表达技术	1. 多模态多尺度空间数据智能提取技术； 2. 语义化技术； 3. 三维渲染技术
	模拟仿真技术	1. 有限元分析； 2. 计算流体力学； 3. 多物理场耦合仿真； 4. 智能仿真； 5. 虚拟现实仿真

续表

	名称	主要内容
核心技术	深度学习技术	1. 计算机视觉； 2. 自然语言处理； 3. 生物特征识别； 4. 知识图谱； 5. 深度学习算法； 6. 自动机器学习
应用场景	城市规划仿真	1. 基于多源数据和多规融合实现规划管控一张图； 2. 基于全量数据分析进行多方案比选； 3. 基于城市体检进行规划修正
	城市建设管理	1. 设计阶段——交互设计； 2. 施工阶段——全面管控； 3. 运维阶段——数据留存
	城市常态管理	1. 城市运行“一张图”管理； 2. 城市部件统一数字化管理
	交通信号仿真	1. 优化城市交通； 2. 保障交通安全； 3. 高精度实景重现，数字孪生加速智能驾驶落地普及
	应急演练仿真	1. 应急现场环境快速还原； 2. 应急资源可视化管理； 3. 应急预案科学仿真； 4. 应急预案模拟演练
	防灾减灾与韧性建设	1. 风险评估与实时预警； 2. 生成智慧救灾方案； 3. 智慧韧性城市建设
	公共服务升级	1. 提升医疗就诊精准性； 2. 让教育服务更加可感可视

资料来源：作者整理所得。

2018 年《河北雄安新区规划纲要》指出，坚持数字城市与实体城市同步规划与建设，打造具有深度学习能力、全球领先的“数字雄安”。目前，雄安新区数字城市规建管智能审批平台在创新城市“规、建、管”的新型标准体系、政策体系和流程体系的基础上，期望实现以数字城市的预建、预判、预防来支撑现实城市高质量发展，打造可呈现多维城市空间的数字平台。雄安新区的城市信息模型（CIM）平台建设基于“GIS+BIM+IoT”，通过对现实社会中雄安新区的各类数字信息进行转译与映射，从而为雄安新区数字城市建设奠定扎实的基础。

深圳前海新区利用三维数字化 BIM 技术，创建前海片区“BIM+GIS 一体化电子沙盘”，内容包括实景三维模型、地质三维模型、规划模型、房建基建项目模型等。数字化技术能够快速梳理、预检和处理前海各层级规划衔接。深圳前海新区城市级 BIM 建设管理平台，能够解决工程建设中各利益相关体之间沟通不畅、“信息孤岛”等问题，能够一定程度解决新区建设中协调难、统筹难等问题。

三、数字技术在韧性城市建设中的应用场景

早期韧性理念起源于物理学领域，20 世纪 60 年代初期，生态学家通过研究生态种群对系统稳定性理论的功能响应，提出了韧性的观点[①②]。在生态学领域中，韧性概念主要应用于生态系统的平衡研究和生态干扰管理研究中，韧性内涵表现为生态系统自身重组能力和适应恢复到稳定状态的速度和能力[③]。随着韧性研究的发展与深入，韧性研究方法也不断变化，韧性经历了从工程韧性到生态韧性再到演进（适应）韧性的发展[④⑤]。对韧性的理解从比较狭义的解释向

---

① Lewontin R C，“The Meaning of Stability. Diversity and Stability of Ecological Systems，” Brookhaven Symposia in Biology，22（1969）：13.

② Rosenzweig M L，“Paradox of Enrichment：Destabilization of Exploitation Ecosystems in Ecological Time，” Science，171（1971）：385–387.

③ Fiering M B，“Alternative Indices of Resilience（Water Resources），” Water Resources Research，10（1982）：33–39.

④ Folke C，Carpenter S，Walker B，et al，“ Resilience Thinking：Integrating Resilience，Adaptability and Transformability，” Ecology and Society，4（2010）：20.

⑤ Liao K，“A Theory on Urban Resilience to Floods–A Basis for Alternative Planning Practices，” Ecology and Society，4（2012）：388–395.

更广泛的社会生态环境下的韧性观点演化。

城市是与人类社会发展息息相关的复杂社会生态系统，20世纪90年代后期，学者开始将韧性理念或韧性思维应用于复杂的生态系统——城市，主要是解决与气候变化和灾害风险相关的问题①，强调预防和缓解措施②③，以应对环境变化及减轻灾害风险④。Meerow认为城市韧性是指城市系统及其组成部分在面对外界干扰时保持自身功能或迅速恢复预期功能的能力。展开来说，城市韧性与城市的各个组成部分密切相关，是城市系统及其所有的社会、生态、技术网络要素韧性的总和⑤。国内学者将城市韧性定义为系统通过合理准备、缓冲和应对不确定性扰动，实现城市社会、经济活动等正常发展和运行的能力⑥。虽然在城市研究和规划设计领域，韧性理论的应用还相对较新，但是随着生态环境变化和全球城镇化的快速发展，城市面临着更加严峻的灾害风险影响⑦，在规划建设与城市设计领域，城市韧性研究逐渐成为国内外学术界关注的热点⑧。

随着韧性城市建设和管理的不断深入，大数据、人工智能、云计算、5G和物联网等新一代信息技术的发展为技术赋能韧性城市建设提供了数据支持和技

① Jabareen Y, "Planning the Resilient City: Concepts and Strategies for Coping With Climate Change and Environmental Risk," Cities, 2(2013): 220-229.

② Fleischhauer M, "The Role of Spatial Planning in Strengthening Urban Resilience," Nato Science for Peace and Security, 2008: 273-298.

③ Rgodschalk D, Xu C, "Urban Hazard Mitigation: Creating Resilient Cities," Urban Planning International 3, (2015): 136-143.

④ 鲁钰雯、翟国方、施益军等:《荷兰空间规划中的韧性理念及其启示》,《国际城市规划》2020年第1期。

⑤ Meerow S, Newell J P, Stults M, "Defining Urban Resilience: A Review," Landscape and Urban Planning, 147(2016): 38-49.

⑥ 邵亦文、徐江:《城市韧性：基于国际文献综述的概念解析》,《国际城市规划》2015年第2期。

⑦ 葛懿夫、翟国方、何仲禹等:《韧性视角下的综合防灾减灾规划研究》,《灾害学》2022年第1期。

⑧ 翟国方:《韧性城市建设须提上议事日程》,《城市规划》2016年第4期。

术保障。例如数字技术赋能城市监测，通过实时自然灾害（气候风险）监测与评估、城市应急管理系统，增强了城市的防灾减灾能力[①]。数字技术赋能城市水资源监控及调度系统，可以增强防洪泄洪管理，提高城市水系统的冗余性。数字技术赋能城市交通系统，能够提高对突发交通事件的报告和反应能力，降低交通事故的发生率和死亡率。数字技术赋能气候适应规划，可以通过模拟对可能的气候情况响应来增强城市规划，从而提高韧性和可持续性。以上措施增强了城市的冗余性、系统性、多元性和抗扰动性，增强了城市的韧性。

数字技术赋能韧性城市规划及建设主要呈现出以下技术特征：一是基于智能网络提升的城市治理效率优化；二是基于大数据和智能城市平台构建的社会经济发展环境优化；三是基于技术和城市空间、社会关系融合的社会环境福利提升；四是基于技术和大数据分析的城市应急响应能力提升[②]。数字技术的不断发展为韧性城市建设和治理提供了有力工具和技术支撑。结合数字技术的发展阶段，亚洲开发银行总结了数字技术在减缓气候变化、适应气候变化、灾害风险管理和环境可持续性 4 个层面的应用，如表 6–2 所示。

表6–2 应用于减缓气候变化、适应气候变化、灾害风险管理和环境可持续性层面的数字技术

	数字技术应用	减缓气候变化层面	适应气候变化层面	灾害风险管理层面	环境可持续性层面
第一阶段	移动电话	缓解用户之间活动的通信推动因素	在受气候变化影响的地区跟踪人口迁移模式	移动文本警报，用于传达紧急信息	组织志愿者团体进行环境清理
	互联网	房主提高能源效率的方法	抗旱作物	评估特定区域的洪水危险	当地生活垃圾管理方案

① 夏陈红、翟国方：《基于智慧技术的综合防灾规划体系框架研究》，《规划师》2021 年第 3 期。

② 宋蕾：《智能与韧性是否兼容？——智慧城市建设的韧性评价和发展路径》，《社会科学》2020 年第 3 期。

续表

	数字技术应用	减缓气候变化层面	适应气候变化层面	灾害风险管理层面	环境可持续性层面
第一阶段	数据库	城镇特定部分的能源消耗	作物歉收情况	国内外气候平均数据热带风暴的脆弱地区	食品包装的重量和体积
	卫星图像	评估排放源	评估气候变化造成的土地使用变化	灾后评估	检测海洋中的塑料污染
	地理信息系统	提高资源效率	作物建模和环境匹配程序	脆弱区域的危险绘图	促进环境健康和安全
	遥感	检测管道中的气体泄漏	冰川湖暴发洪水潜力分析	地震风险评估	当地空气污染评估
第二阶段	社交媒体	促进低碳生活方式和信息交流	脆弱地区的众包数据	灾前和灾后：共享信息	企业可持续发展战略的沟通
	应用程序	计算个体二氧化碳足迹以及如何减少	启用特定于用户位置的家庭适应措施的排名	警告用户附近的极端天气事件	回收应用，显示如何以及在何处回收各种材料
	云计算	减少公司单个数据中心的需求	用于适应规划的大数据分析的计算能力	通过独立于可能因灾难而受损的数据中心，实现虚拟任务连续性	大数据分析
第三阶段	人工智能、机器学习和深度学习	改进能源需求的预测，并相应地调整发电厂产能利用率	随着气候变化更好地预测	改进自然灾害概率的预测分析	提高农业资源效率，同时提高作物产量
	物联网和智能系统	优化城市车辆交通	用于监测农业土壤质量的传感器	基于传感器的灾害预警机制	基于传感器的非法采伐检测
	大数据和预测分析	收集和分析家庭能源优化数据	了解人口不断增长的粮食需求	评估历史灾害数据，以确定精确预测模型	确定不同废物流的趋势，以便采取适当的措施来回收利用
	分布式技术和区块链	将区块链技术用于碳市场	提高区域当局气候变化适应措施的透明度	在协调救灾工作时避免不一致和差异	将分布式技术用于可持续供应链
	虚拟和混合现实	低排放基础设施规划	城市地区气候变化影响的可视化，以促进适应战略	启用模拟灾难响应培训	物理对象的虚拟表示以节省物理资源
	机器人和无人驾驶车辆	加热摄像机可识别有缺陷的太阳能电池板	调查偏远地区的适应措施	对危险区域进行干预	河流和海洋中的自动塑料废物收集

资料来源：亚洲开发银行。

伴随着数据成为生产要素，模拟择优取代实验验证成为人类认识世界、进行创新生产的主要方式之一。城市治理也开始面向多维的数字网络空间，在数据驱动、虚拟仿真、AI 算法等的技术支撑下，将最先进的数据智能技术与具体城市场景相结合，实现对城市运行的精准分析、整体研判、协调指挥和科学治理。

从实验验证到模拟择优是数据生产力时代的突出创新。在数据成为生产要素之前，人类认识世界、进行生产创新的主要方法是实验验证，如爱迪生为找到合适的灯丝前后试了 1600 多种材料、车企为验证汽车安全性要进行 20 ~ 30 次的碰撞实验等。实验验证进行生产，是“假设—实验—归纳”的不断循环与试错，需要设备材料的重复投入，最终造成生产的长周期、低效率与高成本。而数字经济时代，通过“数据 + 算例 + 算法”，可以构建从局部到全部的数字孪生体系，用数据建模对物理世界的相关规律进行重构与模拟，通过虚实实时映射、反馈和优化，推动产品研发制造以虚拟现实方式快速迭代更新，不需要重复耗费设备材料，实现低成本高效率，带来更好的用户体验。

城市治理转向模拟择优是数字化时代的选择。在传统工业经济时代，城市治理与调控的实施，需要面向政府、企业、居民等各主体，经过多轮政策制定、实施、修订、成效观察等才能落地，浪费大量的人力、物力以及时间成本。与传统经济相比，数字经济正全方位改变市场经济形态，引发经济结构、社会生活等全方位的变革，其中城市治理面对的是多维网络空间，每个居民都是网络空间上的一个点，高流动性的数据使任意两个点之间的距离都一样或者没有距离。数据打破了时空限制，以往政府主导的、通过经济发展促进城市治理的行为逐渐失效，以模拟择优为起点推动城市治理数字化应运而生。

模拟择优治理城市的技术支撑特征明显。数据驱动是城市治理数字化转型的主线，城市以数据要素为核心，依托大数据、云计算等技术，逐步建立完善城市数据资源体系，实现政府决策科学化、公共服务高效化、社会治理精准化。

虚拟仿真是在数字空间推演城市运行态势的必备方式，通过三维信息模型可视化表达，使城市建设和发展少走弯路、不留遗憾，是仿真建模、数字孪生价值的真正体现。AI 算法是城市数字化治理场景落地的关键，AI 算法对于人工智能，犹如厨师与美味佳肴的关系。城市智慧化本质上是寻找最优解，基于深度学习的算法，将最先进的数据智能技术与具体城市场景相结合，才能真正实现对城市运行的精准分析、整体研判、协调指挥和科学治理。

（一）数字技术在城市灾害风险管理中的应用与探索[①]

随着人工智能技术的快速发展，人工智能在城市研究领域的应用逐年增多[②③]。由于具有强大和敏锐的数据挖掘与分析能力，AI 技术对灾害风险管理工作起到较强的技术支撑，在灾害预警、风险识别、灾害救援及恢复等方面均有涉及，可为防灾、减灾、救灾工作提供及时准确的信息和应对方案。为探索近年来国内外基于 AI 技术的灾害风险管理领域关注的研究主题和交互趋势，本专题采用文献计量方法，以 Web of Science 核心合集数据库和中国知网刊载的论文为研究对象，借助文献计量软件 VOS viewer，对领域研究热点、研究主题进行可视化展示[④⑤]。

将时间跨度设置为“所有年份（1900—2020 年）”，对国外研究进行计量分析，共检索到 415 篇文献，对其进行聚类分析和标签分析。国外基于 AI 技术的灾害风险研究数量总体呈上升趋势，自 2016 年后研究数量增长较快。主要集中在水

---

① 本部分引自鲁钰雯、翟国方：《人工智能技术在城市灾害风险管理中的应用与探索》，《国际城市规划》2021 年第 2 期。

② 屠李、赵鹏军、张超荣等：《面向新一代人工智能的城市规划决策系统优化》，《城市发展研究》2019 年第 1 期。

③ 张庭伟：《复杂性理论及人工智能在规划中的应用》，《城市规划学刊》2017 年第 6 期。

④ Eck N J，Waltman L，“VOS viewer：A Computer Program for Bibliometric Mapping，”Scientometrics，2（2010）：523-538.

⑤ 高凯：《文献计量分析软件 VOS viewer 的应用研究》，《科技情报开发与经济》2015 年第 12 期。

资源、地质科学、环境科学、工程学和计算机科学等领域，水圈和地质圈的灾害是这部分研究的主要对象。从聚类视图可以得知国外研究注重系统思维，主要探索人工神经网络等 AI 技术在灾害研究和气候变化领域中的应用；从标签视图来看，近年研究热点逐渐集中在机器学习、图像识别、数据库等技术的应用。

对国内研究进行计量分析使用的是中国知网 CNKI 数据库，共检索到文献 700 篇，也使用 VOS viewer 软件对其进行分析。总体来看，国内 AI 技术应用于灾害管理中的研究在 2017 年后出现明显的增长趋势，主要集中在基础科学、信息科技、经济与管理、工程科技等领域。主要研究技术包括神经网络、深度学习、遗传算法、支持向量机等。其中，神经网络算法是国内灾害风险研究领域应用较多的 AI 技术，主要应用于洪水预报、预警模型、财务危机、地震预测等。从研究热点的时间变化来看，近年研究倾向于深度学习、机器学习等 AI 技术在灾害风险领域中的探索与应用。

对 AI 技术的具体应用进行梳理发现，不同阶段灾害风险研究所关注的 AI 技术侧重点不尽相同（见表 6-3），在灾害风险管理领域中，人工智能可以实现以下基本功能：

灾前监测预警。依托机器学习、图像识别等技术，可进行孕灾环境暴露性、承灾体易损性和致灾因子危险性的评估及预测；基于数据挖掘、计算机视觉和计算机图学等技术的灾害数据收集与整理，可以获取实时数据，用于灾害监测预警与风险评估。

灾中救灾响应。基于自然语言处理的灾害信息分析，可以实现对海量时空大数据的快速处理和分析；基于神经网络和随机森林模型的灾害实时破坏监测可帮助确定救灾优先级。

灾后恢复。主要侧重基于深度学习的损失评估，基于机器人的救灾救援，基于可视化与计算机视觉的灾后重建模拟等。

表6-3　不同灾害风险管理阶段中AI技术的应用

阶段	分析目的	AI技术	分析数据
灾前（预防准备、监测预警）	地质灾害风险评估与实时预警	径向基础函数（RBF）网络	遥感图像、光谱数据、归一化植被指数、土壤数据、降雨数据等
	洪水预测	遗传算法（GA）、人工神经网络（ANN）	遥感图像、降雨、坡度、高程等数据
	自然灾害监测	群体机器人技术	环境监测数据等
	预测大坝故障	人工神经网络	大坝基础数据、降雨量、海拔、集水量与集水区比例等
	活火山观测	无人机	卫星图像、无人机图像
	水位预测	神经网络自回归外部输入模型（NNARX）和ANN等技术	降雨、海拔、土壤、河网数据等
	洪水风险地图	卷积神经网络	降雨、坡度、高程、流量积累、土壤、土地利用和地质数据等
	地震建筑损害分类	卷积神经网络	卫星图像、无人机图像
	滑坡风险、洪水风险识别	轮作林群、贝叶斯分类、卷积神经网络	卫星图像、现场调研
	早期火灾探测	卷积神经网络	无人机图像
灾中（灾害响应、应急处置）	灾害图像检索	卷积神经网络、支持向量机、随机森林模型	卫星图像、社交网络数据
	救灾优先级确定	卷积神经网络、语义分段模型	卫星图像、社交媒体数据
	地震破坏监测	多层前馈神经网络、径向基础函数神经网络、随机森林模型	卫星图像
	实时破坏地图	卷积神经网络	无人机图像
灾后（善后恢复、灾后重建）	震后损失地图	人工神经网络、支持向量机	卫星图像
	烧损区域地图	卷积神经网络	卫星图像

资料来源：作者整理所得。

1. 数字技术赋能灾前预防准备与监测预警

（1）基于图像识别的建筑易损性评估

检测城市建筑物的易损性，识别高风险建筑并及时对其进行修复，是提升建筑韧性的有效途径。传统的方法需要大量人力资源，派遣大批测量人员进入现场，往往耗费较高的时间与经济成本，该项工作最新的发展应用了图像识别技术，以识别建筑结构安全状态。例如在危地马拉地震的建筑脆弱性评估中，研究人员采用卫星图像、无人机图像以及街景图像监测技术，在多源数据和街景图像中识别建筑脆弱性的物理因素，如建筑结构、建筑材料以及门窗等建筑软层结构情况，进而快速形成建筑质量评估图，能够有效识别地震中可能发生坍塌的高风险房屋①，对比专家和工程师判断标记的脆弱建筑结果后显示，这种基于深度学习算法的图像识别技术的准确率可以达到85%以上，可以帮助定位脆弱性较高的建筑，并进一步安排建筑改造和住房升级。而在高密集社区建筑易损性评估的应用上，该技术的准确性还有待提升。

（2）基于梯度提升和随机森林模型的高风险建筑识别

建筑风险检查是降低城市火灾风险的重要措施之一，随着城市空间扩张，很难判定建筑检查的优先级。在此背景下，梯度提升和随机森林模型技术被用于高风险建筑识别——通过开发门户数据信息，收集建筑特征数据（建筑发生事故历史、建筑位置、违规类型、建筑物空置及税收拖欠情况）并构建模型，可对建筑风险等级进行评估②，根据评估结果确定建筑检查优先级，优先检查风险较高的建筑物，最大程度提高公共安全。检查并改善后的建筑风险明显降低。

（3）基于深度学习的贫困水平预测

测度社会贫困水平的空间分布有利于提高社会公平与韧性，但是基于人口的普查数据不仅测绘成本较高，而且难以在大规模空间尺度上进行收集，同时数据的时效性不佳。斯坦福大学的一项研究探索了在可用训练样本有限时，将

① Global Facility for Disaster Reduction and Recovery（GFDRR），"Machine Learning for Disaster Risk Management，" 2018.

② Kassel S. Predicting Building Code Compliance with Machine Learning Models.

深度学习算法作为替代策略的可能性。该研究通过采用深度学习算法（完全卷积神经网络）和逻辑回归分类器，基于谷歌地图影像和夜光灯光等数据，对乌干达贫困水平进行测度，形成预测贫困水平的回归模型①。基于该方法预测的贫困水平准确率为72%，且与基于调查统计方法得到的贫困水平结果具有一致性。

（4）基于决策树算法的非正规住房识别

全球城镇化的高速发展导致非正规住房数量迅速增加，但是该类住房易损性较高，一旦遭遇灾害，将造成较多人员伤亡，加剧社会脆弱性。2012年，有学者使用自动机器学习算法对卫星图像进行分类识别，绘制了4个城市（加拉加斯、喀布尔、坎大哈和拉巴斯）的非正规住房地图。该方法的原理是在遥感图像中识别出非正规住房独特的空间特征，并将其与工业区、商业区和正规住宅区等进行区分。该模型将社会脆弱性与建筑物空间要素表征联系起来，测度结果精度为85%～92%，适用于分辨正规与非正规住房②。

（5）基于机器学习的地震风险模拟

地震是对城市影响较大的自然灾害之一，预测地震可能造成的破坏并对其加以防范，对提高城市抗震韧性十分重要。旧金山One Concern公司提出了一种基于机器学习的抗震韧性评估方法，利用地震震动参数、土壤、地震灾害特征、建筑特征（层数、材料、面积、发生事故数量等）和历史地震等数据进行建模，估算地震影响和建筑物损坏情况③。基于地震风险评估结果，该公司还发布了结合受灾人口分布和经济状况等统计信息的可视化平台。该平台可帮助应

① Xie S M，Jean N，Burke M，“Transfer Learning from Deep Features for Remote Sensing and Poverty Mapping，” The 30th AAAI Conference on Artificial Intelligence，2016：3929–3935.

② Graesser J，Cheriyadat A，Vatsavai R，Chadola V，Long J and Bright E，“Image Based Characterization of Formal and Informal Neighborhoods in an Urban Landscape，” IEEE Journal of Selected Topics in Applied Earth Observations and Remote Sensing，4（2012）：1164–1176.

③ Global Facility for Disaster Reduction and Recovery（GFDRR），“Machine Learning for Disaster Risk Management，” 2018.

急中心确定救援优先级以有效调度资源，并为居民提供就近避难场所、疏散路线和医疗服务设施等关键信息。值得注意的是，该地图平台将老年人、低收入人群与视力障碍人群的空间分布也纳入考虑，充分关注弱势群体的需求。

（6）基于卷积神经网络的灾害自动监测系统创建

灾害自动监测系统对快速应急响应有重要意义。2017 年，有学者使用卫星影像数据，基于卷积神经网络提出了一个滑坡和洪涝探测的自动灾害监测系统[①]（见图 6-2）。这种方法将滑坡和洪涝基础数据输入模型中进行训练，通过灾前和灾后图像来学习所有可能的灾害模式。根据测试结果，洪涝和滑坡监测系统的准确率为 80% ~ 90%，该方法可以用来预警灾害。

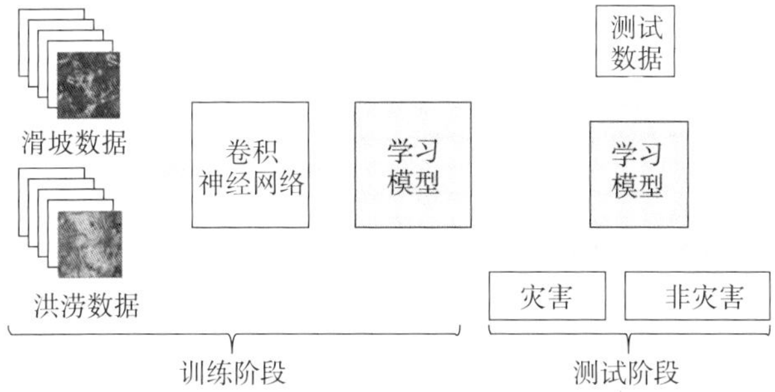

图 6-2　灾害自动监测系统流程

资料来源：Global Facility for Disaster Reduction and Recovery（GFDRR）.

2. 数字技术赋能灾中估灾救灾与应急响应

（1）基于深度学习的社交媒体信息挖掘

随着社交媒体平台的普及，由社交媒体用户提供的海量数据信息已成为应急

① Amit S, Aoki Y, "Disaster Detection from Aerial Image with Convolutional Neural Network," International Electronics Symposium on Knowledge Creation and Intelligent Computing（IES-KCIC）, 2017: 239-245.

响应的宝贵资源。在灾害发生期间，社交媒体数据可以提供实时或低延迟的灾害情况感知信息，帮助政府管理者高效开展救灾工作[①]，例如社交媒体在灾难发生的早期阶段发布的消息警告和讨论，在后期发布的基础设施损坏、伤亡、所需捐款信息等[②]。此外，还有用户将地理信息也上传至社交媒体，形成自发式地理信息（Volunteered Geographic Information，VGI）数据。实时社交媒体数据的分析和监测可以提高事件发生时公众的危机意识，并为决策者提供实时信息。有研究者以巴黎、伦敦和柏林的洪水事件为例，基于深度挖掘的社交媒体信息进行洪水分析，构建应急处理框架[③]。该框架不仅考虑文本信息，还将用户生成的照片作为补充数据。以柏林洪水为例，基于深度学习对带有地理位置信息的社交媒体的文本和图片进行解读，形成了含雨洪相关信息的可视化地图，提供了应急响应方面的数据支持。数据表明，洪水和降雨相关推文的数量与降水记录相关，可以用来验证水文模拟结果，支持灾后风险和损失分析。由于用户门槛低，自发式地理信息能够提供大量灾情数据，而网络信息的发展缩短了地理空间相关信息传播的时间，为挖掘灾害风险信息提供了有力支撑。实时上传的数据也最大限度地保证了灾害信息获取的时效性，为评估灾害风险提供了决策支持。

（2）基于人工智能和智能手机 App 的灾害疏散策略制定

自 2011 年日本大地震以来，日本推出用于海啸观测的基础设施，以促进海啸预测方法的发展。但是由于日本地形特征多样，海啸风险和居民撤离的紧急程度在每个地区都存在着显著差异，海啸的预测难度很大，加上灾难信息的沟通不

① Chowdhury S R，Imran M，Asghar M R，"Tweet4act：Using Incident-specific Profiles for Classifying Crisis-related Messages，" International Conference on Information Systems for Crisis Response & Management，2013：834-839.

② Fohringer J，Dransch D，Kreibich H，，"Social Media as an Information Source for Rapid Flood Inundation Mapping，" Natural hazards and earth system sciences，15（2015）：2725-2738.

③ Yu F，Monika S，"Extraction of Pluvial Flood Relevant Volunteered Geographic Information（VGI）by Deep Learning from User Generated Texts and Photos. International Journal of Geo-Information，" 2（2018）：39.

足，一定程度上造成了救灾与疏散工作的严重延迟。因此有学者和组织提出，充分利用人工智能和超级计算机等最新通信技术的优势，提出针对每个地区特征和需求的海啸减灾措施[①]。通过观测、深度学习与预测3个步骤，充分了解沿海海啸过程的特征。此外，该项目开发了一款智能手机应用程序，实时更新使用者当前位置的洪灾风险，并可视化通往就近安全疏散地点的路线以及已撤离到附近庇护所的人数，有效帮助居民在灾害发生时作出明智的疏散决策。

（3）基于卷积神经网络的灾害风险识别

灾害快速应急响应对于最大程度减少人员伤亡有积极意义。Doshi 等提出了基于卷积神经网络监测卫星图像变化的框架，该框架能够快速找到受灾害影响最严重的地区，并帮助协调救灾工作[②]。该模型基于卷积神经网络的语义分割模型，通过比较灾前、灾后卫星图片的分割掩码，从卫星图像中监测道路和建筑物特征，通过特征提取和凸显相对变化计算，得出灾害影响指数（DII）。研究结果表明，该人工智能技术和地面真实数据变化的相关性较高，可用于确定救灾的优先级并协调救灾工作。

3. 数字技术赋能灾后恢复与规划重建

（1）基于众包数据和深度学习的灾后影响范围评估

Orbital Insight 公司在 2017 年开发了基于深度学习的灾后评估模型。该模型将光学卫星图像作为算法的输入数据，使用数字高程模型进行自然流域划定，并使用众包和地理标记图像确认洪水范围，评估了美国得克萨斯州休斯敦的洪水危险区域，对其进行等级分类[③]。该研究综合多源空间数据，根据卫星图像、

① International Research Institute of Disaster Science. Fujitsu Leverages AI Tech in Joint Project to Contribute to Safe Tsunami Evacuation in Kawasaki.

② Doshi J，Basu S，Pang G. From Satellite Imagery to Disaster Insights.

③ Global Facility for Disaster Reduction and Recovery（GFDRR），"Machine Learning for Disaster Risk Management，" 2018.

人工智能技术即时评估洪水、建筑物和道路的损坏情况，帮助救援人员更有效地作出应急决策并调配救济资源。众包、地理标记影像也可帮助验证精度分析中的泛洪区域。

（2）基于无人机和机器学习算法的灾害损失分析

2015 年飓风“帕姆”袭击瓦努阿图后，世界银行和人道主义无人机网络组织（UAViators）推出了“数字响应人工智能”（Artificial Intelligence for Digital Response, AIDR）开放平台[①]。该平台首先通过无人机图像识别、收集云层下的高精度数据，并将数据用于训练深度学习算法以识别损坏程度，再结合来自人道主义开放街道地图（Human Open-street Map Team，HOT）和网络志愿者在图像中标注的损坏情况，将深度学习结果与众包受灾标注方法相结合，进行灾害损失分析。结果显示，该研究技术的准确率为 63%，是人工智能技术与公众参与相结合进行灾后损失评估的积极探索，但仍需要额外的训练样本来提高模型的普适性。

（二）数字技术在韧性城市规划与治理中的应用与探索

随着城镇化的快速发展、经济水平的持续增高和科学技术的不断进步，城市系统的复杂性逐渐增强。城市多源数据与计算机技术的蓬勃发展为城市研究带来了智能化的转变。新型智能技术为探索复杂城市系统问题提供了研究方法和技术支撑。城市系统是一个复杂的大系统，城市系统中各空间组成要素之间具有非线性关系，同时韧性是一个模糊复杂的概念。在此背景下，传统的线性研究方法和模型很难解释复杂动态的系统特征和变化过程，应该引入一种考虑系统复杂性、非线性和不确定性的技术方法。在城市研究领域，人工智能以其强大的分析能力和敏锐的信息反馈特性，对城市规划决策与应用工作起到较强

① Imran M，Castillo C，Lucas J，Meier P，Vieweg，“AIDR：Artificial Intelligence for Disaster Response，” In Proceedings of the 23rd International Conference on World Wide Web，2014：159-162.

的支撑作用[①②]。多源数据的可获取性也为人工智能的应用提供了数据基础，例如城市研究中涌现了大量具有空间信息的开放数据（位置服务数据、互联网地图兴趣点数据、开放网站数据、GPS轨迹数据等），为城市空间分析提供了数据支撑和多元视角。在宏观、中观和微观城市空间研究中，智能技术均有突破和创新。通过运用各种数据科学技术（例如数据驱动的建模，数字孪生或数据同化）并将其与密集的观测网络系统相结合，从而创建有韧性的城市。

1. 数字技术赋能城市韧性水平评估

城市韧性定量研究中，要素之间的影响并非简单的叠加，造成这一现象的根本原因是城市韧性的非线性特征。针对这样复杂的非线性问题，传统较为简单的二元或多元统计方法难以计算城市空间韧性系统之间的复杂关系，此外由于城市韧性涉及研究指标较多，研究尺度精细化，在计算上需要耗费较多时间。神经网络是模拟人脑思维进行分布处理及算法的系统，具有存储并使用知识的能力。从机器学习的角度来看，神经网络可以看作是通过大量具有非线性激活函数的神经元的连接，组合成的一种非线性模型。神经网络可以拟合非线性函数，对于复杂系统问题，它会比传统方法有更好的描述能力。

作为一项具有多学科综合性的研究领域，神经网络为解决非线性等复杂问题提供了一种新的思路和途径[③]。有学者以滇中城市群为例，从环境系统、经济系统、社会系统3个方面综合构建城市脆弱性评价体系，采用熵值法和BP神经网络综合建模方法，对2007—2016年10年间滇中城市群的城市脆弱性进行评价（见图6-3）。此外，还有学者基于指标体系的构建，使用遗传算法对神

① 屠李、赵鹏军、张超荣等:《面向新一代人工智能的城市规划决策系统优化》,《城市发展研究》2019年第1期。

② 张庭伟:《复杂性理论及人工智能在规划中的应用》,《城市规划学刊》2017年第6期。

③ 范峻恺、徐建刚:《基于神经网络综合建模的区域城市群发展脆弱性评价——以滇中城市群为例》,《自然资源学报》2020年第12期。

经网络进行优化，构建了城市韧性定量评估框架[①]。在评估城市韧性水平的基础上，揭示其整体空间自相关的程度及局部空间自相关的规律。

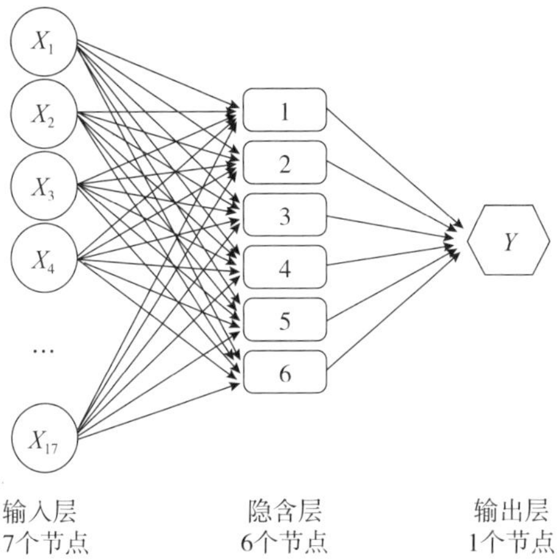

图 6-3 滇中城市群发展脆弱性评价模型的 BP 神经网络拓扑结构图

资料来源：《基于神经网络综合建模的区域城市群发展脆弱性评价——以滇中城市群为例》。

2. 数字技术赋能韧性基础设施建设

基础设施韧性作为一个复杂或者抽象的概念，其量化评估方法一直是学术界的难题，难以通过简单的数学公式获得准确的结果。同时基础设施系统（如运输、电信、供水和电力网络）面临着越来越多的问题，例如自然灾害、恶意攻击、人为事故和常见故障。首先，关键性基础设施的智能化互联化加深了基础设施系统间相互联系与依赖程度，一个子系统的基础设施故障往往在不同网络层面引起“链式反应”，甚至引发社会危机和经济危机。其次，基础设施的智慧化，加剧了基础设施面临网络病毒攻击时的暴露程度。随着城市治理和公共服务供给对全景控制以及智能技术的依赖程度进一步提高，更加强调嵌入基

① 焦兴东:《可持续发展理念下城市韧性时空评价研究》，哈尔滨工业大学，2020。

础设施在技术研发上的独立性和性能上的抗干扰性。城市面对日益复杂且累加的风险冲击时，信息技术在城市基础设施上的叠加建设，更加需要建立信息化韧性架构，根据城市系统的生命力需求，恰当选择和稳速提高关键性基础设施的冗余性，以保证城市在子系统发生异常甚至中断的情况下，依然能够正常运作。

在此背景下，Hosseini 和 Barker 提出贝叶斯网络模型以评估内陆水路港口的韧性①。贝叶斯网络是起源于人工智能领域的一种计算机技术，能够有效解决不确定性等问题。其特征是通过数理知识、概率推理能力处理不确定性问题。与复杂的网络模型不同，贝叶斯网络基于贝叶斯定理可变的条件依赖性形成有向无环图②。贝叶斯网络中节点不代表系统的物理组件，而是代表其概率依赖性的变量③，通过建立贝叶斯网络模型可以评估遭受的损失和恢复能力。

3. 数字技术赋能气候韧性城市规划

美国是开展韧性城市建设和数字技术赋能城市发展较早的国家之一。飓风“桑迪”对美国城市生命线系统造成重大破坏以后，纽约市长提出要建设一个更加强大、更具韧性的纽约。纽约在规划中整合人口、气候、自然资源、城市基础设施等多个领域的数据，结合数字技术，分析各种基础设施在不同气候风险作用下的承载能力，并开发洪水、飓风等风险预测地图等相关城市规划工具，以分析对经济、人口以及建筑的潜在风险和相应的响应机制，多维度提升城市韧性。

随着气候变化风险加剧，越来越多沿海社区，正在从应对战略转向规划、

① Hosseini S，Barker K，“Modeling Infrastructure Resilience Using Bayesian Networks：A Case Study of Inland Waterway Ports，” Comput Ind Eng，93（2016）：252–266.

② Jensen F V. An introduction to Bayesian networks. London: UCL Press，1996.

③ Heckerman D，“A tutorial on Learning ith Bayesian Networks. In：Learning in Graphical Models，” Springer，1998：301–354.

公共教育和备灾的积极立场，以确保其基础设施和社区成员能够与环境动态共存。社区可以通过强有力的领导、公民参与、部门间合作和相互依存来努力实现气候适应能力。然而建立韧性往往是一项挑战，在此背景下，纽约环境保护、卫生、交通、公共服务委员会、能源研究与发展局等机构开始共同进行纽约气候智能型社区建设。气候智能型韧性规划是一种基于“沿海社区韧性评估工具”的自我管理规划评估工具，由新泽西州环境保护部沿海管理办公室开发，由美国国家海洋和大气管理局通过沿海地区管理补助金资助。

气候智能型韧性规划主要包含以下步骤：①识别气候危害。在线洪水测绘仪将确定可视化社区对洪水和海平面上升的脆弱性，并了解其他气候变化影响。②制订市政计划。社区计划清单包括市政计划列表和其他文件，可帮助完成评估。③完成评估。确定规划、减灾和适应机会，以减少对洪水和其他气候危害的脆弱性，并建设社区韧性。④浏览相关资源。气候智能型韧性规划问卷包括指向有用资源的活动链接。

4. 数字技术赋能智慧韧性社区建设

新冠疫情对经济、社会及所有行业和企业都造成了巨大的负面影响，如何利用各类数字技术应对疫情造成的冲击，地方政府需要具有快速适应和应对中断的能力。数字韧性是有效应对变化和颠覆的关键。数字韧性不仅能够利用数字技术及时恢复业务运营，而且能够利用变化的条件来快速适应业务。

国际数据公司（IDC）数字化韧性框架包括 3 个应对阶段，描述了企业在 6 个组织维度上应对危机的时间表，这些层面都通过数字技术来支持（见表 6-4）。对于每个维度，都设计了对应的业务优先级、应用场景和数字技术应用等指标。该框架假设，具有数字化韧性的组织在数字化韧性应用场景方面拥有大量技术投资，并期待将这些技术投资与企业业务成果可以很好地联系起来。

表6-4　IDC 数字化韧性框架不同阶段

韧性阶段	主要内容	数字技术
响应和恢复阶段	强调安全和保障，系统的灾难恢复以及实现预算支出目标	支持这一阶段的关键数字技术以业务连续性、危机管理和通信为中心。现在不是进行深入分析、规划或投资的时候，责任在于快速行动
扩大和优化阶段	强调生产力，更快的决策，社区发展，稳定供应链和降低成本。同时现有技术能力得到改进、扩展和优化，以应对中断所暴露的能力差距	支持这一阶段的关键数字技术以云迁移、远程工作、隐私和安全、数据优化和供应链为主
加速和创新阶段	优先事项包括创建学习型组织，敏捷的业务运营，扩展供应商生态系统	支持这一阶段的关键数字技术以人工智能自动化、分析、数字孪生、云原生开发为主

资料来源：IDC's European Macroeconomic Centre of Excellence.

在智慧城市和社区建立数字韧性指南包括以下几个部分。①对数字韧性采取积极主动的立场。②使用云平台实现敏捷性。云平台可以提供安全增强功能，并允许敏捷地扩展或缩小操作规模，并获得持续改进。③信任和安全设计。当社区信息保持私密和安全，网站提供有关流程和行动的明确指示，数据可搜索和发布，管理活动透明，公众看到对其输入的回应，可访问性和包容性嵌入所有服务时，信任就会产生。④实现混合劳动力。韧性队伍是无论身在何处都可以执行其核心工作职能的队伍。⑤管理当前技能环境。技术投资应包括考虑内部所需的员工技能，以保持系统正常运行。

5. 数字技术赋能健康韧性城市治理

在新冠疫情暴发之初，各国卫生系统充分认识到数据收集和信息系统在遏制传播方面的重要性。国家卫生健康委等部门在疫情早期就开展了主动探索与尝试，从较早的阶段就将数字技术囊括到疫情防治的战略决策与执行中。2020年2月3日，国家卫生健康委发布了《关于加强信息化支撑新型冠状病毒感染的肺炎疫情防控工作的通知》，首次以信息技术支撑为中心，为疾病防控工作提供全面指导，明确指出应充分发挥信息技术在加强流行病学研究、诊断和治疗创新以及提升服务效率等方面的支撑作用，深化“互联网 +”政务服务。2020年2月6日，国家卫生健康委办公厅发布了《关于在疫情防控中做好互联网诊疗咨询服务工作的通知》，明确了数字技术在不同行业疾病防控中的应用。数字技术赋能健康韧性城市治理主要体现在以下方面。

①数字技术赋能疫情发展态势预测与溯源。利用深度学习等新兴人工智能技术，联合出行轨迹流动信息、社交信息、消费数据、暴露接触史等大量数据进行科学建模，借助传播动力学模型、动态感染模型、回归模型等大数据分析模型和实践技术，可为传染病溯源分析提供理论依据。借助移动互联网和智能手机，公众可以随时随地获取最新疫情动态、科学防疫知识等各种信息。例如世界卫生组织的 EPI-BRAIN 平台汇集了用于传染病应急准备和响应的各种数据信息，包括环境和气象数据。英国采用自动综合症监测系统扫描国民健康服务的数字记录用于识别新冠病毒易感人群。NextStrain 开放存储系统提供病原体种群不断变化的实时快照，并向病毒学家、流行病学家、公共卫生官员和社区科学家提供交互式数据可视化。

②利用流动数据评估干预措施。智能手机通过 GPS、蜂窝网络和 Wi-Fi 收集的位置数据，可以监测实时人口流动，识别潜在的传播热点，并洞察公共卫生干预措施的有效性。例如，谷歌已经发布了每周的地区性流动报告，包括按旅行类型和目的地（比如工作地点和公园）进行细分疫情大流行期间干预措施的有效实施，并以适当的传播策略作为支撑，其中包括社区的积极参与以确保公众的信任。但是，关键挑战仍然存在，例如错误信息的传播。谷歌的 SOS 警报干预措施将 WHO 和其他受信任来源的优先级放在搜索结果的顶部。联合国的一项研究发现，几乎所有的成员国已在国家网站上放置了新冠疫情信息，并

且许多国家正在使用文本消息传递给无法访问互联网的人群。

③助力地方政府科学精准施策。运用算法模型，结合大数据分析，对新冠疫情的传播速度、传播趋势等进行预测，从而为各地动态管理监测、医疗物资储备、民生物资供应、交通管制政策制定等工作提供有效依据。例如，通过对新冠疫情高发地区人员在春运期间的交通出行数据进行分析预警，识别并追踪确诊患者、疑似患者和密切接触者的轨迹位置，从而实施精准防控。浙江省卫生健康委联合第三方技术团队，在 24 小时内开发上线了新冠防控公共服务平台，为群众提供可靠、优质的在线卫生健康服务，助力全省疫情防控。

四、数字技术赋能中国韧性城市建设的挑战与建议①

（一）加强城市数据管理，建设韧性城市基础数据库

数据驱动是数字技术赋能韧性城市建设的基础。然而韧性城市建设中的数据获取与数据分析工作仍面临挑战。在城市空间数据采集方面，数字化技术主要应用在空间数据的智能采集和存储中，包括网络开源数据、地理信息系统平台的数据采集以及其他基于编程技术的开放大数据获取等，虽然大幅提升了数据采集规模，同时也提高了数据采集的效率和精确度以及城市数据来源的多样性，但是仍存在数据混乱冲突，一数多源，数据无法整合共享。

为了应对数字技术赋能韧性城市建设中的挑战，可以构建韧性城市基础数据库和数据平台。一是加强数据管理，通过数据聚合加快信息资源的整合和利用，建立韧性城市数据管理的共同标准，提高数据管理的效率。通过集中处理，

---

① 本部分内容引自鲁钰雯、翟国方:《人工智能技术在城市灾害风险管理中的应用与探索》,《国际城市规划》2021 年第 2 期。

数据的有效期得以延长，可以快速提取多种数据属性进行分析和使用。质量管理可以及时发现并解决数据质量差、数据重复和数据值缺失等问题。二是综合数据平台的管理可以通过国家宏观政策的实施及其与地方实际需求的联系来提高数据资源的利用水平。例如，城市抗灾能力和灾害风险分析可以结合单一地图的土地利用规划平台来进行。三是完善平台支撑机制，如建立灵活的城市数据库资源管理机制，明确数据采集单位、数据收集单位和共享开放方式；建立灵活的城市数据平台运行管理机制，保证平台的持续稳定运行，因地制宜开展平台的建立和运行。

（二）构建基于 AI 技术的智能化风险监测、预警和评估平台

近年来，全球城市不仅面临各种突发性风险如飓风、洪水、地震等灾害的冲击，也面临大量如海平面上升等给基础设施和人口带来的潜在风险。但由于风险的不确定性和链式反应，城市规划和管理者在缺乏城市关键要素的动态数据条件下，无法提出一套系统的且具有前瞻性的风险响应方案，或者城市韧性的提升策略。

因此，数字技术赋能的韧性城市建设要引入风险意识，将应对城市突发性和缓发性灾害的目标纳入韧性城市规划和评价指标体系，以促进运用大数据技术助力城市规划，提升城市的韧性规划和管理能力。例如纽约在规划中整合人口、气候、自然资源、城市基础设施等多个领域的数据，分析各种基础设施在不同气候风险作用下的承载能力变化，并开发洪水、飓风等风险预测地图等相关城市规划工具，以分析对经济、人口以及建筑的潜在风险和相应的响应机制。此外，东京、伦敦、巴黎均在城市规划中强调利用数据和科技指导城市基础设施的绿色投资和建设；SCIMI 智慧城市评价指标系统将气候韧性规划纳入智慧环保的评价指标中，促进了阿姆斯特丹通过智能化建设防范气候风险。

灾害风险的影响具有不确定性，因此完善科学预测和情景模拟并将其作为韧性规划决策的参考越发重要。根据灾害风险管理特征，构建包含用户层、接入层、应用层和数据资源库的全过程智能化平台。数据资源库包括灾害数据、社会经济数据和城市多源数据等。在此基础上可以构建基于AI技术的数据挖掘、数据处理与数据管理的工作流程。除了传统数据收集方法外，还可以利用人工智能技术获取新兴多源数据，例如穿戴式设备数据、传感器数据等。在数据库构建的基础上，应用层可包括基于机器学习等AI技术的风险评估与预警模块，并根据评估结果设置优先级，从而提前制定灾害预案（见图6-4）。

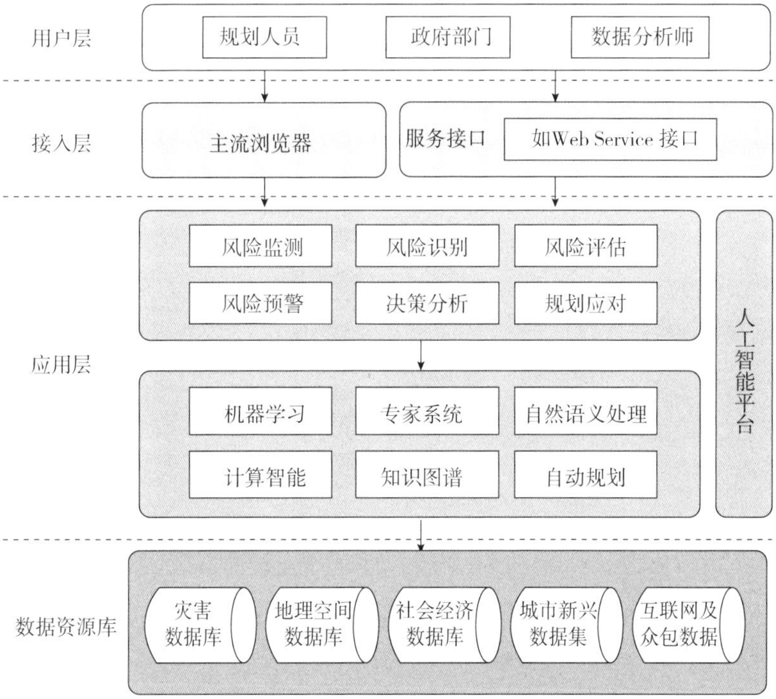

图6-4 基于AI技术的灾害风险管理信息平台

资料来源：《人工智能技术在城市灾害风险管理中的应用与探索》。

（三）明确不同阶段关注的 AI 关键技术重点

在我国规划编制和灾害风险管理过程中，需明确不同阶段关注的 AI 技术重点和深度。根据不同阶段的灾害管理需求，提出具有针对性的技术手段和决策支持体系（见图 6–5）。灾前准备阶段，需构建灾害风险评估和预警系统，通过 AI 技术构建灾害信息数据库与风险评估平台，提高灾害预测、预报、预防和灾害评估水平。灾中救灾和应急响应阶段，可基于灾害信息平台快速识别风险最大的区域，利用数据挖掘收集社交媒体大数据并进行灾害风险沟通，利用无人设施（无人机探测、机器人救援）进行灾害紧急救援。灾后恢复重建阶段，可以基于 AI 技术进行灾害损失计算，并基于计算机视觉技术进行灾后重建恢复工作。

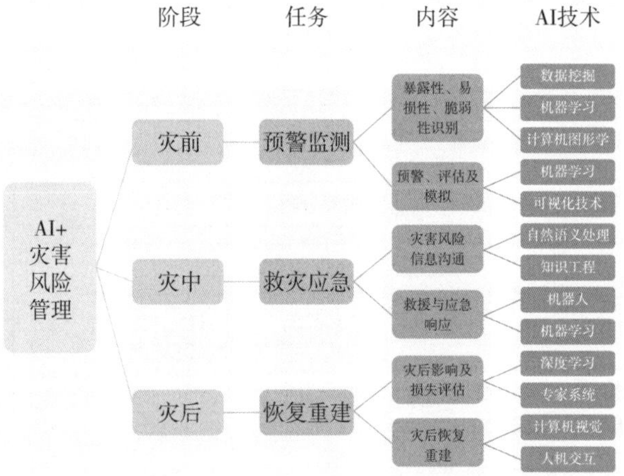

图 6–5　不同灾害风险管理阶段的 AI 技术应用

资料来源：《人工智能技术在城市灾害风险管理中的应用与探索》。

（四）强化不同利益相关者之间的协作，加强数据安全保障

城市大数据平台包含大量政务和产业数据，涉及国家利益、公共安全、商

业秘密、个人隐私，具有高度敏感性，在数字技术应用过程中可能发生数字技术机构对数据或权利的垄断及滥用、个人隐私的侵犯、公共监管及技术伦理的缺失以及对公民决策权的忽视等。在这种情况下，对数字技术的不当应用反而对城市系统整体韧性造成了威胁与破坏。因此必须加强平台数据安全保障能力建设，建立数据采集、传输、存储、使用、开放等各环节的安全评估机制，明确数据安全的保护范围、主体、责任和措施。

此外，数字技术的使用可能带来不确定性风险与权利不平等。如数字隐私的泄露、数字信息所有权的模糊与使用范围的不确定以及数字鸿沟带来数字弱势群体等。这使得基层治理在乐享变革发展与便捷成果的同时，也需要审慎地反思是否可能带来一种新的技术主义与数字陷阱。利益相关者之间的合作对于降低风险、提升韧性至关重要。通过吸引不同利益相关者共同参与规划设计、管理和跨学科的做法是一种有效的社会学习策略，用于处理社会生态系统固有的不确定性，并实现适应性规划和设计。在我国韧性空间规划编制过程中，应重视政府和非政府利益相关者之间的协作，理解和共享风险、数据、信息、模型、指标、风险沟通模式和决策支持，促进有效风险管理方面的合作。另外，城市是一个复杂的社会生态系统，其重要特征是城市系统各组成部分相互影响、相互作用，在时空尺度上都存在多重联系。因此，城市空间韧性的提升应考虑跨空间和时间尺度的动态反馈，加强城市空间韧性不仅需要对案例地城市提出要求，还应在更大的区域尺度提出综合韧性提升要求。以洪水灾害为例，上游城市防御工作的不足会引发下游城市产生次生灾害风险，因此加强与多方利益相关者的动态协调能够为韧性建设的落地实施提供一定保障。最后，国土空间规划建设过程中要树立以人为本的发展理念，以人的生命安全和健康为核心，确定韧性导向空间规划是为了实现更安全的宜居环境，需要重视公众参与和社区协同治理，充分听取公众需求与意见，切实保障公众利益。

（五）明确不同区域、不同层级规划的韧性重点技术

城市是个复杂的大系统，数字技术的介入和广泛应用也可能对整个城市系统带来不小的冲击。如有学者认为以海量数据分析及机器学习的预测算法所推导出的一般性原则，对于应对城市独特的地域性问题、解决城市系统的高度复杂性并降低其不可确定的系统风险仍存在盲点。数字技术需解决“技术本土化”的问题，使科技能够应用于不同社区及地域所处的不同社会、制度及环境问题①。

我国幅员辽阔，不同地区的自然环境和灾害风险特征差异较大，因此在制定城市空间韧性规划内容时，首先，应充分考虑不同区域的灾害环境特征及其对城市的影响，明确各城市的灾害风险特征和韧性空间规划重点，制订差异化的韧性规划方案。例如，沿海城市应主要重视台风、暴雨、海洋灾害等风险。其次，要明确不同层级空间规划对韧性的侧重点。国家级空间规划应注重全面提升抗灾能力，优化城乡空间布局，避开高风险区域，从宏观层面构建区域协同救灾体系，提升城市间共同防灾减灾和恢复能力。省级空间规划应将韧性发展作为城市的发展愿景之一，纳入总体目标，优化城市布局规划，将防灾减灾部分纳入强制性内容，提出相关韧性标准和韧性建设原则。市、县、乡三级规划是各项发展的基本依据和基本空间单元，应将韧性理念落实到土地利用规划、基础设施规划等详细规划层面，在省级韧性规划的引导下，明确韧性发展的约束性和控制性指标。在具体规划时，需重点关注灾害风险大且韧性水平低的区域，针对性制订韧性优化方案。最后，需要注意的是，并不是所有韧性特征都能较好地应用到国土空间规划中，在具体应用时，应充分剖析韧性特征的适应性和优先性，有针对性地提出韧性导向的国土空间规划策略。

---

① Yamagata Y，Yang P，“ Urban Systems Design：Creating Sustainable Smart Cities in the Internet of Things Era，” Amsterdam，2020.

专题七

城市供应链韧性研究：基于商贸流通发展视角*

一、对城市供应链韧性的认识

（一）关于韧性的认识

联合国减灾办公室定义，韧性是一个系统、社区或社会在面临重大突发危机时能够通过及时有效的方式抵抗、吸收、适应并且从其影响中恢复的能力。从 19 世纪中叶开始，韧性的概念经历了工程韧性、生态韧性、演化韧性 3 个阶段的演变[①]。

工程韧性。工程韧性的概念源于物理学，强调的是材料对受力产生变形的抵抗能力，是一种系统受压后恢复原状态的能力。主要表现在破坏性外力作用

---

* 本专题作者为商务部国际贸易经济合作研究院副院长张威。

① 张跃胜、邓帅艳、张寅雪：《城市经济韧性研究：理论进展与未来方向》，《管理学刊》2022 年第 2 期。

前后，系统的内部结构未发生本质变化。因此，工程韧性具有单一均衡状态。

生态韧性。生态韧性的概念与生态系统的运行规律相适应，认为韧性应当包含系统在改变自身结构进入另一个均衡状态之前，能够吸收的最大扰动量级。生态韧性的理念认为，系统可以存在多个均衡状态，而不是工程韧性所提出的唯一的平衡状态，扰动的存在可以促使系统从一个平衡状态向另外的平衡状态转化，破除系统长期固化形成的锁定状态。因此，生态韧性具有多重均衡状态。

演化韧性。演化韧性的研究将对韧性的认知从静态推向动态，认为韧性不应该仅被视为系统对初始状态的一种恢复，它是社会生态系统为回应压力和限制条件而激发的一种变化、适应和改变的能力。演化韧性的研究认为韧性不应再追求静态均衡，而应适应系统的变化，不断进行动态演化。基于演化韧性的角度，Martin 和 Sunley（2015）进一步将韧性的内涵界定为抵御力、恢复力、适应力和更新力 4 个方面，该定义侧重体现系统动态变化过程，被众多学者所肯定和采纳。

从动态的演化韧性视角去解读经济韧性，更符合经济系统的非均衡性特点，能够更充分地反映经济系统根据外部环境变化，不断调整自身制度结构，进行动态演变和持续增长的过程。其重要意义在于能够促进国家和地区在复杂冲击中谋求稳定、高质量的经济发展。随着学界对经济韧性研究的不断深入，对其内涵的理解也从一国经济系统遭受冲击后的恢复能力，延伸到危机的事前防范（设计脆弱性指标预测风险，避免风险过度累积）、事中稳定（应对和克服冲击）和事后复苏（尽快从危机中恢复，回归之前的增长路径或者重新配置资源以拓展新的增长路径）[①]。

（二）关于城市韧性的认识

城市韧性。美国洛克菲勒基金会提出的“全球 100 韧性城市”项目将城市

① 徐圆、张林玲：《中国城市的经济韧性及由来——产业结构多样化视角》，《财贸经济》2019 年第 7 期。

韧性定义为城市中的个人、社区、机构、企业和系统，无论遇到何种急性冲击和慢性压力，都能生存、适应和发展的能力。其中，急性冲击是指对一个地区构成威胁的突发或者应急性重大事件，比如地震、火灾等自然灾害，以及经济领域的贸易战和科技战，社会领域的公共卫生事件，生态领域的极端气候等；慢性压力是指缓慢渗透并动摇经济社会结构所带来的损失，比如经济衰退、社会动荡、资源短缺等[①]。

城市经济韧性。城市经济韧性是城市韧性的一个子系统，对城市发展起着基础性作用。孙久文和孙翔宇（2017）基于对于经济韧性概念的解读，指出区域经济韧性比较全面正确的概念应包括 4 个维度：第一，抵御冲击、吸收冲击的能力；第二，受冲击后恢复的速度和程度；第三，区域经济系统在受冲击后重新调整自身结构适应新的外部环境的能力；第四，区域经济路径创造的能力。这一经济韧性内涵的解释被国内许多学者认可采纳。总体上看，经济韧性更强调一个国家和地区在遭受外部冲击时，自身做出适应性调整的动态过程。在这个过程中，社会资源发生再配置，产业结构出现新变化，区域的最大产出或就业上限也可能因此发生改变。结果就是，经济不一定是恢复到之前的状态，而是进入一条比受冲击前更强劲、更可持续的均衡发展路径，或者进入一条比受冲击前更消极、更收缩的增长道路[②]。

城市韧性的评价。对于城市韧性的评价可以分为狭义和广义两类。狭义的城市韧性评价主要是指城乡系统的防灾韧性，具体包括社区韧性、经济韧性、设施韧性、社会韧性、生态韧性和制度韧性 6 个维度。广义的城市韧性评价则不仅包括生存，也包括发展。其中，生存维度指标是对狭义城市韧性水平的度

① 赵宵伟:《京津冀产业协同发展：多重困境与韧性应对》,《区域经济评论》2020 年第 6 期。

② 徐圆、张林玲:《中国城市的经济韧性及由来——产业结构多样化视角》,《财贸经济》2019 年第 7 期。

量，主要反映城乡系统对灾害事件的防控和应对能力，也就是在灾害中的存续能力。发展维度指标则主要反映城乡系统防患于未然、适应变化并最终实现可持续发展的能力[①]。

（三）关于供应链韧性的认识

供应链韧性。供应链是一个过程，包含了从原材料生产开始到产品制造，再到消费者交付、废弃产品处置的整个阶段。供应链是一个网络，涵盖供应商、制造商、分销商、零售商、物流公司、港口（海港、陆港、空港等）运营方等多个角色。供应链也是一个系统，供应链内部各子系统之间可能存在相互扰动，外部环境的扰动也可能对供应链系统产生不同程度的影响。当扰动超过供应链自身可以承载的阈值时，供应链就会“失衡”，需要采取应对措施，使其尽快恢复到正常状态。随着国际国内形势的变化，供应链变得愈加复杂，面临的扰动越来越多。当受到扰动时，供应链仍能保持连续供应，且快速应对并恢复到正常供应状态的能力，叫作供应链韧性[②]。

供应链柔性、弹性与韧性。学界对于供应链韧性、柔性、弹性的概念，以及 3 个概念之间的相互关系没有清晰的界定。供应链柔性由制造柔性演变而来，柔性制造单元以及柔性制造系统是柔性概念在企业中的最早应用。在全球化的竞争压力下，柔性是企业获得竞争优势的重要因素，主要反映企业在不可预见的市场机会和不断变化的市场竞争中所表现出的良好的响应能力[③]。供应链弹性与韧性的概念更加不好区分，供应链弹性和韧性在英文翻译中有时均被译为 resilience，主要强调适应能力和恢复能力。笔者认为两者之间的区别在于，弹

① 胡智超、王昕晧、张健等:《城市韧性评价体系及提升策略》,《宏观经济管理》2021 年第 11 期。

② 高亮、郭杰群:《突发公共事件与企业供应链韧性的提升》,《审计观察》2020 年第 3 期。

③ 汪传雷、牛传琼、简慧玲等:《单枪匹马还是并驾齐驱？——新冠疫情下供应链抗风险能力》,《山东工商学院学报》2021 年第 5 期。

性强调的是供应链系统在受到扰动发生变化后，能够对所造成的损伤进行修复，并尽量使供应链系统恢复至正常水平的能力；而韧性强调的是供应链系统不受扰动或者受到扰动后不发生较大系统性变化，保持正常水平的能力。总体来看，保持柔性更多体现的是“主动作为”，保持弹性则更多地体现为“被动应对”，而增强韧性既强调了事前的积极准备，又强调了事中的妥善应对，还包括事后的改造提升，是供应链高效响应市场变化的有效手段。

（四）关于城市供应链韧性的认识

结合前文对城市韧性和对供应链韧性的分析，笔者认为，供应链韧性既是城市经济韧性的重要组成部分，又对超出经济领域的诸多方面，比如社会、设施、制度等方面提出了更高的要求。既是特殊情形下保证城市正常运行的应急能力，又是决定城市长期持续发展的支撑能力。城市供应链的韧性与脆弱性相对，从内部视角，主要看城市自身供给能力水平；从外部视角，主要看扰动因素对供应链稳定性的影响；从系统视角，主要看城市供应链体系的安全性。

韧性激活，指当组织意识到威胁、挑战或意外的紧急情况时，韧性产生的机制。现有研究指出了缓解外部冲击的两种设计原则，即保持冗余和灵活性（Roni 等，2016）。冗余表现为模块化设计、增加库存、供应商多样化等；灵活性则表现为重构业务关系的能力，或生产能力适应需求端和供应端条件变化的敏捷性（Srinivasan 和 Swink，2018）。两种设计原则实际上提供了激活韧性的两个不同方向[①]。

保持城市供应链较好的韧性，主要解决两个方面的问题。一是保障城市基本运转，保持生产和生活秩序的基本稳定；二是储备或形成符合经济高质量发展需求的能力。主要处理好三个方面的关系。一是要处理好供应链常态和非常

① 宋耘、王婕、陈浩泽：《逆全球化情境下企业的组织韧性形成机制——基于华为公司的案例研究》，《外国经济与管理》2021 年第 5 期。

态之间的关系；二是要处理好提升供应链柔性和保持供应链弹性之间的关系；三是要处理好能力储备和能力提升之间的关系。重点要做好四个方面的工作，即精准预防、有效应对、迅速修复、持续提升。

精准预防。指城市供应链体系具备良好的组织管理系统和制度安排，规模恰当、形式多样的生产和生活物资储备及能力储备，数字化、智能化的风险预测评估机制，可依赖、可触达的协作支撑网络等，确保能够有效地预防供应链体系可能遇到的各种扰动，或者将扰动的影响控制在发展的初期。

有效应对。指城市供应链体系具备快速响应系统，能够有效调动城市自身管理体系各环节的力量，充分整合城市全域的设施、人力和物流能力，必要情况下能够调动协作伙伴的资源支持，形成有序、有效的危机应对模式，确保“不断供”“不断链”，确保原有的供应链合作模式不发生颠覆式改变，降低扰动对供应链体系和城市发展的影响。

迅速修复。指具有充分的政策储备、资金支持、资源支撑和制度安排，在扰动发生时或扰动结束后，能够尽快启动供应链修复和重建。以城市主导或重点产业为核心，提供从生产、物流、销售、服务到物资、人员、资金等方面的全链条支持，推动龙头企业、链主企业尽快恢复生产能力，发挥带动作用；推动上下游配套企业同步跟进，疏通堵点、修复断点。

持续提升。指无论扰动是否存在，从城市长期持续发展和稳步提升城市竞争力的角度出发，不断完善供应链体系建设和提升供应链发展水平。构建基础扎实、配套完善的产业体系，形成布局合理、功能丰富的流通体系，打造协同配合、务实高效的管理体系，提升资源整合能力和数字化治理能力。

二、韧性城市供应链体系建设的基本要求

从供应链建设自身的发展规律而言，无论是一个国家、一个地区还是一个城市，独立建设成一套完全满足本国、本地区、本城市需求的供应链，既不经济也并不现实。但从提升城市供应链韧性角度来说，完善城市的供给体系、流通体系和管理体系等，对保持城市基本发展能力，提升城市竞争力具有重要意义。

（一）供给体系

完善的产业体系能够在剧烈的外部冲击下钝化经济波动的影响，快速实现自我修复，对提升城市供应链韧性有重要影响。完善的产业体系应具备如下特点。

1. 基础健全

基础健全，指城市产业结构具有一定的覆盖面和完整性，能够满足城市运转和人民生活的基本需求，能够保证城市长远发展的需要，实现“自给”和“自主”。

具备基本物资供应的“自给能力”，满足短期应急需要。一方面，要具备一定的农业发展基础，在特殊情况下，能够一定程度保持城市自身所需粮、油、肉、蛋、奶等物资自给率；另一方面，要合理保留轻工业门类，保持适度的发展规模，强化柔性生产能力建设，能够根据形势变化迅速完成产能调整、产品转型等。从近年来的情况看，局部性问题可以通过区域内部协作解决，但区域全局性问题则需强化自身能力建设。

具备战略物资供应的“自主能力”，满足长期发展需要。一方面，要做好城市重点产业发展相关的情报分析和竞争策略分析，强化市场预测，推动龙头企业、“链主”企业完善供应商体系，避免渠道高度集中和单个供应商过度依赖，

确保关键原材料、零部件等的供应；另一方面，要加强城市创新体系建设，提高科技攻关能力，努力实现关键技术、原材料、零部件和产品的国产替代，做好“备链”体系。

2. 规模适度

规模适度，指城市应保持适度的产能规模和储备规模，确保在突发状况下能够满足基本的生产生活物资供应。

产能规模适度，指城市应保持规模的合理区间和柔性。过大的产能可能导致资源闲置，过小的产能可能无法满足应急之需，需根据城市土地、人口等相关情况，准确测算产能规模的合理区间。同时，应保留适度调整空间，提高柔性制造能力，既能够根据形势需要调整生产数量，也能够根据市场需求调整生产品类。

储备规模适度，指城市应保持基本物资的合理储备规模，确定储备物资的品种、数量和合理的周期，并应定期轮库，保证储备物资的“可用”和“够用”。储备应采取多种形式，需统筹政府层面的战略储备和市场层面的商业储备，实现储备物资的总量保障和灵活调控。

3. 结构多样

结构多样，指城市的产业结构和供应链组成应具有多样化的特征。结构多样化对保持韧性的作用，就像物种的多样性和异质性对稳定生态环境的作用一样，具有十分重要的意义。

产业结构多样化，指城市产业结构应保持适度多元性，这既有利于提升城市的综合竞争力，也有利于避免过度依赖某一产业，有效应对生产率冲击、价格波动或其他突发事件的影响。产业结构多样化，利于城市发展保持回旋余地，降低经济发展的不稳定性，减少经济整体损失。

供应链组成多样化，指城市供应链的组成应包含多种类型的企业，保持适度的冗余。现代供应链是网状结构，不仅包含同一产业链上企业之间的衔接，也包括不同产业链上企业之间的衔接，既有纵向协同，也有横向协作。供应链组成中应既包括龙头企业、配套企业，也包括管理服务企业。应避免产业链出现缺失或断裂现象，在应对危险冲击时保持可恢复性。

专栏 9：供应链管理服务行业迅速成长

近年来，供应链管理服务企业服务内容、服务范围、服务领域持续拓展，一批聚合信息资讯、系统集成、质量检测认证、仓储物流、金融服务等供应链管理服务企业快速发展，正在逐渐从单一的线上交易平台转型成为供应链综合服务提供商，参与连接生产全要素，实现“端到端”连通。新冠疫情期间，供应链综合服务企业在加快工业企业供应链协同、促进复工复产等方面发挥了积极作用。怡亚通、建发股份等一批头部供应链管理服务企业，通过线上采购平台、供应链金融等服务不仅为企业节省了采购成本也缩短了采购时间，促进了供需即时对接，对推动经济恢复发展作出了积极贡献，尤其对稳定中小企业发展发挥了重要作用。

资料来源：作者根据企查查数据整理所得。

4. 运转灵活

运转灵活，指城市供应链在各种情况下迅速反应的能力和水平，既包括“平时”的柔性管理，也包括“战时”的有效应对。

“平时”的柔性管理能力，指供应链能够适应市场的变化，及时调整协同方式，加快产品创新，灵活组织生产，满足日益增长的多样化、个性化需求。

“战时”的高效应对能力，指供应链能够根据突发情况的变化，及时调整策略，有效组织货源、有序恢复生产、畅通物流配送等，为事后供应链的修复和调整创造有利条件。

（二）流通体系

完善的流通体系，既能够在平时保证供应链运转高效，也能在突发情况下促进供应链迅速恢复秩序，保持城市生产和生活的稳定运行。完善的流通体系应具备以下特点。

1. 布局合理

布局合理，指为促进供应链高效运转所必需的商业网点、交通网络、物流节点等保持合理的分布，以形成相互促进、协同发展的流通网络布局。

合理的商业网点布局，指商业网点的规模、形态等应与城市定位及城市功能相匹配。具体包括城市商业中心、区域商业中心、社区商业、各类商品交易市场等的合理分布以及商业业态结构、商业组织形式等的合理构成。

合理的交通网络布局，指城市应该具有完善的内部交通网络和畅通的对外交通体系，各类交通方式之间有合理的匹配方式，能够形成有效衔接、高效运转。

合理的物流节点布局，指城市各类型仓储中心、配送中心等的分布应有统筹安排，实现独立运作与协作配合相统一，既能够保证大批量的生产生活物资的集散和调运，也能够满足城市日常生产生活物资的分拨和配送。

2. 设施完善

设施完善，指基本流通设施的数量、规模、类型、现代化水平等，能够满足城市生产生活需要，促进城市供应链水平提升。

数量规模合理，指流通设施的数量、规模应与城市的产业发展布局、人口的居住区分布等具有合理的匹配关系，能够在适宜的时空半径内，满足产业发展和居民生活所需。

类型功能丰富，指流通设施的类型多样，仓储、物流、商业等各类设施比较健全，口岸、保税、加工、冷链等各类功能比较健全，能够满足供应链各环节的发展需求。

管理先进现代，指流通设施充分应用了大数据、云计算等现代技术手段，具有较高的标准化、智慧化、绿色化水平，能够提高供应链运转效率，提升供应链发展水平。

3. 配送高效

配送高效，指城市内和城市间物流体系完善，物流主体形成良好的分工合作机制，配送组织有序、方式先进、手段现代、服务精准，能有效保证城市供应链运转的时效性。

主体丰富，指物流主体构成层次丰富，市场化运营程度高，各类主体能够有效分工合作，满足城市不同区域、不同产业、不同类型的物流配送需求。

方式现代，指能够运用先进的技术、设备和管理，优化库存管理、物流网络管理、配送路线管理、配送车辆人员管理等，提高物流配送的标准化、智能化水平。

配合顺畅，指物流配送各环节的功能实现高效集成、顺畅衔接，有效加快反应速度、缩短前置时间和配送时间，物流配送的系统化、组织化水平提高。

（三）管理体系

完善的管理体系，能够提高城市供应链的组织化程度，增强城市应对突发事件的能力，提升城市供应链的运行效率和发展水平，是提升城市供应链韧性的关键支撑力量。

1. 规划可行

规划可行，指城市基于发展定位和长远目标，明确城市供应链发展方向和重点，系统谋划城市供应链体系顶层设计，并通过制度安排确保规划落地实施。

顶层设计，指城市基于自身发展需要，结合产业、土地、人口等方面的要素禀赋和发展优势，全面综合部署供应链发展的重点方向、环节、布局、网络、功能等，制定城市供应链体系建设规划。

专栏 10：广州出台供应链“十四五”规划，开启供应链发展新阶段

发展目标：打造广州国际供应链组织管理中心。至 2025 年，将广州打造为亚太供应链组织管理中心；至 2035 年，将广州打造成为国际供应链组织管理中心。构建供应链区域格局，从不同层面，提出协同发展策略，推动广州形成协同共享、功能互补的现代供应链体系，提升广州市的供应链地位和核心影响力。

总体思路：一是保障民生供应链，提高城市安全韧性水平，强化城市应急供应能力，稳住经济基本盘，兜住民生底线；二是聚焦农、工、商三大供应链领域，整合生产流通要素，优化产业链供应链结构，完善产业物流网络，构建现代产业链、供应链体系；三是立足新发展新格局，抓住区域全面经济伙伴关系协定成员国区域经济合作共享的重要机遇，通过区域协同、国内合作以及全球布局，提升广州供应链在湾区、全国乃至全球的位势，构建供应链发展新格局。

重点任务：一是从不同层面构建广州供应链发展新格局。推动粤港澳大湾区一体化，打造湾区产业链供应链枢纽；推动国内联动合作，打造全国产业链、供应链核心城市；拓展布局全球市场，打造国际供应链组织管理中心。二是分行业绘制农业、制造业、商贸流通业等领域的供应链图谱。坚持产业物流融合发展，提出以现代信息技术主导的供应链先进技术为引领，以农、工、商三大产业领域为主体，提升产业链供应链水平，充分衔接物流设施与产业集群，完善产业链供应链布局体系。三是培育以龙头企业为带动的供应链生态。培育生产型、流通型、服务型龙头企业。支持大型企业面向社会提供供应链管理先进技术、平台，带动行业供应链资源共享，实现协同发展。大力发展供应链总部经济，积极引进大型制造业企业布局重大项目，吸引供应链要素集聚。鼓励大型供应链管理企业通过投资并购、资产重组等方式，提高资源集约度和市场集中度，提升供应链服务能力。培育“专精特新”中小企业，推动供应链精细发展。加强对中小型制造企业供应链建设的扶持。孵化、培育供应链高新技术企业，加大对供应链技术研发政策、资金等扶持力度，助推信息技术企业实现供应链技术突破。四是依托交通物流融合“十四五”规划，构建供应链物流枢纽体系。

资料来源：作者整理所得。

制度安排，指城市依据供应链体系建设规划，结合城市发展总体规划，明确产业、土地、资金、政策等相应的制度及各相关部门的具体职责分工。

统筹联动，指城市应建立由市政府主要领导牵头，相关部门组成的城市供应链体系建设联动机制，联合龙头供应链企业、知名商贸流通企业等相关市场主体，共同推进城市供应链体系建设。

2. 协调有力

协调有力，指城市根据国际国内形势变化或突发事件的发展，统筹调整生产组织、设施使用、人员调配等，保证物资供应、市场稳定、供应链运转有序。

区域内协调，指城市依靠部门联动机制，快速高效协同商务、交通（邮政）、经济和信息、科技、自然资源、国资、发展改革、财政、农业农村等相关部门各司其职，调动龙头企业、商贸企业、物流企业等各方力量，妥善应对突发事件和实施供应链体系建设规划。

跨区域协调，指城市与周边区域间有良好的协同合作机制，能够在产业配套、物资补给、城际通行、人员流动等方面提供便利，在流通设施互联、规则体系共建、信用体系互认、市场监管共治等方面提高一体化水平。

3. 治理有方

治理有方，指城市能够运用现代化手段，充分应用云计算、大数据、区块链等先进技术，及时掌握供应链体系建设发展情况，科学调控供应链发展规模、方向、路径等，提高城市供应链现代化水平。

完善供应链生态，指发挥“链主”企业作用，整合生产商、零售商、物流商、金融机构、增值服务商等群体，优化供应链资源配置，提高供应链运行效率，实现资源协同、效能提升、多方共赢。

打造智慧供应链，指城市运用人工智能、大数据、云计算、物联网等技术，打通供应链各环节的信息交流限制，快速对接市场供求信息，迅速整合各方资源，实现技术与管理的综合集成，解决突发状况，提高抗风险能力和供应链发展水平。

打造绿色供应链，指城市采取有效的政策手段和技术手段，推动绿色采购、绿色物流、绿色包装、绿色设施等发展，提升资源循环利用水平，促进全链路绿色化，顺应全球低碳发展新趋势。

三、城市商贸流通领域供应链体系建设存在的问题

从商贸流通领域发展看，供应链体系建设存在的主要问题在于，流通布局有待优化、流通设施有待完善、主体实力有待增强、管理水平有待提升、联动协同仍存障碍、安全保障仍需加强等。

（一）流通布局有待优化

从城市供应链体系建设的角度看，流通布局的问题主要反映在规划不足、城市内的商业布局不够完善、城乡间的流通布局仍不平衡等方面。

城市内商业布局有待优化。目前，我国城市商业网点布局过剩与短缺并存的矛盾依然较为突出。一是城市中心城区商圈大型商业设施过度饱和。一、二线城市甚至三、四线城市中心城区普遍面临大型商业设施供给过剩，部分商业项目空置率高、招商运营压力大、经营困难等情况，造成大量商业资源闲置和浪费。根据国家统计局数据，2011—2021 年上半年，全国商业营业用房累计竣工销售比为 1.12，供给过剩现象突出。同时，据赢商大数据监测显示，2020 年下半年全国 19 个一、二线城市近千家已开业购物中心平均空置率达到了 11.77%，其中，约四成商场空置率超过 10%。二是城市一刻钟便民生活圈供给不足。由于大多数城市主城区的老旧社区用地和用房缺乏，导致市场投入积极性不高，居民生活必需的商业业态和网点供给不足。同时，部分城市新建社区缺乏对商业用地和商业用房规划，社区商业和便民生活服务设施建设明显不足，居民消费不便利问题仍较为突出。

物流配送设施布局不合理。多数城市物流企业及物流园区分布散乱，缺乏整体规划，空间布局不合理。物流配送设施利用率不足。受公共信息服务平台建设滞后等多种因素影响，部分物流配送设施超负荷运作的同时，部分设施仍处于闲置状态，忙闲不均、资源无法有效整合与共享的问题较为突出。此外，由于物流仓储占地大、税收少，很多城市缺乏规划物流仓储用地的动力，导致物流仓储用地也存在供给不足的问题。

城乡间流通布局尚欠平衡。目前，除经济条件较好、人口密集的地区以外，我国城乡供应链发展的基础仍十分薄弱，突出表现在县、乡、村三级物流网络节点布局不完善，物流场站设施覆盖率低，存在较大范围“留白”现象，终端网点处于支离破碎状态。尤其是规范化的村镇物流网点较少（全国覆盖率不超过 10%），物流集散能力较为薄弱，“货难到、效益差、不接续”的问题普遍存在。受此影响，在消费品“下乡”过程中，在末端农家店环节，集中配送率仅有 50% 左右，大量品牌、品质工业消费品难以下沉到村一级。

（二）流通设施有待完善

当前，商贸领域流通设施建设存在的主要问题集中在两个方面。一是设施不足，难以满足需求；二是设施落后，难以提升水平。

流通设施建设存在不足。一是农产品流通设施不足，特别是农产品冷链建设相对薄弱。全国冷链冷库库容远远不能满足每年 1.9 亿吨的农产品冷链需求，而且资源分布极不均衡，结构性矛盾十分突出。中西部地区，特别是广大农牧区冷冻冷藏设施严重缺乏，产、运、销各环节冷链设施布局失衡。其中，最大的短板是农产品产地的预冷、储藏、保鲜等初加工冷链设施十分匮乏。在我国冷库类型占比当中，产地型冷库只占 8%。农产品冷链物流各个环节缺乏规范化、连贯性的运作，农产品冷藏运输“断链”的现象十分普遍。二是社区商业设施不足。资料显示，欧美国家社区商业支出占社会商业总支出的 60% 以上，而我国社区商业占比初步估算不到 30%。在居家消费和社区便利消费快速增长的背景下，公益性、微利性流通基础设施建设不足，社区菜市场、再生资源回收等城市社区商业设施难以满足现实需求。三是物流配送设施建设不足。以厦门市为例，根据城区人口数量和社会消费品零售总额测算，厦门需要规划设立城市配送分拨中心 4 个，每个占地规模 5 万 ~ 10 万平方米，仓储面积 2 万 ~ 4 万平方米，而实际水平远不能满足需求，总体缺口大。

流通设施水平比较落后。一是先进技术应用仍不充分，射频识别技术、电子标签拣选系统、语音拣选系统、各类传感器、智能穿梭车、智能搬运机器人系统等智能化技术应用少。反观先进国家，数字化建设已经取得较快发展。如日本生活服务业数字化渗透率 2017 年即达到 50.9%，在早期订货系统、销售时点信息系统、供应链电子信息系统建设的基础上，已实现从食材溯源、供应，到餐饮企业内部系统的全链条数字化建设。二是智慧化水平仍有待提升。我国流通基础设施数字化转型发展进程较慢，信息处理能力较弱，信息沟通不畅，传递速度缓慢。城市公共信息服务平台较少，且其覆盖范围和功能仍有待进一步完善。多数企业之间数据封闭，无法实现资源整合和资源共享，企业之间以及企业与相关政府部门之间信息交流仍处于点对点联络阶段，难以提升流通基础设施共建共用水平。

（三）主体实力有待增强

供应链主体的问题比较突出地表现在两个方面。一是规模较小，竞争实力较弱；二是水平较低，经营管理能力仍需提升。

商贸流通企业普遍规模较小。我国流通企业的竞争力普遍较弱，德勤公司发布的《2022 全球零售力量》报告显示，基于公开数据评选，仅有京东、阿里巴巴新零售与直销、唯品会、永辉超市、物美、国美等中国企业入围全球零售 250 强。中小商贸流通企业数量众多，组织结构松散，市场集约化水平总体偏低。

经营管理水平较低。大部分企业经营管理方式粗放，缺乏必要的服务规程和标准，在信息服务、库存管理、成本控制等方面仍存在较大差距。信息资源开发利用层次较低，缺乏信息技术研发和集成创新能力，对物联网、大数据、云计算等现代化信息技术的应用水平不高，对消费者行为信息、市场动态信息、行业发展信息搜集能力不足，对已掌握相关信息加工处理不到位。信息技术没有广泛应用在供应链管理、市场拓展、精准化营销、自动化配送等方面，没有充分发挥其在促进供应链效率化、价值链增值化、信息链可控化、资金流合理化等方面的作用。总体来看，商贸流通领域供应链网络化、数字化、智能化发展水平均有待提升。

（四）管理水平有待提升

目前，城市供应链管理存在以下 3 个主要问题。一是统筹能力不足，规划设计仍需加强；二是协调能力不足，机制建设仍需加强；三是制度设计不足，政策支撑仍需加强。

统筹能力不足。现代供应链具有典型的跨部门、跨区域特征。目前，各地各部门在推进供应链协同治理上，开展了一系列有益的探索实践，但上述工作机制多局限于短期的、非正式的工作安排，并未触及“条块分割”的行业治理现状，无法将供应链建设和管理作为一个整体系统工程推进。城市供应链要素整合、应急保障及托底机制缺乏强有力的市级统筹，系统规划、整体支持以及有效管理均须加强。城市供应链体系与数字治理融合度不够，计划管理、敏捷管理、柔性管理等机制尚未充分发挥作用，供需脱节或错配现象严重，导致供应链运行效率较低。

协调能力不足。城市供应链体系建设涉及部门多，涵盖范围广，管理职能分散于多个部门，部门间分工清晰度不够，多头交叉管理、政策重叠、投入分散的问题始终存在。各部门管理理念及管理方式存在较大差异，甚至有些管理相互掣肘，协调难度大，未能形成管理合力，体制机制有待完善。面对突发事件或国内、国际市场变化发展趋势，政府的应急反应机制和行业发展的预测能力有待进一步加强。

制度设计不足。一是缺乏整体性、系统性的针对供应链全链条发展的支持政策，现有政策的连续性和可预期性较差；二是针对供应链发展中出现的新模式、新业态缺乏相应的制度设计，影响了供应链创新应用和发展；三是政策支持力度有待进一步加强，财税、融资、市场准入与退出、土地、先进技术及人才引进等配套政策有待进一步完善，城市供应链发展的综合环境亟待改善。

（五）联动协同仍存障碍

联动协同障碍主要体现在两个方面。一方面，区域间协同仍然存在着制度、管理等方面的掣肘；另一方面，企业间协同发展的意识和能力仍有待提高。

区域间联动协同仍存障碍。各种形式的地方保护主义和区域贸易壁垒仍然存在，区域市场、城乡市场间的分割现象依然严重，外地企业与本地企业差别化市场准入，各地查验结果不能互认等问题，严重制约了供应链企业的跨区域经营发展。缺乏有效的机制是影响区域间联动协同的关键问题。

企业间联动协同仍需加强。目前，供应链的重要性在各行业头部企业已经取得广泛共识，部分企业专门设立供应链管理部门，对采购、物流、运营管理等供应链基本职能进行有效管理，并通过建立上下游的战略合作伙伴关系，形成互利共赢的供应链生态体系。但是，绝大部分企业供应链合作的意识较弱，供应链之间的合作更多是一种松散的关系，缺乏对供应商的有效管理、对物流的科学规划设计，以及对运营管理的有效管控等。

（六）安全保障仍需加强

在经济全球化深入发展的今天，城市供应链安全保障的问题，不仅体现在国内，还与国际市场有紧密的关联。从近年来的情况看，此类安全问题主要反映在：一是关键物资的对外依存度高，供给安全存在不确定性因素；二是产业链外迁加快，城市产业发展面临更多不确定性因素；三是物流体系的掌控力弱，全球运输安全存在不确定性因素；四是储备体系仍不够健全，应急保供存在不确定性因素。虽然这些问题在不同城市表现不同，但总体来看，建立安全保障机制仍是维护城市供应链韧性的关键所在。

关键技术和原材料对外依存度高带来的安全风险。与欧美等制造强国相比，我国制造业“大而不强”的特征还比较明显，部分关键基础材料、零部件对外依赖严重，一些主机和成套设备、整机产品陷入“缺芯”“少核”“弱基”困境的风险较高。我国生物制药产业的关键核心技术也严重依赖发达国家。我国虽然是医药大国，但仿制药品占比仍然较高，多数高端医疗设备依赖进口，自身硬实力不强。即使是走在前列的人工智能产业，在底层算法、开源框架上基础仍比较薄弱，“地基”仍然不牢固。类似的问题在不同的产业有不同的表现，对不同城市的供应链安全可能造成不同程度的影响。

产业链外迁带来的安全风险。在全球经济低迷、全球化发展受阻、中美博弈加剧的大背景下，中国制造业发展也受到了较大的影响和冲击。一方面，部分外商投资企业和国内制造业企业，尤其是出口导向型、劳动密集型制造业企业开始陆续到周边国家寻求投资发展机会。近年来，越南、印度、柬埔寨等国家凭借人工成本、土地成本等优势承接了我国大量服装鞋帽、钢铁等对外转移的传统产业。另一方面，制造业引资水平逐年下降。2011—2020 年，我国制造业利用外资占比总体呈下滑态势，从 80% 下降至 25% 左右。国家统计局的数据显示，2000 年服务业利用外资占外商直接投资总额的比重不足 20%，到 2020 年服务业利用外资占比已高达 77.7%。这些情况在不同城市有不同程度的反映，但综合国际经验看，制造业产业链外迁可能动摇城市产业发展根基，长远看，不利于保持和增强城市供应链发展能力。

物流体系掌控力弱带来的安全风险。当前，我国尚未形成与贸易大国相匹配的国际物流体系。麦肯锡的研究结果显示，美国和德国是全球连接能力最强的国家，中国的全球连接力只有发达国家的一半。受新冠疫情影响，我国国际货运能力不足的短板进一步暴露，大量货物依托国外货运公司，不仅面临价格高涨的制约，也增加了供应链“断供”的风险。我国各城市的交通条件不同，物流体系建设发展水平也存在较大差异，总体来看，物流体系掌控力不足，供应链体系存在的潜在风险较大。

储备体系不健全带来的风险。从新冠疫情暴发以来的情况看，我国应急物资储备体系仍存在较多问题。一是应急物资储备和生产能力储备不足。相关部门对于物资储备的重要性认识不够，平时缺少政策关注，不掌握完整的应急物资生产企业名录和生产能力清单，导致紧急状态下，企业用工、原辅材料供应、资金支持等方面遭遇困难，复产扩产能力受到限制。二是对社会储备重视程度不够，企业参与国家物资储备的法律主体比较单一，政府和相关国有储备企业负担过大。三是主体技术手段落后、设备设施陈旧、储备资金紧张的问题较为突出，缺乏灵活机动能力，很难增加应对新型风险的储备品类。

四、提升城市供应链韧性的政策建议

近年来，国际形势的变化及新冠疫情肆虐使得各个国家、各级政府、各个企业对提升供应链韧性有了新的认识。总体来看，提升供应链韧性不是短期行为、一蹴而就，需要长远谋划、久久为功。提升城市供应链韧性，需要充分调动各方资源，有效统筹各方力量，实现生产、生活、生态稳定发展的和谐统一，政府、企业、居民“保供”行为的和谐统一，解决当期、应对短期、谋划长期的目标取向的和谐统一。

（一）完善产业体系

优化产业结构。相关研究表明，产业结构越多样化，地区的经济韧性就越强，受到冲击后的恢复能力以及适应变化调整结构的能力也越强。Martin 等（2016）通过研究英国主要地区如何应对过去 40 年来的四大经济萧条发现，由于产业结构不同，英国各区域面对冲击的抵抗力和恢复力具有显著差异。Doran 和 Fingleton（2016）在对美国都市圈面对 2008 年国际金融危机所表现出的差异性进行分析时，认为抵御危机的恢复力与区域多样化的产业结构密切相关。总体看，多样化的产业结构，能够满足区域内居民的多样化需求，为居民提供多样化的就业岗位，缓解经济周期和经济危机对区域宏观经济的影响。有学者的研究还表明，在恢复调整期，产业结构多样化指标同样具有显著性影响，城市产业结构多样化每提升 1%，经济韧性将增长 1.7% ~ 4. 2%[①]。这表明，当经济从最初冲击的阴霾中走出时，产业结构越多样化的城市，恢复调整得也越好。因此，保持城市供应链韧性需要结合城市发展定位和发展特点，保持多样化产业结构，既要保证基本生产生活物资供应类产业的基本完整，保持其产能规模适度并保留冗余空间，又要将工作重点向核心重点产业倾斜，保证其各类要素资源的稳定和充足供应，不断提升城市产业的国内国际竞争力。

提升科技水平。要持续完善城市科技创新体系，提升创新体系效能，提高城市创新能力和创新水平。集中整合城市创新资源，针对城市重点产业开展技术攻关。以关键共性技术、前沿引领技术、现代工程技术、颠覆性技术创新为突破口，带动培育一批能够提供核心基础零部件（元器件）、关键基础材料等关键中间产品和应急物资的企业，补齐供应链关键环节和产品的短板，带动全产业链协同创新，形成产业发展合力，提高供应链韧性和抗风险能力，构建自主可控的产业体系。鼓励建立智慧工厂、无人工厂、灯塔工厂等，顺应全球供应链发展的新趋势。

促进融合发展。发挥流通业贴近消费终端的优势，反向引导生产，帮助生产制造环节更加准确地把握用户的真实需求，提高供需适配性；拓展研发、采购、分销、物流等一体化、集成化服务，提高流通端的服务能力。鼓励金融、流通、制造等关键环节深化合作，在真实交易、信用信息基础上，开发更加丰富、更具安全性的供应链金融产品，破解企业融资难、融资贵的问题，助力实体经济健康有序发展。积极推广设施农业、垂直农业（场）、智慧农业等，配套发展冷链设施，优化保鲜技术，优化农产品配送等，促进服务业与农业融合发展。发挥产业化龙头企业的作用，引导企业以资本为纽带，纵向延伸供应链长度，横

① 徐圆、张林玲：《中国城市的经济韧性及由来——产业结构多样化视角》，《财贸经济》2019 年第 7 期。

向拓宽产业链宽度，打造全产业链运营模式，提高产业组织化、规模化水平。

（二）促进流通提质

完善流通布局。厘清城市流通布局现状，加强关键流通基础设施的合理配置。结合城市产业发展、人口数量等实际情况，合理确定流通布局规模。在城市周边建立储备基地和物流基地，用于调剂日常供应和应急保障。优化城市内商业网点布局，合理设置不同类型购物中心、超市、农产品批发市场、菜市场、社区便利店等的数量和分布，提升市场供给能力和稳价能力。加强物流基础设施与工业园区、商品交易市场等统筹布局、联动发展，完善市中心前置仓、前置生鲜仓等的配置，支持建设公共性快递分拣处理中心、智能投递等设施，开展城市共同配送，优化分拨和配送网络。优化社区便民服务设施，在街道和社区合理配置自动售货机、智能购物机等，适度发展"无人零售"等新业态、新模式。支持利用废弃厂房等闲置资源建设便民性、公益性流通基础设施，探索国有不动产在特殊场景下向供应链功能转换。

提高设施水平。推进传统基础设施改造，数字化赋能城市商圈、商品交易市场、大型商业综合体、商贸物流园区等设施，提升智慧化运营和管理能力。加强人工智能、云计算、区块链、大数据中心等新型基础设施建设，提升供应链全链条的数字化发展水平。加快仓储、运输、分拣、包装、配送等物流设施设备标准化、信息化、智能化改造，推广应用自动搬运机器人、自动码垛机、感应货架等智能装备，运用物联网、区块链等技术，优化库存管理系统。鼓励企业利用现代先进技术，提高可视化管理、动态化响应和智能化决策水平，加强商贸流通领域数字化公共服务，构建上下游贯通、内外部互通的企业协同网络。

提升物流能力。优化城市内外部交通网络建设，统筹发展铁路、公路、水路、航空等多种运输方式，加强交通基础设施与存储、分拨、配送等设施衔接，推动多式联运高水平发展。创新供应链协同运营模式，搭建供应链服务平台，支持物流企业与生产制造、商贸流通企业深度协作，推进物流与生产、制造、采购、分销、结算等服务有机融合，创新储、运、仓、配等一体化物流组织模式，拓展物流新业态、新模式，提高综合服务和增值服务水平。推动物流标准化循环，提升物流标准化水平。积极应用现代信息技术和智能装备，提升物流自动化、无人化、智能化水平。扩大新能源运输工具应用范围，推广绿色包装技术，发展绿色物流。

（三）增强主体实力

支持企业提升供应链创新能力。加快云计算、物联网、大数据、人工智能等广泛应用，通过新一代信息技术赋能，提高市场响应能力、运转效率，降低运行成本；整合要素资源，加快供应链原创技术、共性技术的研发，开发适用性较强的供应链新技术，推进技术、产品、组织、管理和商业模式协同创新，提升供应链整体发展水平。

支持企业创新供应链发展模式。充分发挥供应链协同平台和供应链综合服务企业衔接产销的作用，推动现代流通企业创新服务供给，向供应链上游延伸提供研发设计、贸易金融、物流仓储、商务咨询、检验检测等集成服务，发展反向定制、个性设计和柔性制造。促进企业间需求、库存和物流信息的高效沟通，实现系统对接、功能集成、信息共享、资源整合，完善供应链生态，提升供应链整体效率。

支持企业加强供应链全链条合作。加强“链主”企业培育，打造适宜载体，融合各种资源，赋予相关政策，加快“延链、补链、强链”，以“链主”为引领，带动上下游企业，按照市场经济规律集聚，提升产业链协同创新能力，加速科技成果转移转化，促进以技术创新、产品创新、模式创新、管理创新为重点的全面创新，加快形成具有核心竞争力的产业链和产业集群。鼓励分销企业、物流企业、连锁企业、电商平台等供应链核心企业开放渠道资源，共享集采集配、营销推广、技术管理领域技术和经验，带动中小微企业创新成长，发展特色经营和精细化服务，培育中小企业竞争优势。

支持企业加强供应链专业人才培养。完善人才培养机制，创新产学研用结合的协同育人模式，加大供应链专业人才培养力度。鼓励校企联合，深化产教融合，加强职业培训，培育创新型、应用型和技能型人才。改善人才发展环境，制定人才培养、引进政策，在落户、住房、科研经费、职称评定、社会保障、个人所得税、子女教育、医疗和出入境等方面提供便利条件，积极引进海外高层次人才，为优秀创业创新人才创造良好条件，缓解供应链专业人才的供需矛盾。

（四）提升供应链水平

提升标准化水平。加强供应链标准化建设，在供应链的各个环节、业务流程等加大国家标准、行业标准推广应用力度，鼓励供应链核心企业牵头制定团体标准、行业标准，实现政府主导制定的标准与市场自主制定的标准协同发展、协调配套。推进标准推广应用，鼓励企业参与对标、达标活动，建设标准化循环共用体系，以标准化建设提高供应链管理水平，促进商贸流通高质量发展。

提升智慧化水平。应用互联网、物联网、大数据、区块链和人工智能技术，为传统供应链转型升级赋能，整合生产、采购、物流、销售等各类资源，完善信息、交易、融资等服务功能，构建大数据支撑、网络化共享的智慧供应链体系，更好地实现供应链的协同作用，提高经济运行的效率。充分利用现代化技术，对供应链系统进行重塑，实现生产端、流通端、消费端的无缝衔接和精准融合，实现数据开放共享，资源全渠道智能化整合，提升产品匹配度和消费体验，挖掘增值空间，形成更多流通新平台、新业态、新模式。

提升绿色化水平。推动供应链全链条的绿色化发展，在原材料选用、生产、销售、使用、回收、处理等各个环节系统考虑对资源环境造成的影响，引导生产企业推行绿色设计、低碳化生产，推动包装印刷减量化，推动流通企业应用绿色节能设备和技术，实行绿色采购和供应管理，支持电商企业使用绿色包装，推进快递包装减量化、标准化、循环化，注重产品全生命周期绿色化，打造绿色低碳供应链。鼓励企业建设绿色仓储设施，使用新能源运载工具，鼓励发展集约化配送模式，合理组织、配置物流配送路径，提高车辆利用率，推广共同配送等运作模式，推动物流链降本增效，加强绿色物流体系建设。

（五）优化供应链管理

制定发展规划。城市应结合自身发展目标和在全球、全国、区域供应链发展中的定位，综合判断发展优势与劣势、机遇与挑战，强化顶层设计，明确产业发展重点，完善流通网络，强化基础设施建设，优化制度环境，整合相关部门资源，支持供应链创新应用，细化各部门职责，明确实施方案，提升城市供应链建设系统化水平。

完善治理模式。坚持系统观念、全局观念，积极探索形成跨部门、跨地区治理新模式。强化信息和监管资源的共享，形成发展合力，共同推动供应链创新发展。发挥行业组织、供应链平台等在市场主体集聚、服务资源集成等方面的优势，通过建立明确的准入机制、退出机制、信用机制、奖惩机制，推动其更好地参与供应链治理。

加强政策支持。深化相关领域“放管服”改革，制定适应现代供应链特点的注册、税收等发展政策，通过财政直补、引导基金、融资创新、优质土地资源倾斜等方式，加大对供应链创新发展的支持力度，形成政策叠加效应，建立健全供应链高质量发展的政策体系。

加强公共服务。推动供应链公共服务平台建设，整合政府、科研机构、中介机构等各方力量，集成政策、信用、咨询、业务等多方资源，为相关主体提供资讯舆情、智库支持、教育培训、品牌推广、标准宣贯、政策解读、信用评估、大数据分析等全方位公共服务。

（六）加强协调合作

促进城乡协调。完善流通环节农村基础设施建设，支持改造提升县城商业设施，完善县城综合商贸服务中心，支持大型商贸流通企业渠道下沉，延伸供应链，促进县乡村商业网络连锁化。促进农产品批发市场、农贸市场现代化发展、数字化转型。健全乡村末端物流网络，打通工业消费品下乡“最后一公里”，畅通城乡冷链物流链路，打通农产品从田间地头到冰箱全程冷链。加强城乡数据互联互通、设施共用共享，发展城乡集中共配、共享物流模式，完善城乡物流一体化发展机制，畅通工业品下乡、农产品进城的双向供应链通道。

加强区域协调。城市应根据自身的资源禀赋和要素条件，因地制宜，推动与周边城市间产业协同联动发展，打造区域上下游关联度高、带动性强、优势互补的区域产业供应链水平。尊重市场规律，推动构建区域供应链一体化协同工作机制，加强流通基础设施和市场信息互联互通，推动市场规则和监管互认，形成促进人员、技术、资本、数据等各类要素资源自由流动的制度安排。依托城市群建设，打造链条完整、配套齐全的区域供应链中心，形成产业备份，提高供应链抗风险能力。

（七）加强安全保障

加强预警能力。建立供需信息共享、通报、沟通与协调机制，强化市场走势研判，构建供应链风险评价指标，健全重要民生商品和关键战略资源品供应的监测预测预警体系，提升供应链风险防控和应急处置能力。

加强物资储备。建立多层级的物资储备体系。实现政府储备与社会储备、常规储备与临时储备、实物储备与能力储备有机结合，建立大宗基础产品的集中与分散储备机制，合理确定重要民生商品储备品种和规模，完善应急商品数据库。发动民间组织和企业等广泛参与，培育保供骨干力量，增强保供企业货源组织能力。

完善应急物流。加快建立储备充足、反应迅速、抗冲击能力强的应急物流体系，完善应急物流大数据平台，建立货源产销对接机制，优化应急投放网络，促进物流企业实现“平急转换”，强化跨区域、跨领域应急物流协同组织。

加强协调应对。建立应急管理制度，完善应急保供体系，设立分级响应机制，加强组织协调。发挥各级政府作用，广泛动员社会力量，提升响应速度和效果。完善跨区域联保联供机制，加大力量组织货源和调度物资支援，优化运输中转站货物管理，疏通跨区域生活必需品运输堵点，保障物资供应稳定。

专题八

基于保险视角的韧性城市建设研究*

在城市风险管理理念的发展和演进过程中，韧性管理逐渐取代了传统的风险管理思想，被越来越多的国家和城市所接受，成为现代城市风险管理的主流思想和主要实践。韧性管理的核心理念是摒弃传统和简单的对立思维模式，提出城市“风险韧性”概念，以更理性和科学的态度，采用一种相容与和谐的思维，提高城市的容灾能力，特别是通过提升全民的风险管理理念和能力，采用一种更加积极和主动的手段与措施，全面提升社会风险治理的总效率。

韧性城市管理的核心和关键是容灾理念的普及和恢复能力的建设，包括海绵城市和“弹性管理”的理念和技术。在这个过程中，保险无疑是其天然的同盟军。保险，作为现代风险管理的社会制度安排，其存在的基础逻辑就是建立在容灾和恢复概念上，提供一种灾后管理的复原力。现代保险认为，风险，尤

---

* 本专题作者为中国精算师协会会长王和。

其巨灾风险，是难以简单地化解和抗衡的，是不可能完全消除的，更重要的是这样做的社会成本太大，既不经济，也不理性，更不利于提升社会福祉的总体水平。因此，从理性的视角看，尤其是从社会发展、文明和进步的视角看，人们应当接受风险的存在和发生，但关键是在灾害发生之后，如何从心理、技术和管理上确保将损失和影响降到最低，为恢复重建和伤亡救助提供足够的资金准备，让人们和社会能够从容应对风险。

在我国社会风险治理体系和能力现代化建设，特别是现代城市管理过程中，要高度关注韧性城市管理理念的导入和落地，同时，要注重将工程与非工程手段结合和融合。其中，保险作为一种非工程手段，其最大的特点是具有显著的正外部性特征，能够形成一种社会风险治理的溢出效应，是城市风险管理的天然合作伙伴和得力助手。因此，应当注重将保险全面融入城市韧性体系建设中，发挥保险的风险管理和恢复重建的独特作用，赋予韧性管理全新的内涵，打造中国特色的城市韧性和韧性城市。

一、城市风险暴露状况与城市风险治理现状

在人类社会的发展过程中，城市化是一个重要指标，也成为社会主义现代化的必由之路，对推动经济社会平稳健康发展、构建新发展格局、促进共同富裕都具有重要意义。城市不仅聚集了大量的人口、资源和社会经济活动，而且限定于一定的地域之中，具有稠密的人口、密集的建筑、频繁而大量的社会经济活动等特点。城市运行体系较为复杂，风险相对较大，且各类风险呈现相互叠加、相互耦合态势，各类风险、灾害类事件造成的损失严重。

（一）城市风险暴露与韧性治理思考

城市风险主要有四大类。一是自然环境类风险，如地震、台风、暴雨等，

暴露出城市的种种脆弱性，以及可能衍生的次生灾害。二是基础设施运行风险，其包含的内容较为广泛，如各种公共交通、高楼建筑、商业设施和娱乐场所等。三是公共安全风险，包括人流聚集的大型活动、传染性疾病、食品安全等。四是城市社会风险，主要指群体性事件、恐怖袭击等。从现代社会的视角看，城市风险不再是单一风险的概念，具有系统性、复杂性、突发性、密集性、流动性、区域性、并发性和放大性等多重特征，是一个连续和动态演化的过程，城市风险特征给风险治理带来了全新的挑战。

针对现代城市面临的新挑战，国际社会提出了韧性城市的管理理念，根据联合国减灾办公室的定义，韧性指的是人类社会或自然系统在受到各种不利影响时，其基本结构和功能能够提供及时有效的资源和能力，确保城市秩序得以迅速恢复。韧性城市就是要求城市具有预防、回应并从风险中迅速复原的能力，同时将风险或灾害损失降到最低，创造一个“适应风险或灾害”的城市。要通过风险韧性能力的建设，提升承灾体的风险韧性，打造“城市免疫”能力。这就要求城市，无论是基础设施规划，还是人口规划，都要对各种自然灾害和社会风险进行充分评估，确保各类基础设施和社会管理体系应对各种不同灾害和突发事件的承受能力、恢复速度和程度，以增强城市的韧性和灵活性。

（二）我国城市化风险形势不容乐观

我国正处在城市化水平快速提高的阶段，数据显示，我国城市数量为687个，2021年我国常住人口城市化率达到64.72%，户籍人口城市化率提高到46.7%。随着人口和经济活动聚集程度的不断提高、分工水平的演进，城市在规模扩大、效率提高的同时，社会经济系统的复杂性、不稳定性也逐渐增大，发生系统性风险的概率不断增加，城市风险通过跨部门与区域传导互馈，形成了错综复杂的叠加风险，增加了城市风险防控的难度，传统风险管理体系难以适应。

与此同时，截至2019年底，我国社会总资产已达到1655.6万亿元，其中居民占比为 76%，居民人均财富约为 36.6 万元。我国住宅总面积约为 585 亿平方米，总造价为 97.32 万亿元，其中城镇住宅为 313.2 亿平方米，城镇住房套数约为 3.63 亿套。在家庭财富中，房产占比达到 77%，同时，我国城镇地区平均每百户家庭汽车拥有率达到了 42%。此外，我国商业和工业建筑总面积分别为 79.72 亿平方米和 85.78 亿平方米，建筑总造价分别为 32.62 万亿元和 33.20 万亿元，而这些财产也大都集中在城市地区[①]。根据以上数据可以看出，城市是我国社会和居民财富，特别是固定资产的聚集地，也是各类风险暴露的聚集地，因此，城市风险管理，也包括复原力管理是社会风险治理的主要方面，应当予以高度重视。

（三）我国城市风险治理的基本思路

城市由于空间上的高度聚集和精细的社会分工，形成了复杂的巨型系统，在提高效率、创造财富的同时，也带来了不稳定性与不确定性，容易产生更多的系统性风险，因此，城市已日益成为社会风险产生或集中爆发地，并呈现出“城市风险化”和“风险城市化”的趋势。在“十四五”规划中明确提出，要提高城市治理水平，加强特大城市治理中的风险防控。大城市精准识别和科学防范化解重大风险挑战，统筹发展和安全，已经成为“十四五”期间推动城市治理体系和治理能力现代化的一项重要课题。

早在 2018 年我国就颁布了《关于推进城市安全发展的意见》，明确提出要切实把安全发展作为城市现代文明的重要标志，建立综合性、全方位、系统化的城市安全发展体系，提升防灾减灾救灾能力，全面提高城市安全保障水平。2022 年，中国银行保险监督管理委员会[②]发布了《关于银行业保险业支持城市

① 李扬、张晓晶等:《中国国家资产负债表 2020》，中国社会科学出版社，2021。

② 2023 年 3 月，中共中央、国务院印发了《党和国家机构改革方案》。在中国银行保险监督管理委员会基础上组建国家金融监督管理总局，不再保留中国银行保险监督管理委员会。

建设和治理的指导意见》，提出要充分发挥保险保障作用，促进城市安全发展，要因地制宜开展城市巨灾保险，保险机构在重特大自然灾害、突发公共安全事故、突发公共卫生事件等领域，充分发挥保险保障作用。

面向未来，就城市风险管理而言，政府应是风险管理主体，不应成为整个风险责任的承担者。处理好政府、市场和社会的关系是未来城市风险管理的重点，通过政府、市场和社会的多主体联合治理，改变政府以行政命令作为单一手段管理城市的局面，将政府的公共产品的"提供者"和"生产者"职能分离。政府是公共产品和社会服务的"提供者"，但其生产职能需要逐步向市场和社会让渡，政府和市场应当寻求适度管理，避免出现管理刚性以及失去对不确定性的应变能力。

二、新型举国体制下的城市韧性建设①

一直以来，我国在巨灾风险治理，特别是在社会灾难复原力建设方面，采用的是举国体制，充分发挥政治和社会制度优势，以政府为主导，以财政为依托，行政干预，全国动员，集中力量办大事，采用自上而下的纵向模式，高效、快速、大规模地调动公共资源和社会力量，同时，以"一方有难八方支援"为感召，探索出了对口支援模式，既体现了互助友爱精神，也缓解了中央政府的压力。从客观的视角看，灾难复原力的举国体制符合我国的发展国情，其独特和积极的历史贡献，成效显著，功不可没，也成为典型的中国经验。

（一）我国城市风险面临的新形势

随着经济发展与社会进步，巨灾风险治理问题，尤其是社会灾难复原力建

① 本部分引自王和:《我国巨灾保险的定位、创新与路径》,《保险研究》2020 年第 6 期。

设与管理问题已成为社会治理，乃至国家安全、经济发展和人民生活的突出问题。第一，巨灾风险暴露不断加大，在全球气候变化、环境恶化、发展模式和生活方式等因素的影响下，各种巨灾风险呈现不断变化和加剧的总体趋势。第二，社会财富的快速增加，城市化的持续推进，使得巨灾风险的承灾体，不断扩大并聚集，尤其是单一风险单位（地区）的风险暴露加大，导致潜在风险损失巨大。第三，居民家庭财富快速增加，尤其是住宅、汽车等固定资产已成为财富的主要组成部分，也是居民最重要的生活资料，但这些财富均面临巨灾风险的重大威胁，如果解决不好，就可能引发社会稳定问题。第四，近年来，我国的脱贫攻坚取得了举世瞩目的成效，但有些脱贫成果仍需巩固，一旦发生巨灾风险，极可能出现因灾返贫现象。第五，随着社会财富的金融化程度不断提高，社会物质财富风险与金融风险呈现高度相关性，同时，个体的身体健康和生命安全，已成为家庭贷款和小微企业信贷的重要风险因素，因此，巨灾风险治理与金融体系稳定息息相关。第六，“对口支援”模式虽然具有显著的制度优势，但这种模式也面临诸多问题和挑战，一方面这种区域间的转移支付，缺乏法理依据，可能导致新的不公平现象；另一方面从发展的眼光看，地方财政也面临捉襟见肘的问题，因此，“对口支援”不宜作为常态化的制度安排。

巨灾风险暴露是一种客观存在，与人类社会相伴相生，而且，随着社会进步和科技发展，巨灾风险暴露不仅没有降低，反而呈现聚集性、相关性和传染性增强的趋势，因此，巨灾风险治理一直是社会治理的重要任务，同时也是公共支出的一项重要内容。我国传统举国体制的一个重要特征是以财政资金作为巨灾风险治理的资金保障，其优点是主体单一、决策迅速、执行刚性，但随着我国社会和经济的发展，以财政作为巨灾风险治理经济基础的模式将面临越来越严峻的“收支困境”。

（二）新型举国体制的背景与逻辑

针对存在的问题，在新的历史时期，特别是在实现治理体系和治理能力现代化的目标下，我国探索并形成了新型举国体制，即不仅举政府和财政之力，也举社会和市场之力，形成一种举国合力。自2008年汶川地震以来，我国各地纷纷开展了韧性城市的制度建设，也包括利用巨灾保险制度，但从本质上看，由于存在一系列制度和技术问题，难以克服，各地的实践均存在一些根本性的缺陷和问题，不能形成具有持续发展和可复制的韧性城市治理模式。因此，面向未来，我国社会风险，特别是巨灾风险治理体系需要与时俱进，新型举国体制的建设迫在眉睫，时不我待。从长远看，风险暴露与资金积累的矛盾会越来越突出，与人民群众日益增长的美好生活需要和期待的差距越来越大，同时，尽管制度建设仍面临许多难题、困难和挑战，但决不能望而却步，要以高度的责任感和使命感，通过新型举国体制下的巨灾保险制度建设去面对、克服、解决和完善。

（三）新型举国体制的演进与内涵

新型举国体制的核心是对传统举国体制的传承与发展。从传承的视角看，坚持并发挥社会制度的优势，更好地发挥政府的主导、统筹和协调作用，用足非财政的行政资源，弘扬“一方有难八方支援”的文化，强化全国动员，集中力量办大事的特色。从发展的视角看，关键是政府的作用和作为要“新”，要解决政府的“大包大揽”问题，一方面公共资源趋紧，这种“大包大揽”模式难以为继，另一方面推进治理体系和治理能力现代化的形势，不允许继续“大包大揽”。因此，新型举国体制的关键是在政府主导下，通过制度创新，以公平、高效和可持续为诉求，通过“政策性保险”模式，全面整合和调动市场和社会资源，重构巨灾风险和社会灾难复原力治理体制，即重新配置全社会的巨灾风险治理责任，包括事权与财权。

从事权的角度看，巨灾风险治理分为3个阶段，包括事前、事中和事后。

事前阶段，主要体现为灾害的防范，包括工程与非工程手段，特别是立法、标准、教育和宣传等，也包括建立市场化推动巨灾风险治理的激励、监督和制衡机制。事中阶段，主要体现为应急处置，包括抢险救灾，控制损失。事后阶段，主要体现为灾后恢复重建，特别是重建资金的筹集。在传统举国体制框架下，3个阶段的工作绝大部分都是由政府承担，财政支出，这种事权和财权的分配方式，既不符合现代社会治理和公共管理的基本原则，容易导致社会新的不公平，也面临资源短缺、效率不高、难以为继的问题，更重要的是容易产生“搭便车”和“等靠要”的投机和依赖心理，导致巨灾风险治理的社会总效率不高。

从财权的角度看，传统举国体制的巨灾治理资金的来源相对单一，主要是财政资金，本质是全体纳税人的资金。社会巨灾治理资金的使用，按照“公共性”的逻辑，事前和事中阶段的资金使用属于惠及全社会的公共支出，具有普惠性。但事后阶段的资金大多属于社会再分配范畴，这种再分配面临公平与合理的挑战。在新型举国体制下，通过巨灾保险制度的建立，能够较好地解决这一矛盾。巨灾保险制度下，建立一种基于事权的财权管理机制，即公共积累和个体积累相结合的模式，公共积累解决巨灾风险治理的共性问题，个体积累解决巨灾风险治理的个性问题，通过差异化的个体积累，不仅能够实现差异化的风险保障，更能够强化个体的风险意识，最终实现全社会的巨灾风险治理和保障水平提高，确保社会的稳定与公平。

三、保险是风险韧性管理的工具

（一）城市风险管理再认识

城市在人类社会的发展过程中，始终扮演着重要角色，发挥着独特作用，但一直以来，人们对城市的建设与管理始终处于一种相对简单、盲目和被动的状态，特别是在整体规划和风险防范方面。因此，城市在成为人类生活和活动的主要场所并提供便利的同时，也成为风险聚集和灾难发生的场所，给人们的生命和财产带来了巨大的威胁。

在经历了一次次巨大灾难之后，人们开始认识到风险的客观存在，以及风险可能对人类的生命和财产产生的巨大威胁和损失，尤其是大型和超大型城市，开始了对风险和风险管理意识的觉悟。但这个阶段的风险认知和风险管理意识仍处于初级阶段，具体表现为更多是采用工程和防御的手段，即通过提高城市和建筑物的风险设防标准，提升风险的防御水平，即工程韧性，以减少风险可能导致的损失。

随着人类文明的进步，人们对风险和风险管理的认识逐步提升，其中，最重要的升华在于重新认识和理解人与自然、风险的关系，并建立一种科学和理性的观念。从表面看，是建立起一种敬畏心，即敬畏自然之心，从根本看，是摒弃简单对立和对抗思维，放下“人定胜天”的执念，以敬畏自然和理性智慧的理念，理解并觉悟“和合共生”“天人合一”和“有容乃大”，懂得并学会与自然、风险和睦相处。人类学会与自然和风险和睦相处，是一种自我觉悟，是一种更大的智慧，这就是现代韧性管理的思想启蒙。

（二）韧性管理是城市管理的核心

韧性管理，特别是韧性城市理念，逐渐成为现代社会和城市治理的核心价值观，现代保险也正是在这样的历史背景下产生的。作为一种社会风险管理的制度安排，保险与韧性管理有着“基因性”联系，是现代社会风险韧性管理的重要工具、组成和力量。从 20 世纪开始，国际社会全面关注和重视可持续发展问题，希望能够导入生态理念，尤其是城市生态理念，构建和强化环境的可持续性以及城市韧性。其中一个重要载体是复原力，即恢复原状的能力。联合国的标准定义是恢复到原有或更佳状态，为此，联合国还为复原力确定了 10 项要素和 117 项指标，作为评估和评价的标准。

在这个背景下，韧性管理的复原力问题也开始引起了国际社会，特别是专家学者的广泛关注和深入研究。首先，复原力是从仿生学派生出来的概念，即自然界中存在的一种自我调整、适应、恢复和再生能力，它能够防范、减缓、适应各种外部的变化、破坏、冲击和压力。其次，从社会管理的视角看，复原力既包括事前的预测、计划和安排能力，也包括事后的对策、应对和自愈能力，具体更多体现为各类资源的准备。最后，复原力包括“硬”和“软”两个方面，“硬”主要是指工程能力，即灾中抵御和灾后重建能力；“软”主要是指认知能力，包括风险识别、评估和处理预案能力，以及与之相关的心理能力。

（三）复原力是韧性管理的落脚点

近年来，对于复原力的研究和实践，渐渐从“重工程”逐步走向“工程 + 非工程”模式，即从“硬”走向“软硬兼施”的模式，甚至是出现更偏重“软”的趋势。因为在风险管理的过程中，始终存在“无知者无畏”的现象，这往往是问题的关键，也是影响风险和损失的重要因素，只有对风险有全面和科学的认识和理解，特别是认识到面对大自然，人类认知和能力的相对有限，才能够真正建立起敬畏心。就风险管理而言，敬畏心既是前提，更是基础，特别是建立基于包容和韧性的风险管理。

在复原力理念的发展过程中，一是形成并强化未雨绸缪的理念，在认识和理解风险的基础上，提前准备，防患于未然，确保在风险和灾难到来时，能够应付自如，避免出现措手不及的情况。就个体和家庭而言，复原力更多体现为财务准备。二是要认识到人的认知是相对有限的。正如新冠疫情初期，很少有人能够预见到这场疫情会持续这么长的时间，波及这么大的范围，产生如此深刻的影响。

在经历了林林总总的灾难之后，人们觉悟到两点，一是不能“硬碰硬”，理性的态度和做法是既要考虑风险的防范和抵御的问题，又不能走向绝对和对立，应当以一种更加包容的态度对待和接受灾难及其损失。二是应当在韧性管理的理念下，加强复原力建设，即在尽可能控制风险损失的基础上，通过构建生态韧性，确保以最小的代价和最短的时间，恢复原状，即恢复生活和生产。因此，复原力也可以理解为一种弹性，一种鲁棒性，是演化韧性的实现途径。

（四）保险与韧性管理是一种同盟关系

社会的灾难损失韧性管理主要由 3 个部分构成，一是政府和财政力量；二是个人、家庭和组织（企业）力量；三是保险制度力量。此外，还有公益慈善。政府和财政力量，个人、家庭和组织（企业）力量，公益慈善，均属于一种非制度安排，存在较大的不确定性，保险制度则属于现代经济社会的一种制度安排，是一种相对稳定的市场机制，能够很好地满足人们的风险管理预期，为社会提供风险管理服务，即提供一种相对确定的灾后重建资金保障。因此，保险是韧性管理的重要组成。

现代保险制度的基本原理是基于损失概率，在时空和主体之间进行风险损失的再分配。就个体而言，是针对风险损失准备的跨期安排，典型的是健康保险。在年轻和健康的时候，为自己老年和疾病时，可能丧失劳动能力和医疗支出进行资金准备。就主体而言，是针对风险损失准备的互助安排，即建立一种互助关系，实现一人为大家，大家为一人的机制。同时，这种互助关系的背后也存在一种跨期安排的概念，无论是个体的跨期，还是主体之间的互助，均是提供一种复原力。

从根本上讲，按照现代社会的财产所有权制度，与财产相关的风险是由财产所有人承担，因此，在大多数情况下，财产风险应当由财产所有人承担并处理，一种选择是通过购买保险的方式转移风险，另一种选择是自留风险，即由自己承担可能的风险损失。只有在极为特殊的情况下，即在巨灾风险状态下，这种巨灾风险具有公共性特征，成为社会和公共风险，才会启动公共治理机制，即由政府和财政对灾难损失进行补偿和恢复，以体现社会复原力，也就有了利用保险参与政府的社会韧性能力建设问题。

在讨论保险的社会韧性管理作用之前，作为前提和基础，需要对政府在公共安全管理，特别是在社会韧性中应当扮演的角色和发挥的作用做系统和深入的研究，这是保险发挥作用的边界，决定了保险的地位和职责范围。从现代社会的公共管理而言，公共安全管理是政府的职责所在，但问题的关键是如何定义公共安全。传统理论认为，公共安全管理主要是针对各种灾难的处理，同时，也包括了风险损失的准备和预防工作。但现代理论认为，政府在公共安全管理中应当发挥更大的作用，尤其是在立法、规划和教育方面，同时政府应当设立专门的部门，建立一整套标准和规范，推动社会风险管理理念的普及以及能力的提升。

（五）打造保险韧性需要顶层设计

近年来，一些国家开始注重发挥社会和市场的力量，如采用 PPP 模式，构建一些合作型的社会风险治理模式，充分调动和利用各个方面的优势和积极性，形成一种多元共治、齐抓共管、优势互补、相互融合的模式，实现在社会风险治理领域公共资源效用的最大化目的。保险作为一种专门化的风险管理工具，顺理成章地在其中扮演重要且特殊的角色，特别是发挥保险的正外部性特征，产生一种社会风险管理的溢出效应，形成多方共赢的效果。

保险作为社会韧性的基础制度安排，它的能力体现在多方面。从对象的角度看，主要是针对各类财产的保险，包括狭义的企业财产保险（包括机器设备、原材料和仓储物）、家庭财产保险，船舶、飞机和汽车等运输工具类财产保险和运输中货物的财产保险以及在建工程的建筑工程保险和安装工程保险等。同时，人也会成为对象，特别是针对伤残可能导致的医疗费用等。

以上情况均属于狭义的韧性，而从实际情况看，就灾难导致的损失而言，传统财产保险能够提供的补偿往往是远远不足的，是无法达到恢复到原有状态的。主要有两个因素，一是传统财产保险均采用“账面价值”投保，这个价值是扣除了折旧的净值，而恢复到原有状态需要按照原值，乃至重置价进行投保，因此，保险金额上需要按照复原力的要求设置。二是财产保险只能确保财产恢复到原有状态，但在恢复期间，企业面临着营业中断导致的损失，不仅有利润损失，还包括维持费用的损失，因此，需要营业中断（利润损失）保险的安排，而现在大多数企业均没有这种安排。就个人而言，复原力不仅包括治疗费用，还包括停工期间的收入损失，都需要相应的保险保障。

就韧性而言，不仅要求恢复到原有状态，而且要达到更佳状态，但是，在实际恢复过程中，理论上不可能做到绝对恢复到原有状态，通常都会存在更佳状态的情况。按照保险的补偿原则，保险人对于被保险人的损失补偿是恰好恢复到出险前的状态，而不能好于出险前的状态，否则，就面临被保险人可能因为保险赔偿“获利”的问题，理论上可能引发道德风险，故被保险的补偿原则所排除。近年来，保险理论界也在讨论这一原则在适用过程中的合理性和可操作性，故在韧性度的框架下，需要对补偿原则做例外处理。

保险作为社会韧性管理的重要组成部分的同时，其正外部性特征也将成为韧性管理的重要内涵。就韧性管理内涵而言，不仅包括对物质财富的损失恢复能力，还包括对风险的防范和降低能力。在投保的前提下，保险人从维护自身利益的角度出发，将对投保财产的风险状况进行检查，并提出改进建议。同时，还将通过风险教育、预警和预案服务，帮助投保人提高风险防范意识，避免和减少风险损失。这一切的初衷均是为了降低赔付率，确保经营效益，维护保险人的利益，但客观上会给投保人乃至整个社会带来总损失降低的效益，即产生一种基于外部性的溢出效应。

四、韧性城市建设中的保险应用

随着我国社会的发展与进步，需要一种与时俱进的社会风险治理的新理念。要深刻理解管理与治理的本质不同。在管理的概念下，政府是“主角”，通过各种相对刚性的行政手段，实现对社会生活，包括事务、组织、关系与资源的规定、配置、控制与调整，更多的是一种单向模式。治理则是一种合作机制，强调在法治的基础上，由政府推动构建一种社会各种主体共同参与的自治模式。基于韧性管理的保险模式，就是这种社会自治的典范。

（一）现代保险的演化、发展与作用

保险源于古老的互助，属于一种现代社会风险管理的经济和市场制度的安排，但与其他市场制度不同，保险具有很强的社会性。一是保险的重要基础是大数法则，即通过一定数量的风险集合，实现风险分散，因此，作为这种制度成立和存在的前提是“大数”，就一般情况而言，这种“大数”体现为人的（大）数量，即拥有庞大的被保险人群体，其社会性不言而喻。二是保险行业是社会风险后备（保险）基金的管理者。按照马克思的理论，在社会分配之前，必须先进行三项扣除，其中第三项就是“用来应付不幸事故、自然灾害的后备基金或保险基金”，可见保险行业是公共利益（社会保险基金）的管理者，其社会性就不言而喻。三是保险经营管理的本质是社会保险基金的再分配，这种再分配不仅体现在个体与集体之间的关系，同时，还要解决社会风险基金的总量管理问题，即防止道德风险与逆选择，确保客观与真实性。保险的社会性决定了其具有很强的社会（风险）管理能力，在推进社会治理体系和治理能力现代化的过程中，要高度关注并运用保险机制，特别是保险的几个重要特征。

一是正外部性。外部性指一个人或一群人的行动和决策使另一个人或一群人受损或受益的情况。经济外部性是经济主体（包括企业或个人）在开展经济活动的过程中对他人和社会造成的非市场化的影响。因此，外部性通常被称为溢出效应、外部影响、外部效应、外部经济等。外部性分为正外部性和负外部性，正外部性是某个经济行为个体的活动使他人或社会受益，而受益者无须花费代价，负外部性是某个经济行为个体的活动使他人或社会受损，而造成负外部性的人却没有为此承担成本。

保险作为现代社会的风险管理机制，具有很强的正外部性特征，即保险在履行自身的经济补偿、资金融通、社会管理功能的同时，会产生溢出效应，在实现自我利益的同时带来社会福祉。如在汽车保险经营过程中，保险公司从降低赔付、控制风险、实现盈利目标的需要出发，会采用“无赔款折扣”技术，将被保险人的出险率纳入价格制定，这无形中就对被保险人的驾驶行为起到了一种奖惩和激励作用。不出事故的车辆在续保时能够获得更大的保费折扣优惠，这种制度也能够起到鼓励安全驾驶、减少人身伤亡、改善交通环境、减少社会财富损失的社会效应。

二是减量管理。传统的保险经营理论是基于简单地应用大数法则，通过建立保险的方式建立社会保险基金，并在被保险人范围内进行再分配。这种经营模式的特点是基于价值转移的再分配管理，是一种基于静态、存量或等量的管理。面向未来，这种模式将面临挑战，解决之路是走一种基于价值创造的动态、减量和分享式管理。

减量管理理论是对传统保险经营理论的进化，其核心是在价值创造理念的主导下，改变传统保险的静态和等量思维模式，在制度创新和科技赋能的条件下，利用保险“集团利益代言人”的身份、地位和力量，发挥保险风险管理的专业优势，积极主动地干预并改善风险暴露情况，特别是基础环境的改善，从而实现社会风险总暴露的降低，不仅使社会风险总损失降低，而且将减量管理的经济成果惠及被保险人和保险行业。

三是可持续发展。可持续发展理念的核心是关注并解决代际关系，即既能满足当代人的需要，又不对后代人满足其需要的能力构成危害的发展。从本质上看，可持续是一种关系的和谐与利益的平衡，在空间上，包括人与自然、人与环境的和谐平衡，个体与集体的和谐平衡，区域发展的和谐平衡；时间上，包括代际平衡、跨期平衡等。因此，可持续发展就是建立在社会、经济、人口、资源、环境相互协调和共同发展的基础上的一种发展。

（二）我国保险业的发展现状

1949 年中国人民保险公司的成立，标志着我国保险事业的起步。虽然在 20 世纪 60 年代曾一度陷入停滞，但在 1980 年之后，随着我国全面改革开放，保险业也进入全面恢复并快速发展阶段。1998—2018 年，监管体制的改革全面推动了我国保险业持续健康发展，同时，保险主体的增加，加大了市场供给，增添了行业活力。截至 2021 年底，我国已有 235 家保险机构、2610 家保险专业中介机构和 7 家外国再保险公司分公司。

2012—2021 年，我国保费总体呈现增长的态势，2021 年我国保险业保费收入达到 44900 亿元。其中，2021 年财产险保费收入为 11671 亿元，占比 25.99%；人身险保费收入为 33229 亿元，占比 74.01%；2021 年保险业的赔付支出达到 15609 亿元，其中，财产险支出为 7688 亿元，人身险支出为 7921 亿元（见图 8–1、图 8–2、图 8–3）。

2012—2021 年，我国保险深度（保费 /GDP）由 2.98% 上升到 3.93%，保险密度从 1144 元 / 人上升到 3179 元 / 人，保险业总资产从 7.35 万亿元增加至 24.89 万亿元（见图 8–4、图 8–5）。保险业的资金运用余额近 23 万亿元，平均久期超 13 年，是金融市场重要长期资金提供者。目前，保险资金已直接投资制造业、能源、科技及相关基础设施领域 4.35 万亿元，投资“双碳”相关产业上万亿元。

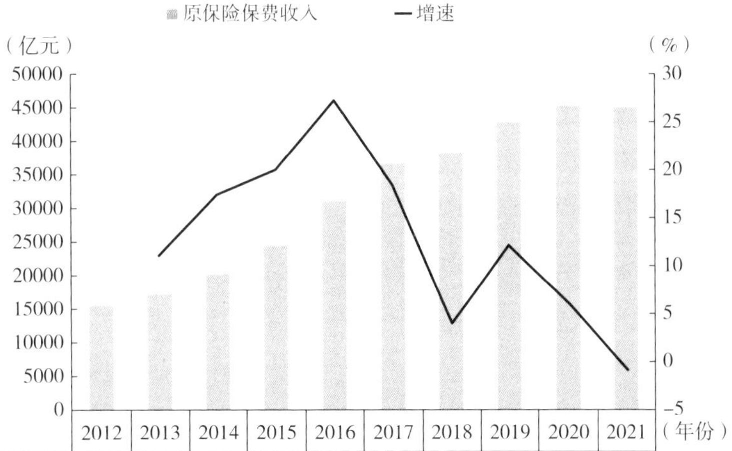

	2012	2013	2014	2015	2016	2017	2018	2019	2020	2021
原保险保费收入（亿元）	15488	17222	20235	24283	30904	36578	38013	42645	45257	44900
增速（%）		11.2	17.5	20.0	27.3	18.4	3.9	12.2	6.1	-0.8

图 8-1　2012—2021 年中国原保险保费收入及增速

资料来源：中国银行保险监督管理委员会。

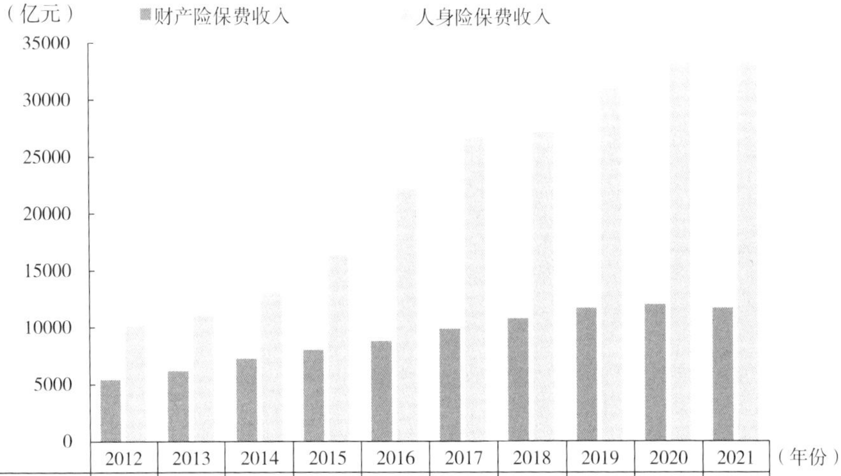

	2012	2013	2014	2015	2016	2017	2018	2019	2020	2021
财产险保费收入（亿元）	5331	6212	7203	7995	8724	9835	10771	11650	11929	11671
人身险保费收入（亿元）	10157	11010	13031	16288	22180	26743	27243	30995	33329	33229

图 8-2　2012—2021 年中国财产险、人身险保费收入

资料来源：中国银行保险监督管理委员会。

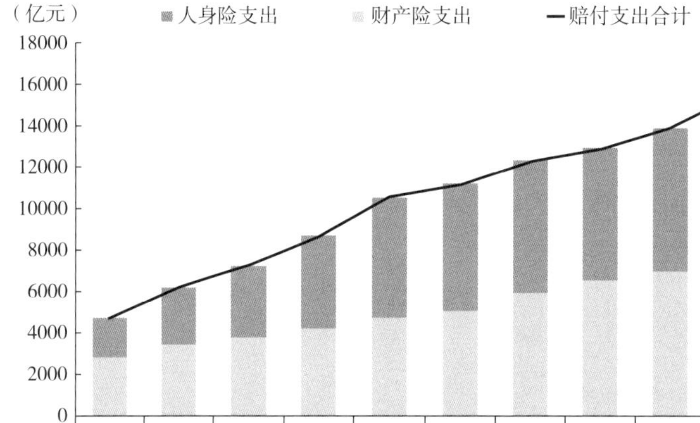

（年份）	2012	2013	2014	2015	2016	2017	2018	2019	2020	2021
人身险支出（亿元）	1900	2774	3428	4480	5786	6092	6400	6392	6952	7921
财产险支出（亿元）	2816	3439	3788	4194	4730	5086	5897	6502	6955	7688
赔付支出合计（亿元）	4716	6213	7216	8674	10516	11178	12297	12894	13907	15609

图 8–3　2012—2021 年中国财产险、人身险赔付支出

资料来源：中国银行保险监督管理委员会。

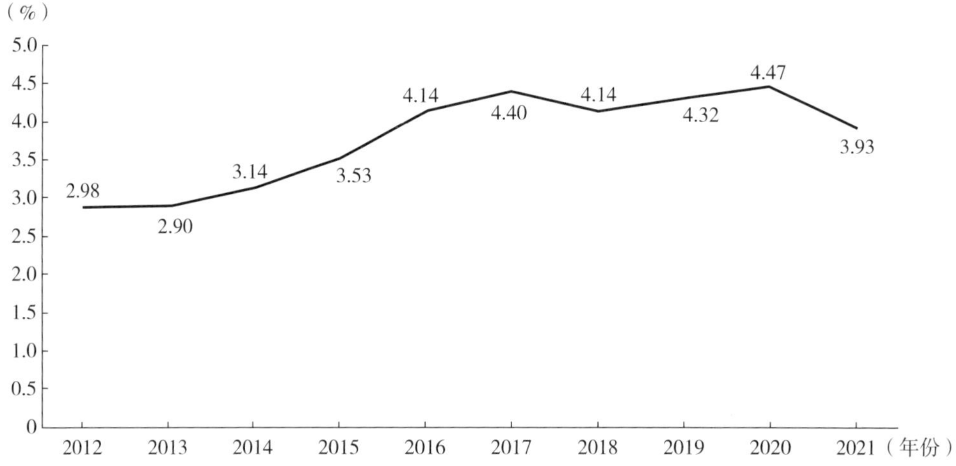

图 8–4　2012—2021 年中国保险深度

资料来源：中国银行保险监督管理委员会、国家统计局。

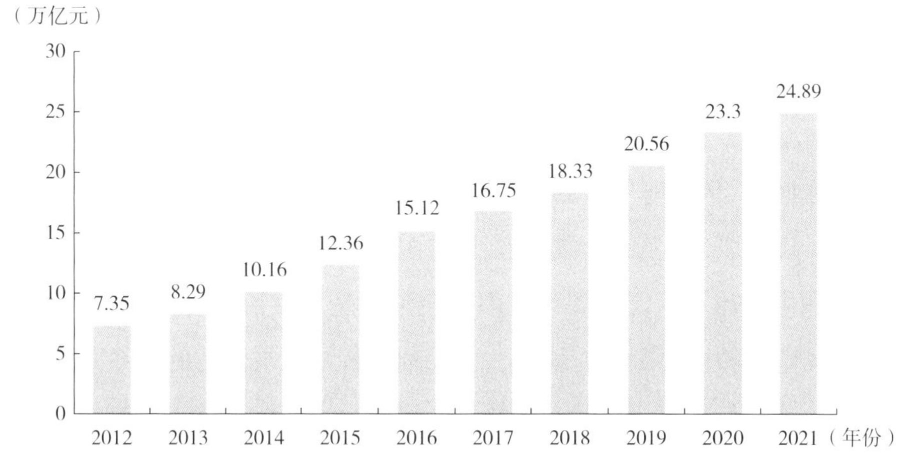

图 8-5　2012—2021 年中国保险业总资产规模情况

资料来源：中国银行保险监督管理委员会。

（三）保险的现代社会治理作用

保险的基本属性和核心诉求是可持续发展，与可持续发展理论不谋而合。从传统文化的视角看，居安思危、防患未然、以丰补歉、耕三余一、同舟共济、成人达己等保险思想，均体现了可持续发展理念。保险作为现代社会市场化的风险管理机制，具有经济补偿、社会管理、资金融通的功能，保障国民经济正常运行，为个人生活、企业生产保驾护航，通过经济手段化解社会矛盾和纠纷，帮助提升公共管理效率和水平，最终实现社会和经济的可持续发展。

保险是现代城市风险韧性的一个重要体现和制度安排。保险提供的灾后损失补偿机制和积累机制，不仅形成一种市场化的恢复能力，更形成一种社会化的容灾能力。同时，保险制度的存在，能够为人们提供一种稳定预期的作用，从容地面对风险。此外，保险的正外部性决定了它将成为城市风险管理和应急管理的重要力量，尤其是在风险意识普及、应急管理知识教育和风险防控等方面，而且保险是基于市场制度的安排，具有相对效率优势。

（四）保险型社会内在逻辑与发展背景

第一，要深刻理解发展规律。从国家治理的发展历史看，大致上经历了统治、管理和治理 3 个阶段，具体表现为无治理时代、政府主导时代、“政府 + 市场”的二元时代、“政府 + 市场 + 社会”的三元时代。我国提出治理现代化是基于三元时代的思考。第二，要深刻理解国家治理与社会治理的关系。国家治理的范围和内涵相对广泛和深刻，但社会治理是国家治理的重要基础和保证，是各级人民政府的重要工作。第三，要深刻理解体系与能力的关系。治理体系与治理能力是一个相辅相成的有机整体，但作为治理体系核心内容的制度，其作用具有根本性、全局性、长远性，是能力现代化的基础和保证，因此，要将体系和制度现代化建设作为重点。

从全球发展历史看，社会治理现代化是大势所趋，因此，各国均开展了社会治理现代化的理论与实践探索。其中，保险型社会是一个重要成果，通过制度安排，更广范围和更深层次地利用保险机制，打造更加科学、高效和更文明的治理模式，成为社会治理现代化的共识，并逐步形成一整套理论体系与实践模式。法国历史学家、哲学家、保险业的人文学者弗朗索瓦·埃瓦尔德于 1986 年提出了保险型社会理论，并将其定义为一种广义的社会转型。弗朗索瓦·埃瓦尔德认为，随着保险的普及化，保险以经济契约关系重组社会中人与人原本较为孤立的相互关系，因此社会联结本质发生转变。当保险型社会的保障因素无形、广泛地渗透到人们的生产和生活中时，人们就开始将它视作社会生活的基础，并最终成为新形态社会中社会正义的重要基石。2002 年贝克尔提出了保险国家的概念，他认为保险国家不是一种组织和结构视角的观察和思考，不是建立一系列紧密联结并从事明确定义行为的机构，而是实现治理目标和责任的一整套行为和理念，并由广泛和大量的机构发展和实践的。

五、城市住宅巨灾风险的保险治理

就社会和城市治理而言，普遍和广泛意义上的复原力建设固然重要，但从解决主要矛盾的视角看，城乡居民住宅的地震风险保障是核心和关键。就对象而言，数据显示，我国城乡居民住宅的总面积为585.37亿平方米，建筑总造价为97.32万亿元。住宅在我国居民家庭财富中的占比超过70%，同时，也是社会财富，尤其是净资产的主要构成。同时，我国居民住宅大量是采用住房按揭方式购买的，因此，这些住宅也成为金融机构资产的重要组成。就风险暴露而言，尽管洪水、飓风和海啸等自然灾害也是居民住宅面临的重大风险，但从普遍性和不可抗力的视角看，地震是居民住宅最典型的巨灾风险。因此，我们得出这样的结论，城乡居民的住宅地震巨灾风险是我国社会风险治理的最主要问题，也是城市，乃至社会复原力建设的关键领域，需要将其纳入公共安全治理范畴。

（一）城乡居民住宅是巨灾风险治理的重点[①]

长期以来，党中央国务院高度重视巨灾保险制度，特别是城乡居民住宅地震保险制度建设工作。《中共中央关于全面深化改革若干重大问题的决定》明确提出完善保险经济补偿机制，建立巨灾保险制度，《国务院关于加快发展现代保险服务业的若干意见》进一步明确建立巨灾保险制度的具体要求，并提出逐步形成财政支持下的多层次巨灾风险分散机制。为进一步贯彻落实十八届三中全会精神和《国务院关于加快发展现代保险服务业的若干意见》，中国保险监督管

① 本部分引自《中国城乡居民住宅地震巨灾保险制度正式落地》，中国政府网。

理委员会[①]、财政部联合印发《建立城乡居民住宅地震巨灾保险制度实施方案》（以下简称《实施方案》），选择地震灾害为主要灾因，以住宅这一城乡居民最重要的财产为保障对象，在建立我国巨灾保险制度方面开展实践探索。

《实施方案》是在借鉴国际经验、结合我国国情、总结试点经验基础上研究制定的，明确政府推动、市场运作、保障民生的原则，政府负责制度设计、立法保障和政策支持，由45家财产保险公司发起成立中国城乡居民住宅地震巨灾保险共同体（以下简称住宅地震共同体），整合行业承保能力，共同参与损失分担，并负责地震巨灾保险具体运作，采取整合承保能力、准备金逐年滚存、损失合理分层的运行模式。在损失分担方面，基于风险共担、分层负担的原则，设定总体限额和分层机制，主要由投保人、保险公司、再保险公司、地震巨灾保险专项准备金、财政支持及其他紧急资金安排逐层承担损失。

根据《实施方案》要求，并结合我国国情等，目前的产品设计主要根据保基本、广覆盖、价格低、易接受的原则，并在以下几个方面体现。一是保障对象。保障对象为城乡居民住宅，运行初期，原则上以达到国家建筑质量要求（包括抗震设防标准）的建筑物本身及室内附属设施为主。二是保险责任。发生4.7级（含）以上且最大烈度达到Ⅵ度以上的地震，及其引起的海啸、火灾、火山爆发、爆炸、地陷、地裂、泥石流、滑坡、堰塞湖及大坝决堤造成的水淹等次生灾害，造成城乡居民住宅一定程度损失的可以得到赔偿。上述标准基本涵盖较严重的地震灾害，能够保障投保人房屋所面临的主要地震风险，符合巨灾保险的应有内涵。三是保险金额。运行初期，结合我国居民住宅的总体结构、平均再建成本、灾后补偿救助水平等情况，按城乡有别确定保险金额，城镇居民住宅基本保额为每户5万元，农村居民住宅基本保额为每户2万元，每户可

① 2018年3月，根据《第十三届全国人民代表大会第一次会议关于国务院机构改革方案的决定》，中国保险监督管理委员会撤销。

与保险公司协商确定保险金额，运行初期最高不超过 100 万元。四是条款费率。运行初期，以中国保险行业协会发布的示范条款为主，费率主要结合地区地震风险高低、建筑结构不同等因素确定，并适时调整。为让广大人民群众享受到“物美价廉”的地震巨灾保险产品，对住宅地震巨灾保险费率反复测算，努力以较低价格投放市场。五是保险理赔。运行初期，参照中国地震局、民政部制定的国家标准，根据破坏等级分档理赔。当破坏等级在Ⅰ～Ⅱ级时，标的基本完好，不予赔偿；当破坏等级为Ⅲ级（中等破坏）时，按照保险金额的 50% 确定损失；当破坏等级为Ⅳ级（严重破坏）及Ⅴ级（毁坏）时，按照保险金额的 100% 确定损失。上述标准的设定，有助于提高城乡居民住宅抗震等级，降低投保成本，避免逆向选择，维护其他投保人利益。

2016 年 7 月 1 日，城乡居民住宅地震巨灾保险产品正式推出，标志着我国城乡居民住宅地震巨灾保险制度正式落地，是我国巨灾保险制度由理论向实践迈出的重要一步，也是保险行业发挥专业优势、主动参与社会风险管理的积极探索，在推动建立有中国特色的巨灾保险制度上迈出坚实一步。截至 2022 年 3 月，地震巨灾保险共同体累计为全国 1674 万户次城乡居民提供 6424 亿元的巨灾风险保障，累计支付赔款 7037 万元，在地震灾害救助中发挥了积极作用。

客观来讲，我国城乡居民住宅地震巨灾保险制度仍处于实验和探索阶段，特别是从可推广、能覆盖和可持续的视角看，并没有形成真正意义上的巨灾保险制度和模式。作为一种社会制度的安排，尤其是要涉及动用公共资源，如果它的保障过低，制度的社会普惠性得不到保证，那么其存在的合理性将受到质疑，因此，制度建设固然重要，但制度的普惠性和可持续性更重要。

（二）巨灾保险面临的难题与破解

纵观各国巨灾保险制度建设实践，偿付能力始终是一个绕不过去的难题，也是制度建设的主要问题。从解决的思路看，模式选择是前提和基础，赋予巨灾保险制度以公共属性，将其从商业市场中剥离出来，通过公共资源参与，开展制度建设，形成一种专门化管理和运行模式。我国已经完成了这关键一步，但模式的建立，只是为解决偿付能力问题提供了一种可能，要真正解决问题，仍需制度创新，而且是根本性的创新，从这个角度看，我国的巨灾保险制度建设仍在路上。

就巨灾保险制度的偿付能力而言，它需要提供保障的金额太大，无论是保险市场，还是财政支持，均属于力所不能及，所以，能够选择的方法只能是降低保障水平，这也是我国城乡居民住宅地震保险制度选择的技术路线。但与此同时带来的另一个问题是过低的保障水平，难以激发居民的需求，且这种保障水平并不能实现制度建设的预期目标。因此，这就形成了巨灾保险制度建设的“死循环”，这也是各国均认识到巨灾保险制度建设的重要性，却都望而却步的原因。

综上所述，尽管我国在巨灾保险制度上迈出了重要一步，但制度的根本和关键问题并没有得到解决，因此，下一步关键是要在新逻辑下，完善顶层设计，重构治理的组织体系，特别是要将城乡居民住宅地震巨灾保险纳入国家巨灾风险治理的总体框架，全面整合市场和社会力量，形成高效的治理机制。在实施路径上，关键是要求真务实，勇于创新，将科学和系统的顶层设计与切实可行和循序渐进的实施方案相结合，确保制度尽快建立并发挥作用。

偿付能力始终是巨灾保险制度建设的难题，因为巨灾风险的损失往往是巨大的，难以用传统精算、定价和准备金的方式进行管理，因此，不可能完全依靠市场机制。于是，在制度建设中往往容易陷入一种矛盾和尴尬境地，一方面认识到巨灾保险制度建设的必要性，另一方面又觉得既然巨灾保险制度不可能彻底转移风险，就质疑制度建设的科学性。这种观点的本质是缺乏对巨灾风险治理基本特征、环境和诉求的理解和把握，简单地局限于一种非此即彼的思维定式[①]。

（三）巨灾保险制度建设的中国实践[②]

巨灾保险制度在建设的初期并不能解决巨灾风险治理，尤其是资金保障的全部问题。随着制度的不断完善和资金的不断积累，并与政府的巨灾风险治理能力形成一种逐步接替的效果。在剥离的“减法”逻辑下，可以将巨灾风险损失进一步区分为一般巨灾损失和特别巨灾损失，明确巨灾保险制度的能力和目标是循序渐进地接替财政的一般巨灾损失负担，而特别巨灾损失则需要作为社会、政府和财政的“自留风险”，因为这部分损失风险处理，一方面是巨灾保险制度解决不了的，另一方面可能面临转移成本过高，出现“不经济”现象。通过政府扮演“最终再保人”的角色，对特别巨灾损失采用“自留风险”的方式，则相对社会效率最优。同时，从国外的先进经验看，还可以通过立法，建立回调机制，实现社会化的分摊机制，解决巨灾保险的“击穿风险”，确保政府“自留风险”的相对有限与可控。

就效率而言，剥离的逻辑是扬长避短、效率优先。在巨灾风险治理过程中，不同主体、不同模式，在不同阶段的效率具有显著差异，因此，剥离应遵循效率优先的原则，进行基于取舍的重构。举国体制的成功经验，主要体现在事中阶段，即在抢险救灾、控制损失阶段，通过政府主导、全国动员、集中力量办大事的模式，很好地发挥了政治和社会制度的优势，相对效率较高。但在事前和事后阶段，尤其是灾后重建资金的积累和分配方面，行政体制面临着较大的效率挑战。一方面是灾后重建资金的分配涉及大量的调查、审核和支付等工作，给政府相关部门造成巨大的工作压力和行政成本，另一方面是灾后重建资金的

① 王和:《我国巨灾保险的定位、创新与路径》,《保险研究》2020 年第 6 期。

② 本部分引自王和:《我国巨灾保险的定位、创新与路径》,《保险研究》2020 年第 6 期。

分配需要产生大量的成本。巨灾保险制度可以充分利用商业保险市场在筹集、管理和分配重建资金方面的制度优势，一是商业保险是基于市场机制和保险合同开展经济活动，具有基于制度的效率优势；二是商业保险既有的网络、技术和服务资源，能够实现边际效益的最大化，相对效率更高，社会成本更低。

就治理结构而言，第一，要建立一个统筹协调的机制平台，即全国巨灾保险基金及其理事会，这个平台既有资金账户的概念，又有统筹、指导和协调的职能。在制度建设的初期，涉及大量基础性和协调性工作，特别是相关立法等，因此，平台应具有一定的行政色彩，确保权威性和统筹效率，等到制度基本成熟，尤其是基金积累达到一定规模后，可以逐步淡化行政色彩，过渡为具有 PPP 性质的“共保体”组织。

全国巨灾保险基金理事会也可以依托中国保险保障基金有限责任公司，采用“两块牌子，一套人马”的模式。这种安排的逻辑基础是我国保险保障基金，尤其是财产保险行业保障基金的诉求，与巨灾风险治理具有一定的基因相似性特征。此外，中国保险保障基金有限责任公司作为我国保险保障基金的管理机构，其基金规模、组织结构、技术能力、管理水平均已有了长期积累和良好基础。

第二，全国巨灾保险基金采用“统分结合”的模式，按照自然灾害、公共安全和公共卫生分别建立巨灾保险基金，各司其职，各负其责。同时，在自然灾害巨灾保险基金下，还可以根据管理的需要设立子基金，如居民住宅地震巨灾保险基金、台风巨灾保险基金和农业巨灾保险基金。巨灾保险基金在全国基金的框架下，实现各分类基金和各子基金之间的统筹与调剂，实现基金效用的最大化。

第三，按照我国财政资源管理逻辑、各地巨灾风险暴露情况差异和经济发展水平不同，应建立“两级管理”模式，即建立全国和各省份的两级基金，既兼顾各省份的巨灾风险和财政能力差异，又确保巨灾风险基金分配公平。全国巨灾保险基金对省级巨灾保险基金可以通过“再保险”的方式进行管理、协调和支持，这种“再保险”既是保险技术的概念，也可以赋予其转移支付的功能。

第四，在全国巨灾保险基金下，设立巨灾保险共保体，作为一个管理、协调和交互的平台，一方面成为全国巨灾保险基金和省级巨灾保险基金的实施主体，将相关政策和巨灾保险基金转化为推动巨灾保险制度实施的市场资源，确保制度的落地；另一方面将作为经营管理巨灾保险业务的行业自治组织，制定相关制度、开发产品、精算定价、制定费用政策、设定理赔标准，统一协调和管理保险市场、保险公司，以及再保险和资本市场。在制度建设的初期，巨灾保险共保体可以作为全国巨灾保险基金理事会的一个内设机构，等待制度成熟之后，逐步将其剥离出去，成为一个相对独立的行业自治组织。就具体实施而言，巨灾保险共保体也可以采用依托中国城乡居民住宅地震巨灾保险共同体和上海保险交易所“共保体 + 区块链”平台，在前期居民住宅地震巨灾保险实践的基础上，扩大范围，增加功能（见图 8–6）。

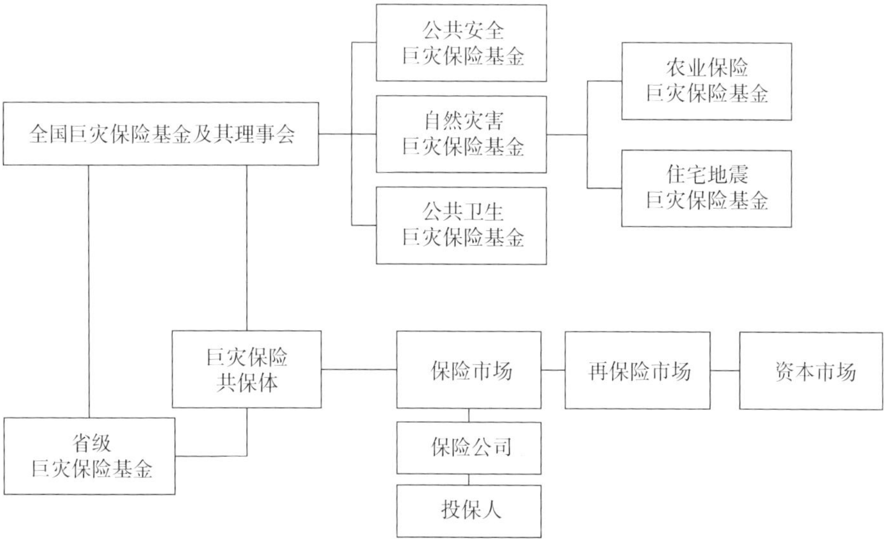

图 8–6　巨灾保险基金与巨灾保险共保体

资料来源：作者绘制。

从实施路径看，第一，要将偿付能力难题作为突破的重点，一方面要积极推动相关立法，确立封顶回调机制，从根本上解决“击穿风险”；另一方面要以量入为出和以收定支的思路，循序渐进地积累巨灾保险基金，破解偿付能力难题，尽快实现项目突破，按照动态平衡的思路，逐步积累、提升和完善。第二，要充分调动全国和省级基金的积极性，无论是巨灾风险暴露，还是经济发展水平，各省份均存在较大的差异，因此，不能采用“一刀切”的模式，要通过因地制宜的方式，充分利用地方资源，实现差异化保障。同时，省级基金的设立，也不必强调“整齐划一”，可以根据各省份的具体情况，逐步设立。第三，要充分利用保险市场资源，尤其是保险机构的网络、技术和服务资源，既要强化对保险机构效率优势的利用，又要解除保险机构经办巨灾保险的后顾之忧。第四，要制定出台相关政策，尤其是税收优惠政策，鼓励居民和企业参与巨灾保险，同时，也可以采用一些隐性手段，如将投保巨灾保险作为银行提供住房信贷的前提条件，进一步提高巨灾保险的投保率和覆盖面，以体现制度的公共性。

从资金筹措的视角看，财政资金的投入可以量力而行，不必追求规模，也可充分利用“财政信用”资源，提供付款承诺、紧急融资、融资担保和贴息、发行特别国债等方式，解决资金，特别是初期和短期资金融通问题。同时，还可以通过发行巨灾彩票的方式筹集资金。此外，巨灾保险基金可以作为统筹协调和管理国内外社会捐赠的平台。

从功能放大的视角看，要充分发挥政策与市场作用，特别是要运用金融工程技术，分解巨灾风险，差异风险匹配，创新解决工具，实现风险治理效率最大化。同时，不仅要用好保险市场，也要关注资本市场，包括通过巨灾证券化、巨灾债券化和巨灾期权化等方式，分散风险。不仅要用好国内市场，也要利用好国际市场，在更大范围分散风险。要通过税收优惠政策，鼓励保险行业、企业和个人参与到巨灾风险分散机制中，特别要鼓励保险公司开展商业巨灾保险业务，提供差异化的巨灾保险服务。省级巨灾保险基金的管理可以参照全国巨灾保险基金的模式进行（见图 8-7）。

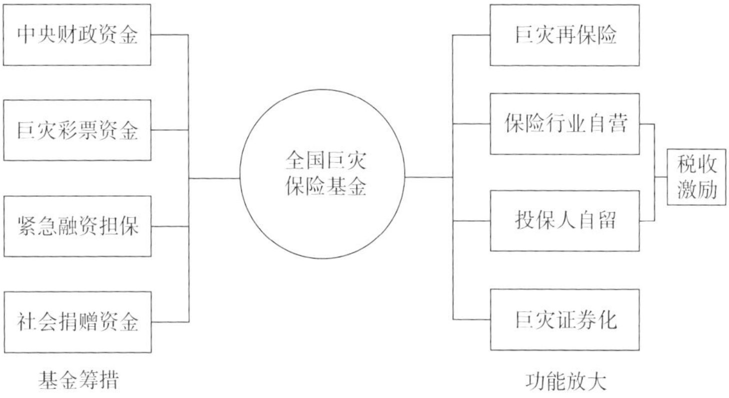

图 8-7 全国巨灾保险基金筹措机制

资料来源：作者绘制。

在巨灾保险制度建设过程中，要强化全面依法治国的理念，巨灾保险制度涉及大量公共利益的调整，尤其是解决“击穿风险”，需要建立回调机制。因此，需要运用法治思维和法治方式完善制度建设，最重要的是要加快推进巨灾保险法以及相关法律法规的制定和完善工作，确保巨灾保险制度的建设和运行，能够做到有法可依和有法必依。在巨灾保险制度建设的过程中，要充分发挥社会制度优势，强化“减量管理”理念的普及。社会主义制度下的巨灾风险管理不仅是针对灾后的财产损失补偿，更要关注广大人民群众的生命和财产安全，提高整体治理水平。因此，巨灾保险基金、巨灾保险共保体和保险行业要扮演好社会巨灾风险治理管理者的角色，尤其是要成为社会巨灾风险管理意识教育、宣传和普及的重要力量，一方面分担政府部门的相关职责，另一方面与巨灾风险管理的相关部门加强沟通与合作，形成合力。

在巨灾保险制度建设的过程中，要强化科技赋能，提高巨灾风险治理效率。近年来，随着科技的发展，特别是感测技术、卫星遥感、生物识别、物联网、大数据、人工智能、区块链等，为巨灾风险治理提供了全新的视角和可能，通过建立全面感测和动态反馈的巨灾风险管理技术平台，能够实现科学管理和动态预警，有效降低巨灾风险可能导致的损失。

就地震风险的预警而言，日本、墨西哥等国家已经开展地震预警系统的工作；国际民间志愿者的“地震捕手”项目也取得了很好的效果；成都高新减灾研究所与小米手机共同推出的地震预警系统等都成为社会和手机消费者关注的热点。

尽管科技能够为巨灾风险治理提供更科学和高效的技术和解决方案，但在这个过程中面临着引导、规范、协调和普及问题，更重要的是需要通过一种商业模式，形成一种良性循环机制，促进巨灾风险治理科技的规范和有序发展。巨灾保险基金平台，特别是巨灾保险共保体，可以为社会的巨灾风险治理科技力量提供一个合作窗口，打造一种商业模式，一方面能够引导科技企业聚焦巨灾风险治理的难点和焦点问题，形成切实可行的解决方案，另一方面通过集中采购和推荐使用的方式，确保新技术的落地并形成持续发展的动力。

六、我国保险融入城市韧性建设的实践

近年来，在推进治理体系和治理能力现代化的过程中，一项重要工作是从行政价值重塑和制度变革两个层面实现“政府职责再造”。这一改革任务提出的背景，既有全面提升行政效率、推动治理现代化的需要，也有解决行政部门面临相对有限的资源与相对无限的责任之间的矛盾。从资源的视角看，随着经济

进入平稳发展阶段，财政收入增长空间有限，同时，随着“土地财政”模式的淡化，收入呈现总体紧缩的态势。从责任的视角看，随着社会的发展，行政部门要完成的工作有增无减，如老龄化社会的养老保障、精准扶贫、绿色中国和公共安全等问题。面向未来，财权与事权之间的矛盾会越来越突出，并难以回避。解决问题的根本之道在于全面推进行政管理制度创新，行政管理制度创新重新定义政府与市场、政府与社会两个关系，充分发挥市场在资源配置中的决定性作用，降低制度性交易成本，实现政府行政资源与经济资源优化配置，提高社会的行政管理效率。行政管理体制的改革可以概括为花钱买机制、养事不养人、建立“惠而不费”的管理模式。行政管理体制改革的诉求是明确的，问题是如何实施，怎么落地。

（一）社会风险治理的中国解法

近年来，公共管理，特别是公共安全管理理论和实践均发生着重大改革和进步，尤其是政府在行政体系和社会治理模式中的地位和作用。正如彼得斯在《政府未来的治理模式》中分析的，这种改革的核心诉求是建立一个更加高效的政府和行政体系，并逐步形成市场式政府、参与式政府、弹性化政府和解制型政府。在彼得斯看来，有一个共同点，就是要将政府从传统的单一结构模式中解脱出来，直接或间接地引入市场机制，通过一种广泛和深入的协调机制，形成一种外部的基于效率优势的压力，倒逼政府部门行政效率的提升。

1992 年奥斯本和盖布勒的《改革政府：企业家精神如何改革着公共部门》是政府改革历史上的一个里程碑。他们不仅是政府改革理论的研究者和创新者，也是政府改革的探索者和实践者，曾长期在美国政府担任顾问，被誉为政府改造大师。他们提出了许多观点，成为政府改革的经典理论，如政府应当扮演掌舵者，而不是划桨人；政府的基本工作是作为一个精明的买家；政府应当更多地授权，而不是直接提供服务；政府应当把竞争机制注入提供的服务中去；政府要讲究效果，按效果而不是按投入拨款；应当成为有预见的政府，预防而不是治疗；建立分权政府，强调参与和协作；建设以市场为导向的政府，通过市场理论进行变革。

简单地肯定政府改革的方向并不难，难的是如何操作和落实，即肯定市场化是政府改革的一个重要选项并不难，但如何协调是关键。就以公共安全、公共风险管理、巨灾风险管理和城市复原力管理来看，它不是一个简单的分工合作问题，而是一套治理体系的重构和再造问题。就巨灾风险损失而言，政府的责任是毋庸置疑的，因此，即使在引入巨灾保险等市场机制的情况下，政府依然需要承担“剩余”和“兜底”责任；就政府和市场之间的资源和责任分配问题而言，二者之间的边界在哪里，如何分配才能够实现社会总效率最优，是制度设计的关键。同时，巨灾保险也给政府的财政预算管理提供了平衡工具。

从全球实践看，大多数国家已逐步接受利用巨灾保险，进行社会巨灾的复原力建设和管理。因为巨灾保险是应对、转移和分散巨灾风险的重要市场手段，巨灾风险管理作为一种影响范围较广、涉及人群对象较多的制度安排，单纯依靠政府或私人市场，提供巨灾复原力均会存在一定的弊端和劣势。因此，大多数国家和地区的实践是采用混合供给模式，由政府公共部门与私人部门合作，共同提供巨灾复原力，发挥它们各自的优势，实现优势互补，既有利于社会公正，又能提高巨灾风险治理和经营的效率。

党的十八大以来，我国在社会治理、公共安全管理和巨灾风险管理等方面开展了一系列从理论到实践的探索，并逐步形成了一整套的中国解法，得到了国际社会的广泛认同。中国解法的核心是在学习西方公共管理理论、借鉴发达国家先进实践的基础上，坚持以人民为中心，全力维护社会安全稳定，坚持中国特色社会主义的发展理论与道路，实事求是，求真务实，在推进治理体系和治理能力现代化的框架下，充分发挥政治优势，全面引入市场机制，通过政府购买和财政补贴的模式，激发民众购买保险的积极性，有效保障保险企业的合理利益，实现政府与市场更加有机的结合，形成一种相互融合、优势互补的结构和合力，实现社会治理效率的最大化。

近年来，在我国社会风险治理逐步形成了整体性、综合化和专业化治理理念和做法，其核心是坚持保证人民群众生命安全和身体健康，通过党政同责、一岗双责、齐抓共管、失职追责，为整体性和综合化提供政治和制度保障。同时，通过大数据等专业化手段，以协调、整合和责任为治理机制，跨越组织功能边界，对治理层级和功能、政府部门和社会组织进行有机协调和整合，形成一种跨越组织、主体和地域之间界限的协同和合力，取得了良好的治理成效。

（二）“保险 +”模式的创新与探索

保险是行政管理体制改革的重要依托和承接平台，大数法则决定了保险具有显著的社会性，这种社会性是与生俱来的，同时，作为市场制度安排，保险的市场性也是不言而喻的。因此，在政府重构与社会和市场的关系过程中，保险将扮演“接手”和“助手”重要角色。就“接手”而言，主要是针对行政管理工作的存量而言，通过保险制度创新，将以往由政府直接提供的各种社会治理和服务工作转移给保险，以减少行政负担；就“助手”而言，主要是针对行政管理工作的增量而言，通过保险制度创新，将新出现的社会治理和服务工作直接交由保险，最终实现“养事不养人”和“花钱买机制”。保险在承接社会治理和服务工作过程中，不是简单的业务范围拓展，而是在科技赋能的背景下，实现“保险 +”模式的制度创新，即不仅提供传统以损失补偿为核心的保险服务，而且以保险为载体，通过导入先进技术，实现制度创新，继而实现对社会风险的全面和有效治理，降低社会风险的总暴露，提高社会治理的总效率，进一步和谐社会关系，保障公共利益。最终实现与行政管理体制改革的“闭环”管理，即通过基于科技创新的保险制度创新，实现我国的保险型社会探索与实践，赋予全球的保险型社会理论与实践发展以中国经验。

我国“保险 + ”模式的出现具有深刻的历史背景。一是基于保险理论的再思考，即在新的历史环境下，对于保险本质、功能和职能进行再思考与再认识，提出了社会（风险）管理的理念，丰富了保险的外延与内涵。二是基于保险社会的思考与实践，特别是将这一理论与我国新时期的治理体系和治理能力现代化目标有机结合，不断探索从“后合约”向“前安排”的变革。三是基于减量管理的创新与探索，传统保险理论是基于等量管理，这种理论与价值创造的管理潮流格格不入，需要与时俱进，因此，基于制度和技术创新的减量思维应运而生。四是基于科技赋能的创新，保险业能够实现减量管理的前提是科技赋能，并在此基础上探索制度与管理创新，同时，实现基于科技赋能的再出发与再存在。

在“保险 +”模式发展过程中，尤其是在发展初期，责任保险扮演了重要角色，因为责任保险具有显著的正外部性特征，同时兼具社会管理的功能，与政府与行业管理的逻辑具有内在联系，因此在“保险 +”模式发展的初期，主要是针对社会和行政管理，也包括行业管理的“痛点”，采用政府和行业组织，特别是保险监管部门引导、主导和指导的方式推动，并取得了立竿见影的效果，得到了社会、民众和消费者的高度评价，使得相关部门和行业发现并深刻体会保险制度的优势，形成一种良性循环的态势，推动这一模式的探索、发展与成熟。

在“保险 +”模式的发展过程中，出现了利用科技手段强化风险管控、改善风险暴露、实现保险服务的模式。科技的介入，不仅提高了保险的效率，更创造了可能，特别是碎片化和场景化的服务。此外，还出现了将保险投资与保险业务融合的模式，利用保险资金的优势，直接参与医疗和养老设施建设，利用专属医疗和养老设施，为被保险人提供更加优质和高效的服务。由此可见，

“保险 +”模式的意义已经不局限于保险业本身，而是成为我国社会治理模式的新实践，不仅创新了社会治理模式，还为实体经济的发展营造了良好环境，丰富了社会治理理论和保险基础理论。

（三）“保险 +”模式的实践案例

实践一：自然灾害公众责任保险。在我国一些地区，政府通过投保自然灾害公众责任保险的方式，使遭受自然灾害的群众能够及时获得经济救助，帮助受灾群众提高恢复生产、生活的能力，已成为发挥市场机制、促进政府改革转型、推动建立综合防灾减灾体系、提高灾后救助能力的新尝试。尤其是我国不少贫困地区生存条件恶劣、生态环境脆弱、自然灾害频发，将自然灾害公众责任保险引入扶贫开发工作，对于保障贫困民众的切身利益、加快脱贫攻坚进程、促进社会和谐具有重要意义。2006 年福建省探索了自然灾害公众责任保险，并在全省推广，之后，山西、浙江、湖北、四川、云南、江苏等也相继开展自然灾害公众责任险。

实践二：政策性巨灾保险。自 2008 年汶川地震之后，我国高度重视巨灾保险制度建设问题，政府相关部门开展了一系列的研究，但由于我国幅员辽阔，巨灾风险差异较大，且社会和经济发展速度也不同，因此全国性巨灾保险制度建设迟迟未能落地。在这一背景下，从 2014 年开始，各地结合自身实际，开展了各具特色的政策性巨灾保险制度建设的探索，并积累了一定的经验。如深圳、宁波、张家口和大理等城市陆续开展巨灾保险试点，尝试建立区域性巨灾保险制度。

实践三：城乡住房质量保险。由于历史的原因，我国 20 世纪六七十年代建设的一些住宅不同程度地存在质量问题，因此，危楼和倒楼的事件时有发生，给居民生活安全和社会风险管理带来挑战。为了解决存在的问题，2015 年宁波市开始了城镇居民住房综合保险的探索，不仅为居民提供常规的家庭财产保险责任，还为可能出现的安置费和第三者责任提供保障。建立住房质量风险管理的制度保障和技术控制体系，包括制定出台《房屋安全动态监测管理办法》，组建房屋安全专家库，同时，研发上线住房安全监测系统，利用感测和互联网技术，构建一个实时监控、实时报警、及时撤离的应急管理和处置技术平台。

实践四：电梯综合保险。围绕电梯使用过程中的运行安全、日常维护和维修置换等问题，探索建立了综合的保险保障模式。保险责任由 3 个部分构成，一是电梯公众责任保险，解决了在电梯使用过程中，因意外事故导致的人身伤亡和财产损失的社会纠纷处理与损害赔偿问题；二是电梯维修责任保险，建立了基于物联网的电梯使用情况的动态监测系统，同时，构建了平台化的维修队伍的调度系统，确保在电梯出现故障时，能够在第一时间提供高质量的维修服务；三是电梯“养老保险”，建立电梯置换的资金积累机制，通过保险的形式，确保日后在电梯更换过程中的资金保障，化解管理矛盾和社会压力。

为了解决电梯保险的服务问题，一些保险公司利用感测技术，介入电梯风险管理前端，有效动态监控电梯运行情况，一旦发生异常情况，可以在第一时间报警，并调度维修人员赶赴现场。同时，能够保障维保人员巡查工作的标准和质量，使维修保养过程更加公开透明，确保维修保养工作按照国家标准要求按时保养、到位保养，以达到延长电梯的使用寿命，提高电梯乘坐安全性的目的。由此电梯安全的事前防范、事中维保过程监管、事后责任溯源和赔付都有了切实的抓手。

实践五：高空坠物保险。高空坠物保险属于责任保险的一种，其提供的保障分为两种情况，一种是有明确指向的，即被保险人房屋内的物体因发生高空坠物事故，包括被保险房屋、房屋专属天台及专属庭院内的物体，以及被保险房屋内所使用的空调的外机坠落，导致第三者的人身伤亡或财产的直接损失，依法应由被保险人承担的经济赔偿责任，由保险公司负责赔偿。另一种是没有明确指向的，即在被保险房屋所属的楼宇发生高空坠物事故，因无法确定肇事者，经法院依法判决由相关住户分摊，其中应由被保险人承担的经济赔偿责任，由保险公司负责赔偿。

实践六：风险动态监控和预警系统。作为社会风险管理的市场制度安排，传统保险主要是解决事后的经济补偿问题。在科技赋能的背景下，简单、被动和消极的风险管理思维已经不能适应时代发展的需要，因此，利用保险制度和科技手段优势，全面介入社会、企业和家庭的风险管理已成为保险发展的新趋势。如日本和墨西哥等国家，就利用科技手段，开展地震风险监测并及时预警，以减少损失，特别是减少人身伤亡。近年来，我国保险行业利用互联网、大数据、人工智能、生物识别、遥感和无人机等技术，打造综合性风险识别系统，为客户和社会提供量化风险服务，实现了对自然灾害和意外事故的预警与防控，为客户减少了大量的风险损失。

专题九

构建韧性城市评估体系*

一、引言

现代社会中，人口、财富、经济活动向城市高度集中，使城市成为人民过上美好生活的重要空间载体。在此过程中，集中暴露了人员、财产、生活生产方式等各类风险，不论是地震、海啸、洪水等自然灾害，还是生产安全事故、恐怖袭击等人为灾害，或者是传染病等自然与人为因素混合的灾害，都威胁着城市的可持续发展。统筹城市发展与安全、提高城市韧性变得日益迫切。

城市韧性是指城市中的个人、社区、机构、企业和系统在各种急性冲击和慢性压力下生存、恢复、适应和可持续发展的能力①。2015 年联合国发布的《2030 年可持续发展议程》中提出，要建设包容、安全、有韧性的城市。此后，

---

* 本专题作者为中国发展研究基金会副秘书长俞建拖，中国发展研究基金会研究一部项目主任闫晓旭。

① 该定义沿用了洛克菲勒基金会“全球 100 韧性城市”计划的定义。2013 年，洛克菲勒基金会启动了“全球 100 韧性城市”计划，在全球 100 个城市进行实践探索并探索总结韧性城市的评价体系。

很多国际组织也提出了建设韧性城市的框架和思路，国际标准化组织出台了韧性城市指标。推动构建韧性城市成为助力全球可持续发展的重要内容。

2020 年 10 月，习近平总书记在《求是》杂志上发表的题为《国家中长期经济社会发展战略若干重大问题》的重要文章中指出，要在生态文明思想和总体国家安全观指导下制定城市发展规划，打造宜居城市、韧性城市、智能城市，建立高质量的城市生态系统和安全系统[①]。2021 年 3 月，《中华人民共和国国民经济和社会发展第十四个五年规划和 2035 年远景目标纲要》提出，要建设海绵城市、韧性城市。尽管韧性城市理论和政策在国际上已得到高度关注和较为深入的研究，并在全球范围作了许多有益的实践探索，但是对于中国这样的发展中大国来说，建立符合国情的韧性城市评估体系并指导实践尤为必要。一方面，中国改革开放后的城市化在规模和速度上是史无前例的。自 1978 年以来，中国城镇化率平均以每年超过 1 个百分点的速度在增加，时至今日，大部分中国城市或者城市的主体部分都是新的，经历了高速发展阶段后，迫切需要走向高质量发展，而韧性城市是城市高质量发展的重要支柱。另一方面，中国的城市化以及更广泛的现代化进程，是在中国特色社会主义制度下实现的，对于韧性城市构建的制度框架、目标、重点领域、实施路径、资源动员机制和保障体系都有特定的要求，与世界其他国家韧性城市的构建既有共性也有差异。因此，本专题对中国特色韧性城市评估体系的探讨既有现实意义也有理论意义。

本专题余下部分的内容安排如下：第二部分介绍国际上有代表性的韧性城市评估体系及其特点；第三部分介绍中国韧性城市的实践以及在评估体系上的相关探索；第四部分在前述分析讨论的基础上，提出中国韧性城市评估体系构建的一般原则和基本架构；第五部分提出了构建中国韧性城市评估体系的总体

---

① 习近平：《国家中长期经济社会发展战略若干重大问题》，《求是》2020 年第 21 期。

要求及相关内容。

二、韧性城市国际评估

国际对韧性城市评估的研究起步较早。按评估内容分，一是城市综合评估体系，全面评估城市经济、社会、基础设施等各项内容；二是针对城市某一系统进行评估，如生态、水等系统；三是针对城市某类设施进行评估，如城市用电、用水等设施。

（一）韧性城市综合评估框架

在过去近 30 年里，在以联合国为主导的多边机制推动下，全球在灾害风险管理上达成了诸多重要共识，并形成了日益清晰的行动框架。1994 年，第一届世界减灾大会在日本横滨召开，会议通过了《横滨宣言》和《建立更安全世界的横滨战略》，为预防和减轻灾害风险的行动制定了指导方针。2005 年，在日本神户召开了第二届世界减灾大会，出席会议的 168 个国家通过了《兵库行动纲领》和《兵库宣言》。《兵库行动纲领》对《建立更安全世界的横滨战略》进行了审查，进一步强调了减少灾害风险的重要性，提出减少灾害风险的基础是更积极主动地激励人们参与减少灾害风险的所有行动。审查还发现，在国家、区域、国际合作层面，发展预算中专门为减少风险的目标分配的资源很少。由此，《兵库行动纲领》提出 5 个优先行动事项：①确保减少灾害风险是国家和地方的优先事项，并有强大的体制基础来实施；②识别、评估和监测灾害风险并加强早期预警；③利用知识、创新和教育，建立安全和韧性的文化；④减少潜在的风险因素；⑤加强备灾工作，以便在各个层面作出有效反应。执行和跟进方面，《兵库行动纲领》强调不同利益相关者通过多部门发挥作用，呼吁各国及国际组织将减少灾害风险纳入各级可持续发展政策、规划和方案，科学界、私营部门、社区组织等均是重要利益方。各国、区域和国际组织，通过双边和多边渠道、制定援助方案等方式，调动必要的资源支持本行动框架的实施。

2015 年，在日本仙台召开了第三届世界减灾大会，通过了《2015—2030 年仙台减轻灾害风险框架》，评估《兵库行动纲领》的执行情况。《2015—2030 年仙台减轻灾害风险框架》旨在实现大幅减少灾害风险，减少生命、生计和健康的损失，以及减少个人、企业、社区和国家的经济、物质、社会、文化和环境资产的损失。对《兵库行动纲领》执行情况的评估表明，《兵库行动纲领》为努力减少灾害风险提供重要指导，在推动实现千年发展目标方面取得进展，但在克服潜在灾害风险因素、制定目标和优先行动事项、提高各级抗灾能力和确保采取适当执行手段等方面，仍存在差距。需要制定面向行动的框架，使各国政府和相关利益方都能予以支持和配合，并帮助查明有待管理的灾害风险，为提高抗灾能力的投资提供指导。

《2015—2030 年仙台减轻灾害风险框架》借鉴了《兵库行动纲领》，保证减灾工作的连续性，也根据各国的呼吁，提出创新成果，其中最重要的转变是强调灾害风险管理而非灾害管理。《2015—2030 年仙台减轻灾害风险框架》提出减少灾害风险和损失的预期成果和目标，并为支持全球减灾进展评估，确定了 7 个全球性具体目标。为实现预期成果和目标，《2015—2030 年仙台减轻灾害风险框架》提出 4 个优先行动领域，包括理解灾害风险，加强灾害风险治理，对预防和减少灾害风险进行投资以提高抵御能力，加强备灾准备以便更加有效地应对灾害。在执行方面，该框架指出国家对减少灾害风险负有总体责任，也是各利益方的共同责任，包括社区、学术科研机构、企业、专业协会、金融机构、媒体等。减轻灾害风险需要国际合作，包括对灾害频发的发展中国家的援助、已有相关国际合作的协同实施、国际组织的支持等。

联合国减灾办公室为《2015—2030 年仙台减轻灾害风险框架》的实施、跟进和审查提供支持。由联合国减灾办公室领导并与合作伙伴共同开展的“创建韧性城市”活动于 2010—2020 年开展。为加快《2015—2030 年仙台减轻灾害风险框架》的实施，“创建韧性城市”活动制定了创建韧性城市十大要点。这十大要点直接与《2015—2030 年仙台减轻灾害风险框架》的优先行动相匹配。10 年间超过 4000 座城市参与“创建韧性城市”活动，在防灾减灾方面取得进展。

“创建韧性城市 2030”基于“创建韧性城市”活动的经验和教训开展，提供了三阶段的路线图，每阶段包含不同的专题领域和工具，处于任何韧性发展阶段的城市都可以参与该活动，并获得与其韧性建设进展相关的服务。A 阶段为推进城市认知，专题领域包括提升对防灾减灾和韧性的认知水平，工具包括创建韧性城市的十大要点、地方政府领导手册等；B 阶段为推进城市规划，专题领域包括提高风险分析能力（脆弱性和能力评估加强版等）、提高规划的诊断技能（洛克菲勒基金会韧性城市指标框架、城市抗灾能力记分卡、ISO 37123 韧性城市指标等）、扩展战略和计划（联合国人居署城市韧性能力分析方案等）；C 阶段为推进城市建设，专题领域包括增加融资渠道（世界银行实施的城市韧性计划等）、确保基础设施韧性（基础设施能力评估工具等）、采用基于自然的解决方案（基于自然的发展路径等）、将气候风险纳入战略和计划（气候行动框架等）、确保包容性（联合国人居署的 5 个全球旗舰方案等）；交叉领域包括加强中央—地方联系、加强城市内伙伴关系、推动城市间学习。其中，B 阶段提高规划的诊断技能中的洛克菲勒基金会韧性城市指标框架、ISO 37123 韧性城市指标等均为全球较有影响力的韧性城市评估体系。

洛克菲勒基金会韧性城市指标的目的并不是进行世界韧性城市排名，而是提供韧性测量指标和评估基础，促进城市间对话和知识共享。该体系从健康和福祉、经济和社会、基础设施和环境、领导和战略 4 个维度评估城市韧性。基于以上 4 个维度，城市提升韧性需要努力达到 12 个目标，这些目标具有普遍性，但每个目标的重要性和实现方式对每个城市来说都是独特的。以上目标可以通过 52 个更加细分、可观测的具体指标进行评估。该指标已在“全球 100 韧性城市”计划中进行实际应用。

ISO 37123 韧性城市指标体系围绕联合国可持续发展的 17 个目标构建，包含经济、教育、能源、环境与气候变化、金融、治理、健康、住房、人口与社会环境、休闲、安全、固体废弃物、通信、交通、城市 / 区域农业和食品、城市规划、废水、水等 18 个方面，并按照应急管理程序（预防、准备、响应、恢复和重建）提出了 74 项指标，用以衡量韧性城市建设水平。该评估体系提出的具体指标可以客观反映《2015—2030 年仙台减轻灾害风险框架》中除涉及国家间合作外的剩余 6 个目标。

全球城市议程与韧性城市建设密切相关。《2030 年可持续发展议程》《新城市议程》《巴黎协定》等均以不同的方式将韧性概念纳入其发展目标。

联合国减灾办公室在 2015 年发布的《2030 年可持续发展议程》中提到的部分可持续发展目标和具体目标直接与减少灾害风险和抗灾能力相关，如消除贫困、消除饥饿、确保健康生活、水的可持续管理、韧性基础设施、韧性城市、气候变化、海洋和陆地生态系统等。“使城市和人类居住区具有包容性、安全性、韧性和可持续性”目标是韧性城市框架的核心，该目标下的行动指标旨在综合城市规划，减少灾害风险的社会和经济影响，建立城市平民的抗灾能力。根据《2015—2030 年仙台减轻灾害风险框架》实施城市政策，建设可持续和有抗灾能力的城市基础设施。

《新城市议程》体现了建设韧性城市的重要性。该议程于 2016 年在第三次联合国住房和可持续发展大会上通过，承诺加强城市和人类居住区的韧性，包括发展高质量的基础设施，实施综合的、促进年龄和性别平等的空间规划；根据《2015—2030 年仙台减轻灾害风险框架》采取基于生态系统的方法，重视全面且依据数据的灾害风险管理，尤其是降低风险易发地区的脆弱性和风险性。该议程将促进有韧性且有资源效率的基础设施发展，以减少风险和灾害影响，包括贫民窟和非正规居住区的升级改造，并与当地政府和利益相关方合作实现上述目标。

《巴黎协定》的目标是防止气候变化风险，并将全球升温控制在2℃以内。提高气候适应能力的重要途径之一是建立社区、社会和社会生态系统韧性。具有韧性的社会不易受到气候变化的不利影响，能够更好地抵御结构性冲击，并能够制定创新和灵活的解决方案以应对气候变化带来的挑战。

全球城市议程在促进韧性城市建设方面取得了积极成果，但全球框架之间的一致性仍有待建立，这种一致性有助于更有效地设计战略，因为协调一致的综合战略比孤立的战略更有效。国家和各级政府应以韧性为纽带，制定一项综合实施战略，而非分别投入时间和资源来实现不同协议的目标和指标。部分国际韧性城市指标框架如表9-1所示。

表9-1　部分国际韧性城市指标框架简介

时间	作者/发布单位	体系名称	指标框架
2007年	韧性联盟	社会生态系统韧性评估体系	提出城市韧性研究的4个优先主题：代谢流、管理网络、建成环境、社会动力学
2010年	Cutter等	社区基准韧性指标	从社会韧性的角度，建立了适用于社区微观层面的自然灾害韧性模型
2010年	德国帕斯特研究中心	城市韧性指标体系	包括6个领域18项指标
2011年	纽约州立大学	韧性能力指标	包括3个领域12项指标
2014年	洛克菲勒基金会、宜可城—地方可持续发展协会	亚洲气候变化韧性网络	包括6个阶段，持续的审查和完善的循环
2016年	亚洲开发银行	亚洲城市发展协会项目诊断工具	适应气候变化的基础设施确定、投资、资金来源等
2016年	Cimellaro等	韧性评估框架	包括人口、生态环境、政府组织、基础设施、社区能力、经济发展、社会文化资本7个维度

续表

时间	作者/发布单位	体系名称	指标框架
2017年	联合国减灾办公室	城市灾害韧性评价卡	慢性压力和急性冲击的10个维度
2017年	联合国减灾办公室	城市更具韧性地方政府领导人手册	包括10个关键要素
2018年	经济合作与发展组织	韧性城市指标框架	包括经济、社会、环境和制度4个维度
2018年	联合国减灾办公室	防灾减灾风险的城市间同行评审	包括3个阶段11个模块

资料来源：作者整理所得。

（二）生态、水等系统韧性评估

城市生态系统，特别是水生态系统和水资源保障，是城市可持续发展的重要基础。全球环境基金科学和技术咨询小组于 2014 年 11 月起开展恢复力、适应途径和转型评估框架（RAPTA Framework）工作，旨在评估从项目到国家范围下城市生态系统的韧性。这一框架由韧性、适应和转型组成，其中，韧性包含特定的和一般的两部分，包括对已知干扰以及应对冲击和干扰的能力；适应是使系统实现预期目标的变化过程；转型是指从一种系统类型转移到另一种系统类型的过程。考虑到相关概念不易量化，RAPTA 指导其用户从现有指标中确定最相关的指标，提出合适的元指标规模报告，并根据情况进行动态调整。RAPTA 与适应气候变化、增强城市可持续性等有着密切的关系。

2019 年，奥雅纳和斯德哥尔摩国际水研究所等机构联合提出了城市水韧性分析方法。这种方式旨在帮助城市建立水弹性，从而能够为居民提供优质水资源，并避免水灾害的发生。城市水韧性分析方法分为领导力和战略、规划和金融、基础设施和生态系统、健康和福祉 4 个维度，并被进一步细化为 8 个目标和 53 个子目标，将各项指标得分相加即可得到对城市水系统的韧性评估。在评估基础上，制定增强水韧性的计划。该方法在南非开普敦、墨西哥墨西哥城、约旦安曼等试点城市开展，以帮助这些城市提高应对与水相关压力的能力。这种方法可以根据城市水系统随时间的变化进行动态调整，并为城市提供相应的建议。

（三）基础设施韧性评估

基础设施既是风险因素影响下需要保护的重要资产，又是抵御各种灾害冲击、构筑韧性城市的重要支柱。Bruneau（2006）从地震工程视角研究提高社区应对极端事件的韧性。他将基础设施韧性定义为减少灾害的概率、减少灾害带来的生命经济社会等损失以及减少灾害发生后恢复的时间。他认为，基础设施抵御灾害能力会随时间变化，并以此构造韧性变化曲线量化模型，以评估基础设施韧性。他还构建了多灾害应对策略框架，该框架包含关键性的基础设施，研究评估可能出现的灾害威胁的 3 个维度。他认为同时考虑多种灾害有助于扩大研究和考虑的范围，从而更好地应对灾害。

美国国家标准与技术研究院于 2016 年发布针对建筑和基础设施系统韧性的规划指南。该指南帮助社区在其现有计划（如经济、应急准备、土地使用）的基础上，扩大、连接并整合韧性计划，特别是针对建筑环境；识别风险、优先事项以及事件发生前和发生后的成本，包括不采取某些行动的后果；根据社区最可能面临的具体危害以及建筑和基础设施系统在支持关键社会功能方面的重要性，对建筑和基础设施系统韧性进行优先排序。该指南指出，社区韧性规划分为 6 个步骤：组建规划小组、了解情况、确定目标、制定计划、计划的准备和批准、计划的实施和修订。

三、中国韧性城市评估探索

构建韧性城市评估体系是引导韧性城市建设的重要手段。近年来，围绕韧性城市建设和评估，中国从多方面展开了探索。从实践看，中国城市不仅参与国际韧性评估合作，也自主探索韧性城市建设。从政策看，党和国家的纲领性政策文件中均突出强调了韧性城市建设的重要性，中央有关部委也推出了城市体检、城市健康评估等指标体系并开展评估工作。在理论研究方面，学术界对韧性城市建设以及评估指标构建的研究也在持续深化，相关研究成果大量涌现。

（一）参与国际韧性评估合作

自从韧性城市的概念被引入以来，中国部分城市参与国际韧性城市合作项目，形成韧性城市评估初步探索。湖北黄石，四川德阳，以及浙江海盐、义乌4个城市入选“全球100韧性城市”计划，按照洛克菲勒基金会韧性框架与指标体系，在领导力和策略、基础设施和生态、健康与福祉、经济和社会4个维度评估和建设韧性城市。成都、洛阳、大理、绵阳、宝丰、三亚、咸阳、西宁等城市先后加入联合国减灾办公室“让城市更具韧性”行动。依据“让城市更具韧性十大指标体系”，包括制定减轻灾害风险预算、维护更新并向公众公开城市抗灾能力数据、维护应急基础设施、评估校舍和医疗场所的安全性能、确保学校和社区开设减轻灾害风险的教育培训，以及构建具有自主性的韧性城市管理体系，展开韧性城市建设探索。

（二）自主探索韧性城市建设

除加入国际合作计划进行韧性城市建设探索之外，中国部分城市也以自主探索的方式，开展韧性城市建设实践。北京、上海将韧性城市建设纳入城市总体规划，广州、重庆将韧性理念纳入城市基础设施发展“十四五”规划，西安发布《韧性城市：西安国际化大都市发展蓝皮书（2019）》等。中国开展的韧性城市实践如表9–2所示。

表9-2　中国开展的韧性城市实践

发布时间	文件/报告名	主要内容
2015年下半年	《合肥市市政设施韧性提升规划研究》	我国首个基于韧性城市理论的规划实践探索，为我国城市规划建设提供了新思路，具有划时代的意义
2017年9月	《北京城市总体规划（2016—3035年）》	以“提高城市治理水平，让城市更宜居”为目标，从环境治理、公共安全、基础设施和管理体制4个方面构建韧性城市
2017年12月	《上海市城市总体规划（2017—2035年）》	提出建设“更可持续的韧性生态之城”
2018年4月	《河北雄安新区发展规划纲要》	提出构建现代化城市安全体系，提高防灾体系、水安全、抗震能力和能源供应安全水平
2019年7月	《韧性城市：西安国际化大都市发展蓝皮书（2019）》	提出“建设韧性城市，促进精明增长”等行动重点
2021年6月	《深圳市国民经济和社会发展第十四个五年规划和二〇三五年远景目标纲要》	提出“建设更具韧性的安全城市”，包括加强城市生命线系统建设、夯实城市安全基础、提升应急救援能力、全力保障食品药品生物安全、维护社会稳定和加强经济安全
2021年10月	北京市《关于加快推进韧性城市建设的指导意见》	到2025年，韧性城市评估指标体系和标准体系基本形成，建成50个韧性社区、韧性街区或韧性项目，形成可推广、可复制的韧性城市建设典型经验
2022年6月	《广州市城市基础设施发展“十四五”规划》	构筑更具韧性的安全防护设施，坚持安全发展理念，巩固防洪排涝工程体系，推进海绵城市建设，完善人防工程、应急避护、公共消防设施，提升城市综合防护实力与急救抗灾能力，推动建设安全韧性城市
2022年7月	《重庆市城市基础设施建设“十四五”规划（2021—2025年）》	牢固树立安全发展理念，构建综合性、全方位、系统化、现代化的城市防灾减灾体系，加快建设韧性城市

资料来源：作者根据公开资料整理所得。

（三）中央部委关于韧性城市相关指标的构建

中央各部委积极构建城市健康安全等评估指标体系，初步形成韧性城市的政策框架。住房和城乡建设部开展城市体检，统筹城市规划建设管理，旨在推动解决“城市病”等突出问题，提升城市品质和人居环境质量。2018 年会同北京市人民政府率先开展；2021 年样本城市范围扩大到 59 个，覆盖所有直辖市、计划单列市、省会城市和部分设区城市。2022 年城市体检指标体系包括生态宜居、健康舒适、安全韧性、交通便捷、风貌特色、整洁有序、多元包容、创新活力 8 个目标 69 项指标。

自然资源部 2021 年发布并实施《国土空间规划城市体检评估规程》，对城市发展阶段特征及国土空间总体规划实施效果定期进行分析和评估，旨在促进城市高质量发展，提高国土空间规划实施有效性。该工作流程包括制定工作方案、构建指标体系、规范和夯实数据基础、分析评估、编制成果、汇交成果、成果应用等。其中，指标体系包含安全、创新、协调、绿色、开放和共享 6 个维度，进一步划分为 23 个二级类别和 122 项指标。

全国爱国卫生运动委员会 2018 年发布《全国健康城市评价指标体系（2018 版）》，旨在引导各城市改进自然环境、社会环境和健康服务，全面普及健康生活方式，满足居民健康需求，实现城市建设与人的健康协调发展。共包括健康环境、健康社会、健康服务、健康人群和健康文化 5 个一级指标，下分 20 个二级指标和 42 个三级指标。

国务院安全生产委员会办公室印发《国家安全发展示范城市评分标准（2019 版）》，旨在全面加强城市安全各项工作，加强源头治理，聚焦重大风险防控，夯实城市安全基础。该评分标准包括城市总体规划及防灾减灾等专项规划、安全设施、高危行业、安全风险、自然灾害、救援队伍力量等 47 项具体评分标准。

2018 年 4 月，应急管理部正式挂牌，积极实现全灾种统筹应对、全过程统一管理、全天候积极防范、全力量有效协调。2022 年 4 月，应急管理部印发《“十四五”应急管理标准化发展计划》，指出要健全应急管理标准体系，强化标准宣贯实施和监督管理，加强标准化基础保障工作。2022 年 4 月，应急管理部、中国地震局印发《“十四五”国家防震减灾规划的通知》，指出推动城市重要建筑、基础设施系统及社区抗震韧性评价及加固改造；国务院安全生产委员会印发《“十四五”国家安全生产规划》，指出完善城市建设与运行安全的全生命周期管理，强化韧性城市建设。2022年6月，国家减灾委员会印发《“十四五”国家综合防灾减灾规划》，指出加强规划协同，将安全和韧性、灾害风险评估等纳入国土空间规划编制要求。这些政策法规以及相关规划的出台，为韧性城市建设提供了重要支撑。

（四）国内韧性城市指标评估研究

除了韧性城市构建的政策探索与实践外，近年来，学术界对韧性城市及其评估体系越来越重视，对国家和区域层面韧性城市的指标评估作了不少探索。

全国韧性城市指标构建方面，周利敏（2016）构建了包含气候灾害韧性、经济韧性、社区韧性、组织韧性和基础设施韧性等层面的评估指标。李亚等（2017）从经济韧性、社会韧性、环境韧性、社区韧性、基础设施韧性和组织韧性 6 个方面构建评价指标体系，并对全国地级市的灾害韧性进行评估。张明斗等（2018）从城市生态环境韧性、经济水平韧性、社会环境韧性和基础设施韧性 4 个方面构建城市韧性度的评价指标体系，并对中国各省（区、市）地级及以上城市的韧性度进行综合测算。

区域韧性城市指标构建方面，孙阳等（2017）通过生态环境、市政设施、经济和社会发展 4 个方面 24 个具体指标对长三角地区 16 个地级市韧性程度及其空间状态作出评价。朱金鹤等（2020）从城市生态韧性、经济韧性、社会韧性和工程韧性 4 个方面，分析京津冀、长三角和珠三角三大城市群内多个城市的城市韧性时空演变特征，并探究影响因素。李彦军（2022）从经济、生态、社会、基础设施和制度 5 个维度构建城市韧性评价体系，考察 2003—2019 年长江中游城市群城市韧性的时间演进和空间分布特征。

国内研究机构对韧性城市评估指标体系进行研究。为应对新冠疫情冲击，中国发展研究基金会与普华永道联合推出的《机遇之城 2020》发布了韧性城市评估指标体系，该体系根据不同参与主体划分为8个维度，包括领导者和管理体制应变能力、应对风险的战略和行动计划、抗灾机构和专业人员、各类企业、城市居民、社会组织、城市基础设施和资金、战略物资。

四、中国城市化、城市韧性治理与评估体系探索

（一）中国城市化的特点及其韧性含义

改革开放以来，中国走过了极具特色的城市化道路，这种独特性在很多方面对于韧性城市建设具有潜在的影响。2022年底，中国城镇化率超过了65%，而1978年该指标仅为17.92%，在44年里增加了超过47个百分点，年均增加超过1个百分点。因此，中国的城市化具有以下几个重要特点：一是速度罕见。欧美发达国家实现同阶段城镇化率跃升时间通常在两倍以上；二是规模巨大。中国的人口规模巨大，城镇人口从1978年的1.74亿人增长到2022年的9.21亿人，年均城镇人口规模净增达1698万，相当于每年增加一个荷兰的人口；三是城市面积扩张迅速，1981—2021年，城市建成区面积从0.74万平方公里增加到6.24万平方公里，扩张了7.4倍，而同期人口扩张仅为4.3倍，土地城市化的速度要快于人的城市化速度；四是"半城市化"特征突出，2021年常住人口城镇化率要比户籍人口城镇化率高出18个百分点，这是近年来大力推进以人为中心的新型城镇化、降低城市落户门槛的结果。这也意味着，在城镇中还有超过2.5亿人没有城镇户籍，这将影响到他们享受各类本地公共服务和社会福利。

从韧性城市构建的角度看，中国城市化的这些特征，既带来了有利的因素，也带来了挑战。从有利的一面看，因为中国城市化起步晚，具备一定的后发优势，新城或城市新区的建设在很大程度上可以减少历史包袱，可以广泛借鉴历史上和当代其他国家城市化的经验，并且可以利用较新和较先进的技术手段来

建设城市，用新的理念和方法管理城市。特别是，当前经济社会正经历快速的数字化转型，数字经济和数字基础设施蓬勃发展，为智慧城市和韧性城市建设提供了强大的技术助力。不仅如此，大量的人口在城乡之间迁移流动，当城市面临外部冲击时，人口往农村回流提供了一定的缓和危机的蓄水池效应。

从挑战方面看，第一，在快速的城市化中，对城市发展规律以及城市韧性的认知严重不足，导致许多城市的建设和扩展缺乏科学合理的规划和充分论证，留下风险隐患。第二，中国城市化的融资与土地财政密切联系在一起，这刺激了城市用地的超快速扩张，加上人口在城市的快速集中，对生态环境、社会生计的可持续性都会带来较大的压力和挑战。第三，对城市高质量发展的理念认识不足，导致许多城市在一段时期内存在唯 GDP 至上的倾向，对经济增长与社会、生态环境、文化等方面的协同推进关注不足，导致城市之间、城市与郊区、城市与乡村缺乏多样性，千城一面、产业结构雷同等问题突出，这些都削弱了城市发展的韧性。第四，“半城市化”虽然在短期为城市应对外部冲击提供了一定的缓冲，但从长远看，户籍制度改革之后以及基于户籍的制度分割，损害了经济的活力和高质量发展。第五，城市治理体系发展滞后，在城市化过程中各种理念和实践之间缺乏协调和整合，甚至还存在矛盾冲突，这也会导致城市系统在运行中出现断裂和风险点。

（二）韧性城市评估与韧性城市治理

韧性城市是指能够保障个人、社区、机构、企业和系统在各种急性冲击和慢性压力下生存、恢复、适应和可持续发展能力的城市。韧性城市治理，需要城市治理体系能够保障利益相关方之间充分信息共享、充分参与决策、有效动员资源和利用各类工具，保障利益相关方妥善应对急性冲击和慢性压力，实现可持续发展。建立和完善韧性城市评估评价体系是推进韧性城市治理的重要手段，需要立足于韧性城市治理的现状，服务于韧性城市治理的总体需求。

当前，中国已经初步形成较为系统完备的韧性城市治理体系。

第一，与城市韧性相关的制度体系逐步完善。针对城市发展中与自然灾害、紧急公共卫生事件、生产安全事故、社会稳定相关的各类急性和慢性风险，出台了《中华人民共和国防震减灾法》《中华人民共和国水法》《中华人民共和国防洪法》《中华人民共和国抗旱条例》《中华人民共和国防汛条例》《国家防汛抗旱应急预案》《中华人民共和国突发事件应对法》《突发公共卫生事件应急条例》《重大动物疫情应急条例》等数十部法律和政策法规。

第二，与韧性城市建设相关的政府组织管理体系不断完善。特别是应急管理部的设立以及国家疾病预防控制局的设立，加强了应对急性重大自然灾害以及突发公共卫生事件的能力整合，收获了显著的成效。据统计，2018—2021 年，全国年均因灾死亡失踪人数、倒塌房屋数量、直接经济损失占 GDP 的比重较改革前 5 年均值分别下降了 51.6%、73% 和 44%，防灾减灾救灾体制机制改革成效显现。

第三，在党的坚强领导下，形成诸多有中国特色的重大风险治理机制，包括中央和地方政府在灾害风险防范、管理和应对中的权责分工，设立跨部门的各类联防联控机制、中央统一和有力引导下的“一方有难、八方支援”的机制，大大提升了重大风险事件应对的响应速度、资源动员和组织协调能力。

第四，社会部门应对各类风险挑战的意识、能力和专业技能得到普遍提升，并在重大灾害预防和应对中发挥了重要作用。从汶川地震中的抗震救灾到新冠疫情防控，各类社会组织、企业法人和公民个体的参与都发挥了重要作用。

在百年未有之大变局中，面对各类急性和慢性压力复杂交织，从满足人民群众对美好生活的向往的要求看，我国的韧性城市治理仍然存在一些短板和挑战：一是在快速的城市化过程中历史欠账多，城市建设缺乏长期性、系统性和科学的规划，存在大量需要弥补的短板、薄弱环节甚至空白领域。二是对城市韧性的综合性和复杂性认识不足，对城市的环境生态韧性、经济韧性、社会韧性、治理韧性缺乏整体思考和制度整合设计。三是社会部门，包括企业、各类社会组织和个人在应对各类风险时，存在专业能力不足、参与机制不畅等问题，社会部门在城市韧性建设中的作用发挥不足。四是缺乏全域性的城市韧性管理和治理架构。随着人口、信息资讯和资源要素流动日益快速和频繁，城市作为生产生活的重要节点，日益紧密地联系在一起，因此一个地区的风险很容易通过各类网络传递到遥远的其他地区，区域之间的协调面临严峻的挑战。五是城市韧性管理和治理的全民性需要进一步加强。很多风险因素的影响是全人群的，一些风险因素影响的人群虽然是局部和少数的，但是由此导致的次生、伴生风险仍会扩大到更广泛的人群。此外，很多城市在制定风险应对的预案时缺乏对一些最敏感脆弱人群的针对性安排。六是在风险应对过程中，特别是对急性风险的应对，更多把重心放在事中处理上，对事前防范和执行演练重视和投入不足，对事后的恢复谋划和管理也关注不够。

五、构建中国韧性城市评估体系

（一）韧性城市评估体系总体要求

中国城市发展以及韧性城市建设实践，为韧性城市评估体系的建立和完善提供了重要的启发。从国家治理体系和治理能力现代化的角度出发，韧性城市评估体系应该有助于提高信息透明度，帮助城市中不同的利益相关方识别有关各类关键风险的真实性和信息的全面性，理解风险因素的影响过程和后果，推动各级政府部门和全社会积极参与韧性城市建设，加强对风险应对工作及其成效的监督问责。

构建有中国特色的韧性城市评估体系，有助于把握以下几个方面：①全生命周期。城市关键基础设施以及公共资产、居民住宅的建设应将全生命周期的各类风险纳入考量，通过科学合理的规划设计躲避风险以及提高风险应对能力，实现资产长期的安全和保值增值。②全领域。考虑到城市发展中各类风险因素的复合性和关联性，对自然灾害、经济风险和社会风险因素及其影响的识别、评估和应对策略制定应该统筹考虑。③全地域。充分考虑风险因素影响及其传播的空间特性，强化全域风险管理与应对。④全员参与。鼓励企业、社会组织和个人参与韧性城市建设，提高不同主体应对风险的意识、能力和水平，将韧性融入一切。⑤全流程。实现城市韧性的全流程管理和治理，将更多的资源投入风险识别、预防和应急演练上，加强事后的恢复重建以及相关的绩效管理和问责。⑥全人群受益。强化城市韧性建设的公共属性，特别加强对老人、儿童、妇女等弱势人群的保护。

此外，中国在构建韧性城市评估指标体系过程中，还应该体现韧性城市建设的一般要求，包括：①多样性。确保城市中包含许多具有不同功能的组成部分，在危机之下带来更多解决问题的方法，提高城市系统抵御多种威胁的能力。②冗余性。城市核心的功能组成部分应该具备必要的可替换性，通过多重备份来增加系统的可靠性。③稳健性。城市系统抵抗和应对外部冲击的能力。④恢复力。具有可逆性和还原性，受到冲击后仍能恢复系统原有的结构或功能。⑤适应性。城市系统能根据环境的变化调节自身的形态、结构或功能，以便与环境相适合。⑥学习转化能力。从自身以及其他地区的历史经历中吸取教训并转化创新的能力。

（二）中国韧性城市评估体系

基于前述讨论分析，中国在开展韧性城市评估时，应该在广泛借鉴吸收国际上韧性城市评估实践经验的基础上，力图做到“六全”，使城市能够真正成为广大人民群众追求美好生活的空间支撑。因此，本专题认为，中国构建韧性城市评估体系应考虑以下方面。

风险识别和评估。包括：①风险识别。识别对城市可持续构成挑战的各类突发和慢性的压力，包括气候变化、各类自然灾害风险、经济风险、社会风险等，并定期更新。②风险影响评估。就各类风险因素对城市人员、财产、基础设施、经济和社会活动的影响进行科学的评估，识别各类价值标的空间分布、受影响面和比例以及潜在的损失。

常态预防。包括：①风险识别警示。通过出版物、告示以及信息等手段传递风险警示信息。②风险规避。城市政府在综合规划以及相关部门规划和政策中，将风险识别和评估信息充分考虑并纳入其中，为不同主体在长期和短期规避风险时提供有效的指引。③风险减缓措施。针对风险来源和性质，确定降风险举措的受益范围，建立和扩大社会保障网络，强化生态系统自我修复和保护能力等。④提高防御力。如巩固堤坝、提高建筑抗震性能、在工程和管理上提高基础设施韧性等。⑤风险分散。对水、粮食、能源等关键物资的供应要保持足够的冗余，并有多样化的替代供应来源，产业链供应链也要适度多元化。主动通过保险等手段分散财产、人身、健康以及农作物的风险。污水和固体废弃物的处理也要确保有一定的冗余和可替代性。

应急准备。重点关注：①监测与预警。包括建立科学合理的预警制度、有效运作的监测和预警体系以及扩大预警覆盖面和受众触达水平。②应急预案。建立和完善综合应急预案体系和专项应急预案机制，实现专常结合。加强应急预案的培训与演练，增大社会应急预案的宣传力度和应急演练范围，应急预案制定过程中要特别考虑老人、儿童、妇女以及其他脆弱人群的需求。③资金与物资保障。为参与韧性城市体系建设的部门和项目提供专门和必要的预算支持，确保城市保有最低的粮食和各类应急物资储备；维持交通体系、医疗卫生体系在不同情境下的有效运转，提供明确的逃生路线和充足的地上和地下避难空间。

④分工协同。包括从中央、其他上级政府、其他地区获得支援的情况，中央和地方各级政府之间的权责关系和响应策略，不同政府部门之间的协调机制。⑤领导力和能力建设。在应对各类急性和慢性重大风险时，领导力的作用是决定性的。要突出强化党的领导和各级党组织的建设，并将韧性发展融入党建工作。各级党政部门要投入资源，面向政府相关部门、社会组织、企业、社区中有能力的个体，积极开展应急和减灾相关的知识和技能培训，提高相关主体的专业化水平；加强以部门为节点和平台的韧性能力建设，整合社会应急和防灾减灾力量。

事中处置。包括：①响应速度。根据各类压力和风险的特性作出及时响应，为风险规避、减缓、分散以及事后恢复争取时间。②保障城市各类韧性体系在压力下正常运行的比例。特别是水、能源、交通、医疗卫生等体系的正常运作尤为重要。③专业性和有效性。对风险的处置应该是科学、合理和规范的，避免形成次生灾害。此外，相关手段从成本收益上看应具有有效性。

重建与恢复。包括：①损失评估。对于风险事件发生所带来的真实损失，需要展开完整全面的评估，作为完善应对策略以及重建、恢复的依据。②恢复的计划。重点考虑是否为城市的恢复安排了合理的计划和规划，明确各阶段的重点内容，计划和规划的制定充分考虑社区公众的需求，并对儿童、老人、妇女等各类人群予以倾斜。③为恢复提供充足的预算以及各类支持保障。④在重建和恢复过程中，吸取既往经验教训，并将其融入重建计划中。⑤重建与恢复的有效性评估和问责。从效率、效果和效益的角度对重建与恢复工作的有效性进行评估和评价，对于积极的经验予以推广，对于一些在效率、效果上严重低于预期且无法陈述合理理由的，应该由中央或者上级政府对重建和恢复工作的进展进行监测、审计和评估。

参考文献

[1] 陈娜，向辉，叶强等 . 基于层次分析法的弹性城市评价体系研究 [J]. 湖南大学学报（自然科学版），2016，43（7）：146–150.

[2] 李亚，翟国芳 . 我国城市灾害韧性评估及其提升策略研究 [J]. 规划师，2017（8）：5–11.

[3] 李彦军，马港，宋舒雅 . 长江中游城市群城市韧性的空间分异及演进 [J]. 区域经济评论，2022（2）：88–96.

[4] 缪惠全，王乃玉，汪英俊等 . 基于灾后恢复过程解析的城市韧性评价体系 [J]. 自然灾害学报，2021，30（1）：10–27.

[5] 孙阳，张落成，姚士谋 . 基于社会生态系统视角的长三角地级城市韧性度评价 [J]. 中国人口·资源与环境，2017，27（8）：151–158.

[6] 杨锋 .ISO 37123《城市可持续发展 韧性城市指标》解读 [J]. 标准科学，2019（8）：11–16.

[7] 张明斗，冯晓青 . 中国城市韧性度综合评价 [J]. 城市问题，2018（10）：27–36.

[8] 周利敏 . 韧性城市：风险治理及指标建构——兼论国际案例 [J]. 北京行政学院学报，2016（2）：13–20.

[9] 朱金鹤，孙红雪 . 中国三大城市群城市韧性时空演进与影响因素研究 [J]. 软科学，2020，34（2）：72–79.

[10] Bruneau M. Enhancing The Resilience of Communities Against Extreme Events from An Earthquake Engineering Perspective[J]. Journal of Security Education, 2006, 1（4）: 159–167.

[11] Cimellaro Gi P，Renschler C，Reinhorn A M，et al. PEOPLES: A Framework for Evaluating Resilience [J]. Journal of Structural Engineering，2004，142（10）: 1–3.

[12] Cutter S L, Barnes L, Berry M, et al. A place-based model for understanding community resilience to natural disasters[J]. Global Environmental Change, 2008, 18（4）: 598-606.

[13] Cutter S L，et al. Disaster Resilience Indicators for Bench Marking Baseline Conditions [J]. Journal of Homeland Security and Emergency Management，2010，7（1）：1-22.

[14] Gawler S，Tiwari S. Building Urban Climate Change Resilience: A Toolkit for Local Governments[R]. New Delhi，India，2014.

[15] Resilience Alliance. Urban resilience research prospectus[M]. Canberra, Australia: CSIRO, 2007.

[16] Silva Da J. City Resilience Framework: City Resilience Index[M]. The Rockefeller Foundation, 2014.